JN261613

意思決定理論入門

イツァーク・ギルボア

川越敏司＋佐々木俊一郎 訳

MAKING BETTER DECISIONS: Decision Theory in Practice
Itzhak Gilboa

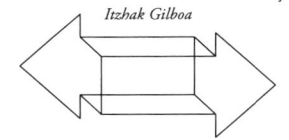

NTT出版

MAKING BETTER DECISIONS: Decision Theory in Practice
by Itzhak Gilboa

Copyright ©2011 by John Wiley & Sons
All Rights Reserved.
Japanese translation published by arrangement with
John Wiley & Sons International Rights, Inc.
through The English Agency (Japan) Ltd.

序文

　本書は経営学や経済学における教科書として用いることができるほか，興味ある一般読者にとっても，独習書として用いることができるだろう．本書の題材は，ほとんど数学を用いず，形式ばらない仕方で提示されており，理論の具体的内容には深入りしていない．意思決定理論をまじめに適用すればより良い決定ができると確信している読者は，おそらくもっと専門的な書物を用いるか，あるいは専門家のアドバイスを受ける必要があるだろう．本書の目的は，意思決定に潜む潜在的な問題を読者に気付いてもらい，可能な解決法を提示することにあるのである．

　教師へのアドバイス：学生には，各章の冒頭にある問題をまず自分自身で解かせることをお勧めする．5章のうちの2つの章では，問題は「グループA」および「グループB」という2つのバージョンで提示されている．ほとんどの場合，2つのグループの問題はわずかに異なっており，類似した問題に対する解答を互いに比較することが，これらの章で理解すべき核心部分となっている．もし可能ならば，学生を2グループに分けて，それぞれ別のグループの問題を与え，教室でのディスカッションの前に自分で解かせておくとよいだろう．また，授業中に学生に問題を解かせることも可能である．いずれの場合においても，各学生にはただひとつのバージョンの問題だけを解かせるのが大事である．もし時間に余裕があるなら，学生を小グループに分けて，学生が自分自身で解いた時の答えと，グループ・ディスカッションの後での答えとを比較させてもよいだろう．

一般読者へのアドバイス：本書に提示されている順番で問題について考えていき，グループAの問題だけ，あるいはグループBの問題だけを解くとしたらその答えはどうなるかを想像してみることをお勧めする．2つの問題を解く間に，1日か2日，間を開けてみてもよいかもしれない．

本書を教科書として用いるにせよ，独習書として用いるにせよ，本書で提示される問題は，「正解できなかった」ことで読者をがっかりさせることを目的に選ばれてはいない．その目的は，特定の論点を明確に記憶に残る形で示すことだけにあるのである．

謝辞

　何年にもわたって，意思決定に関するわたしの考えに大きな影響を与えてきた教師や同僚，友人の皆さんに感謝している．これらの研究者や友人たちすべてに感謝を表明することはできないが，デイヴィッド・シュマイドラーに触れないわけにはいかないだろう．彼は大学院時代のわたしの指導教官であり，それ以来，親友であり，共同研究者であり続けている．エディ・カライは意思決定理論に関する最初の授業でわたしに教えてくれた人である．ピーター・ワッカーは，大学院で一緒に勉強していた時以来，わたしにとって理論・実験・応用に関する素晴らしい知識の源泉となってくれている．何年もの間わたしが教えた数えきれないほどの学生たちから得た恩恵もそれに劣らないものである．彼らからの刺激，探究心旺盛な質問，クラスでのディスカッションなしには，理論が実際の意思決定にどのように関係するのかを理解できなかっただろう．

　また，パリにある HEC のヴァレリー・ゴーティエにはその激励に関して，査読者と編集者には本書の草稿に対するコメントに関して，それぞれに感謝を申し上げたい．最後に，文献調査を助けてくれたことについてカーメル・イズレーリに感謝したい．

意思決定理論入門　目次

序文　　　　　　　　　　　　　　　　　　　　　　　i
謝辞　　　　　　　　　　　　　　　　　　　　　　　iii

第1章　基礎概念　　　　　　　　　　　　　　　001

第2章　判断と選択におけるバイアス　　　　　　007
はじめに　　　　　　　　　　　　　　　　　　　007
問題｜グループA　　　　　　　　　　　　　　　010
問題｜グループB　　　　　　　　　　　　　　　012
フレーミング効果　　　　　　　　　　　　　　　015
ブレインストーミングと形式的なモデル　　　　　020
賦存効果　　　　　　　　　　　　　　　　　　　023
サンクコスト（埋没費用）　　　　　　　　　　　028
決定木　　　　　　　　　　　　　　　　　　　　031
代表性ヒューリスティック　　　　　　　　　　　036
利用可能性ヒューリスティック　　　　　　　　　041
係留効果（アンカリング効果）　　　　　　　　　047
メンタル・アカウンティング（心の会計）　　　　049
動学的非整合性　　　　　　　　　　　　　　　　055
練習問題　　　　　　　　　　　　　　　　　　　057

第3章 統計データを理解する　　061
はじめに　　061
問題　　062
条件付き確率　　067
ギャンブラーの錯誤　　077
悪い（偏った）サンプル　　083
平均への回帰　　086
相関関係と因果関係　　088
統計的有意性　　090
ベイジアン統計学と古典統計学　　092
練習問題　　100

第4章 リスク下の意思決定　　105
はじめに　　105
問題　　106
独立性の公理　　108
フォン・ノイマンとモルゲンシュテルンの結果　　117
効用の測定　　121
危険回避度　　124
プロスペクト理論　　131
練習問題　　139

第5章 不確実性下の意思決定　141
はじめに　141
問題　142
主観的確率　148
わかっている事実から学習する　160
因果関係　175
確実性原理　178
代替的なモデル　184
客観的確率　185
練習問題　187

第6章 幸福度と幸福感　191
はじめに　191
問題｜グループA　192
問題｜グループB　193
幸福度　194
計測に関わる問題　197
幸せとは何だろうか？　199
練習問題　202

付録A　最適選択　205
付録B　確率論と統計学　209
解答　219
訳者あとがき　225
索引　230

第1章 基礎概念

　本書は，読者のあなたが意思決定理論における考え方に習熟し，より良い意思決定をする上でそれがいかに役立つかを検討できるようにデザインされている．題材は問題という形で提示されている．そこで，あなたはある状況を想像し，自分の意思決定や判断を示すことになる．問題は，意思決定理論における基本原理とともに，心理学・行動経済学の文献に示されているこれらの原理からの逸脱をも例示するように選ばれている．

　何が「より良い選択」なのか？　また，何が良い意思決定であるかを判定する権威を持っているのはいったい誰か？　その答えは自明ではない．わたしは，意思決定の結果がどうであったかは，分析の最終段階においては，意思決定者自身の判断によって決められるべきであるという見方を採用している．つまり，「良い」あるいは「より良い」意思決定とは，その決定を行った人によってそう判断されるべきものである，ということである．意思決定者は，自分の決定がどうだったかに関して，何らかの分析や推論によって検討する必要があるだろう．また，自分の決定の質を適切な視野の下で判断できるためには，いくらかの経験も必要だろう．しかし，最終的には，より良い意思決定をしたと感じるべきなのは意思決定者自身なのである．もし意思決定理論家がある種の決定の仕方を説教する際に，その仕方が「正しい」ものであると意思決定者に納得してもらえないなら，その決定の仕方はおそらく正しくないのである．

　経済的な比喩を用いるとするなら，わたしは自分のような人々，つまり，

意思決定理論家を商人だと見ているのである．われわれは意思決定の原理を（ほとんどの場合，意思決定理論の先祖たちから）買い，それを意思決定者に売ろうとしているのである．彼らはわれわれの顧客なのであり，買った製品に関して満足を感じるべきなのである．このことは，すべての顧客が意思決定のプロセスのあらゆるステージで満足すべきだということを意味しない．時には，意思決定に関する知識を獲得するにはいくらかの忍耐が必要かもしれない．おそらく，本書のある部分を有益だと感じる読者もいれば，そうではないと感じる読者もいる，ということもありうるだろう．しかし，もしほとんどの読者が本書の多くの部分を無益だと感じるなら，わたしが売ろうとしている製品にはどこかおかしなところがあるのである．

　わたしは，古典的な意思決定理論が破たんするような例から記述を始めている．そうした多くの例は，心理学者のダニエル・カーネマンとエイモス・トヴェルスキーによって提供された[1]．彼らとその支持者たちは，注意深くデザインされた実験室実験を実施した．その実験では，経済学における合理性に関するほとんどすべての仮定に関して逸脱が見られ，ある例では，無視できないほどの数の意思決定者がそうした逸脱を示したのである[2]．他の例は，カーネマンとトヴェルスキーの研究以前のものである．いずれにしても，実質的にあらゆる一般原理には，多くの意思決定者がそれからの逸脱を示すような反例が存在するということを強調しておかなければならない[3]．

　わたしは，ある原理を説明する最良の方法は，それが破たんするような例から始めることだと信じている．一般的に，ある理論を理解するのに有用なのは，その理論が成り立たない場合を知ることによってであり，少数の良い例を提供することが，一般的な原理を描き出すのに最良の方法なのである．さらに，意思決定の場合には，ある理論ないし原理からの逸脱を観察することは，われわれ一人ひとりが自分自身に問わなければならない問題を提示してくれもするのである．つまり，わたしは，この原理から逸脱する意思決定者のようになりたいのか？　もしそうなら，いつ，どんな条件の下でそうなりたいのか？　そのような問題である．わたしがある原理から逸脱するような例を見て，それからその原理がどんなことをさせようと指図しているかを理解することによって，わたしは将来において自分の行動を変えたいのか否

かを次に判断できるのである．

　ある意味で，あなたは本書を，理論家たちが不合理だと考える意思決定のパターンをカタログにしたものだと考えるかもしれない．わたしはこれらのパターンを，一般原理を提示するためだけではなく，それを批判するためにも用いている．すでに説明したように，わたしは，どの原理をいつ採用すべきかに関して，あたかもそれが正しいかのような解答を提案しようとはしていない．この決定は，すべての意思決定者によって個別に行われるべきである．あなたの解答がどのようなものであろうとも，一般原理を理解すること，およびこれらの原理が破たんする傾向にあるような例に習熟することによって，あなたに充実感を得ていただけるとわたしは信じている．

　この文脈において，意思決定理論家や経済学者が使用することを好む2つの用語に言及しておくのが有益かもしれない．それは，記述的理論と規範的理論という用語である．**記述的**理論とは，現実を記述することを目指す理論のことである．例えば，需要曲線の傾きが小さくなるという主張は，この世界の状態について何事かをわれわれに告げるものである．重要なのは，記述的理論は価値判断を下すものではなく，世界のこうした性質は良いとか悪いとか，そうしたことについては何も語らないということである．

　規範的理論とは，意思決定者に忠告を与える理論，つまり，意思決定者がどのように意思決定**すべきか**という指図を与える理論のことである．例えば，所得の不平等を減少させるべきだという主張は，規範的な主張なのである．なお，ここで「規範的」という言葉は，他の社会科学におけるように，「与えられた社会における規範」であることを意味していないことに注意してほしい．規範的というこの用語が意味しているのは，理論家と意思決定者の間の関係のあり方についてのことでしかないのである．つまり，理論家が意思決定者にある特定の仕方で行動するよう説得しようとしている，そのような場合を指しているのである．

　意思決定理論においては，ある原理が記述的かつ規範的に解釈されることが可能な場合がしばしばある．例えば，各経済主体が効用関数を最大化するという理論を考えてみよう．それは記述的なものとして提示されるかもしれない．つまり，これが現実の経済主体についての良い記述であると主張され

るかもしれない．また，それは規範的なものとして提示されるかもしれない．その場合，それは，あなたがそうした主体になれるような賢明さを持つべきだと主張していることになる．記述的理論としては，その原理はそれに対応する現実と照らし合わせて検証される．データに適合すればするほど，それは現実の説明に成功した原理なのである．規範的理論としては，その原理は現実に適合する必要はない．実際，その場合には，意思決定者が結局は従うことになるような提言を与えることには意味がない．むしろ，その原理が意思決定者にとって**従いたい**ようなものかどうかが，それを検証するテストになるのである．

あなたが規範的理論と記述的理論の両方に興味を持つ傾向があることを認識しておくことは重要である．良い規範的理論とは，あなたが採用したくなるような理論であり，あなた自身の目で見て良い意思決定を可能にするような理論なのである．良い記述的理論とは，あなたの周囲の人々がどのように行動しているかをあなたに告げるものである．あなたの上司や部下と関わる場合にせよ，同僚や顧客と関わる場合にせよ，競争相手や他の投資家と関わる場合にせよ，彼らがどのように意思決定しているかを知ることが重要なのである．

ここに微妙な論点がある．例えば，ミクロ経済学の基礎を教える時，典型的には経済主体は合理的であると仮定する．もしこれが良い記述的理論であったとするなら，あなたは市場でより良い決定を行うためにそれを利用するかもしれず，これは正当な行動であるように思われる．しかし，（少なくとも誰かにとっては）不合理と考えられる行動様式に焦点を当てるなら，倫理的な問題が生じてくる．例えば，ある行動様式が愚かなものだと説得され，そうした行動を避けたくなったとしよう．しかし，多くの人々はその分析結果を知らず，いまだにその行動様式に従っている場合があるだろう．この事実を知ることは有益だろうが，それははたして道徳的に正しいことなのだろうか？　つまり，他人の間違いに基づいて，自分自身にとってより良い決定を行うことは道徳的に正当化されることなのだろうか？　もしそうでないなら，本書のような本は，一部の意思決定者だけが他人を犠牲にして優位を築くことを手助けすることにより，この世の中を劣悪なものに変えることにならな

いだろうか？

　これは深刻な問題である．それにもかかわらず，わたしは本書に示した題材を教え，出版することを躊躇したりしない．それには2つの主要な理由がある．第1に，本書に盛り込まれたような知識は秘密のままにしておくことはできないと信じているからである．（カーネマンとトヴェルスキーの業績を含む）こうした題材は，秘密であるがゆえに多くの人々が知っているものなのである．第2に，こうした題材に関する知識によって恩恵を受ける実践家のほとんどではないにせよ，その多くは，学問的世界でこうした知識が議論されるようになる前から，長年の間それを実践の中で用いてきたのである．カーネマンとトヴェルスキーがその注意深い研究によって記した多くの法則性は，マーケティングに携わる者や政治家といった人々によって利用されてきたものである．すなわち，本書のような本は，専門家たちのいる世界において，専門家ではない人々がより良い意思決定をするのを手助けすることを通じて，この世の中を悪くするというよりは，むしろ良くするのである，と期待してもよいのではないかとわたしは思っている．

原注
1　ダニエル・カーネマンは，意思決定に関するこの分野における貢献に関してノーベル経済学賞を2002年に受賞している．エイモス・トヴェルスキーは1996年に他界している．
2　例えば，Kahneman, D., Slovic, P. and Tversky, A. (eds) (1982) *Judgment under Uncertainty: Heuristics and Biases*. Cambridge University Press を参照．
3　エイモス・トヴェルスキーは，「意思決定に関する原理を一つ挙げてください．それが破たんするような実験をデザインしてみせますから」と言うのが口癖であった．

読書ガイド
合理的選択に関する基礎理論については以下を参照．
Binmore, K. (2009) *Rational Decisions*. Princeton University Press.
Gilboa, I. (2010) *Rational Choice*. MIT Press.
Hammond, J. S., Keeney, R. and Raiffa, H. (1998) *Smart Choices: A Practical Guide to Making Better Decisions*. Harvard Business School Press.

選択に関する心理学，および古典的理論の破たんに関しては以下を参照．
Ariely, D. (2008) *Predictably Irrational*. MIT Press.（ダン・アリエリー『予想どおりに不合理――行動経済学が明かす「あなたがそれを選ぶわけ」』熊谷淳子訳，早川書房，2008）

Bazerman, M. H. and Moore, D. (2006) *Judgment in Managerial Decision Making.* John Wiley & Sons, Inc.（M・H・ベイザーマン／D・A・ムーア『行動意思決定論――バイアスの罠』長瀬勝彦訳，白桃書房，2011）

Thaler, R. H. and Sunstein, C. R. (2008) *Nudge: Improving Decisions About Health, Wealth, and Happiness.* Yale University Press.（リチャード・セイラー，キャス・サンスティーン『実践 行動経済学――健康，富，幸福への聡明な選択』遠藤真美訳，日経BP社，2009）

第2章 判断と選択におけるバイアス

はじめに

　本章では，人々が少なくともいくらかは「バイアス」や「誤り」と考えられる判断や決定をしてしまいがちなさまざまな例を議論する．こうした例の多くは，経済学やその関連分野における合理的選択についての従来の理論とは矛盾するものだ．その中のいくつかは，経済理論の明示的な想定に反している．また，経済学の暗黙の了解と相容れないために経済学の言語では議論されることすらないものもある．

　これらの例の多くはダニエル・カーネマンやエイモス・トヴェルスキー，それに彼らの信奉者たちによって提案され，実験を通して検証されてきた．カーネマンとトヴェルスキーは，1960年代の終わりに一連の研究プロジェクトを開始した．長い間，さまざまな分野の研究者たちは自分たちの発見がせいぜいカクテル・パーティーの会話を盛り上げる面白い例くらいのものだととらえていた．一方経済学者は，多くの実験では被験者に金銭的な報酬を支払っていないとして，こうした例を認めなかった．彼らは，十分な金額がもらえるかもしれない実験であれば，人間行動は従来の経済学の予測にもっと近づくはずだと主張した．また，愚かで最適とは言えない行動があるとしたら，市場にはそれを抜け目なく利用する者がいるはずだ．そうすると，市場の進化の力によってそうした行動は淘汰されるだろうという進化論的主張が持ち出されることもしばしばあった．さらには，こうした行動の例の多く

は人工的で作為的に導かれたものであり，自然な状態での現実の人間の典型的行動を表していないという主張さえあった．

　しかし長い年月を経て，こうした状況は一変した．1990年代に経済学とファイナンスの研究者は，自分たちのモデルの適用範囲を拡張し，従来の経済理論には当てはまらないものの，実験で観察されるある種の行動を分析対象に取り込んだ．行動経済学や行動ファイナンスという分野は次第に発展し，2002年にはダニエル・カーネマンにノーベル経済学賞が授与された．心理学的研究の経済学への応用の重要性が認められたのである．しかしこのことによって，実験研究をめぐる論争が解決したわけではない．経済学にとっての心理学的な実験研究の重要性と有効性については，依然として熱い論争がある．

　本書の主要な目的は，読者であるあなた自身がより良い意思決定をできるよう手助けすることである．意思決定の手順を変えれば，あなたは自分の決定に満足するようになるだろう．こうした規範的目的については，上記で言及した実験をめぐる論争はあまり関係がない．これから，人々が愚かと思われるような行動をする例を見ていこう．その中であなたは自分だったらそのような決定をするか，あるいは彼らがそのような行動を改善できるかどうかを考えることになる．あなたは，自分自身が，最適ではないと思われる行動を決して選ばない教科書的な**ホモ・エコノミカス**であることに気づくかもしれない．あるいは，あなたは時々ホモ・エコノミカス的行動から逸脱するが，そうだとしても自分の意思決定のやり方には実のところは満足していることに気づくかもしれない．このような場合には，本書で取り上げた問題を解くことから得るものは少ないかもしれない．といっても，何らかの害があるわけではないのだが．しかし，時には自分で気に入らない決定をしてしまう人や，将来気に入らない決定をしないための手順を身につけようと決めている人ならば，この本から得るものはあるはずだ．本書で紹介する例題はこうしたシナリオを念頭に選ばれた．本書の例題は，あなたが自分自身の意思決定を考え直す手助けになるように作られたものである．例題は，自然なものや不自然なもの，典型的なものやめったにないものなどさまざまだが，上記の目的に適うものである．

しかし，あなたが記述的目的，つまりあなたの周囲の人など一般の人々がどのように行動するかを理解したり予測しようとしたりする場合には，以下の注意が必要だ．第一に，例題のいくつかは，極端で作為的かつ人工的であると心理学者から指摘されている[1]．実際，現実に起こりうる意思決定の状況において，合理性に反する例がどの程度頻繁に観察されるのかという点については，現在も論争が続いている．ある研究では，人々は，自分になじみのある作業や状況においては，そうではない場合よりも良い決定をすることが示唆されている[2]．従って，他人のバイアスや間違いに付け込もうとする場合には，教室内実験よりも現実の生活ではそうしたバイアスが生じにくいことを十分肝に銘じなければならない．人々の最適ではない行動から利益を得ることは可能だが，本書の例題はそのために作られたものではない．

第二に，社会科学における知見は一般に限定的で制限がある．社会科学では，自然科学の法則のように一般的で普遍的であるような法則はほとんど知られていない．社会や経済のシステムは非常に複雑で常に変化しており，それは往々にして社会・経済の研究の結果でもある．それゆえわたしのアドバイスとしては，人間行動や経済・社会についてのあらゆる科学的知見は，ある程度割り引いて考えるべきだということだ．あるグループで得られた知見が他の人々に一般化できるかどうかは，ただちに明らかではない．カリフォルニアの不動産業者とベルギーの穀物消費者とが同じ物事の決め方をする必要はない．心理学では，実証的な知見はあるグループから別のグループへと自動的に一般化されるべきではなく，また実験は再現される必要があるという考え方が広く受け入れられている．大人に対して確かめられたことが若者には当てはまらないことはたびたびあるし，女性を対象に確かめられた現象が男性には一般化できないこともある．同様に，ここで議論するような古典的な選択理論からの逸脱が，あるグループでは広範に見られるものの，それ以外のグループではあまり見られないこともある．また，30年前に広まっていた現象も現在はあまり見られないということさえある．

最後に，以下のページを意思決定についての問題提起として見てほしい．人々が実際にどのような決定をするかを記述する解答は，絶えず更新され，状況に応じて変化していくものだ．それに対して，問題自体は時間を通じて

不変である．

本章の例題のほとんどは予備知識なしでも理解可能である．しかし，あなたがもしミクロ経済学について一度も学んだことがなければ，**ホモ・エコノミカス**は，あなたとは全く違う人間であると感じることだろう．付録Aには，その理論背景についての簡単な解説が収められてある．

問題──グループA

▶ **問題 2.1**

65歳になるあなたの親戚は深刻な病気にかかっている．病気のため彼女は困難な状況にあるが，生命の危機が迫っているわけではない．彼女は，手術を受けることができる．もし手術が成功したら彼女の病気は完治する．しかし手術はリスクを伴い，手術を受けた患者の30%は死亡することがわかっている．あなたは彼女に手術を受けることを勧めるだろうか？

▶ **問題 2.2**

あなたは確実に10万円もらえるとしよう．次の2つの選択肢のうち，どちらを選ぶだろうか．
a．確実に5万円を追加的にもらえる
b．50%の確率で10万円を追加的にもらえるか，50%の確率で追加的に何ももらえない（この場合，はじめの10万円はそのままもらえる）

▶ **問題 2.3**

あなたは映画を見に行った．いい映画だと聞いていたが，実際にはつまらなかった．あなたは上映の途中で映画館を出て，何か別のことをするだろうか？

▶ **問題 2.4**

リンダは31歳，独身で社交的かつ聡明な女性である．彼女は大学時代には哲学を専攻していた．また，学生時代には差別や社会正義といった問題に深い関心を持ち，反核運動のデモにも参加していた．次の8つのリンダに

関する記述のうち，最もありそうなものから順にランク付けしなさい．
a．リンダは小学校の教員である．
b．リンダは書店に勤務し，ヨガを習っている．
c．リンダはフェミニズム運動に参加している．
d．リンダは精神医学の専門家である．
e．リンダは女性有権者の会会員である．
f．リンダは銀行員である．
g．リンダは保険の営業員である．
h．リンダはフェミニズム運動に参加している銀行員である．

▶ 問題 2.5
英語の小説4ページ中（約2000語あるとしよう）に，_ _ _ _ _n_（7文字の単語で6番目がnのもの）という単語は10個以上あるだろうか？

▶ 問題 2.6
2年以内にエイズの治療法が開発される確率はどのくらいだろうか？

▶ 問題 2.7
1年以内に事故によってあなたの車が「全損」する確率はどのくらいだろうか？

▶ 問題 2.8
以下のうち，死亡者数が多いのはどちらだろうか？
a．消化器疾患
b．交通事故

▶ 問題 2.9
オーストラリア・メルボルンのコンピュータ会社に新たに雇われたエンジニアがいるとしよう．彼女には4年のキャリアがあり，多方面にわたる優れた能力を持っている．

彼女の年収は 650 万円以上だろうか？　それとも 650 万円未満だろうか？
a．650 万円以上
b．650 万円未満
彼女の年収はいくらだろうか？

▶ **問題 2.10**

あなたは 5000 円するコンサートのチケットを買ったとしよう．コンサート会場に着いた時，あなたはそのチケットがないのに気づく．あなたはもう 1 枚コンサートのチケットを買うだろうか（財布の中には十分なお金が入っているとしよう）？

▶ **問題 2.11**

あなたは次の 2 つの選択肢のうち，どちらを選ぶだろうか？
a．今日 1000 円もらう
b．今日から 1 週間後に 1200 円もらう

問題―グループ B

▶ **問題 2.12**

65 歳になるあなたの親戚は深刻な病気にかかっている．病気のために彼女は困難な状況にあるが，生命の危機が迫っているわけではない．彼女は，手術を受けることができる．もし手術が成功したら彼女の病気は完治する．しかし手術はリスクを伴い，手術を受けた患者の 70％が生存することがわかっている．あなたは彼女に手術を受けることを勧めるだろうか？

▶ **問題 2.13**

あなたは確実に 20 万円もらえるとしよう．次の 2 つの選択肢のうち，どちらを選ぶだろうか．
a．確実に 5 万円を失う

b．50%の確率で10万円失うか，50%の確率で何も失わない

▶ 問題 2.14
　あなたの友人が映画のチケットを持っていた．しかし彼女は映画を見に行くことができない．彼女は，「チケットを捨てるかわりに」あなたにそのチケットを無償で譲ったとする．この映画はいい映画だと聞いていたが，実際にはつまらなかった．あなたは上映の途中で映画館を出て，何か別のことをするだろうか？

▶ 問題 2.15
　リンダは31歳，独身で社交的かつ聡明な女性である．彼女は大学時代には哲学を専攻していた．また，学生時代には差別や社会正義といった問題に深い関心を持ち，反核運動のデモにも参加していた．次の8つのリンダに関する記述のうち，最もありそうなものから順にランク付けしなさい．
a．リンダは小学校の教員である．
b．リンダは書店に勤務し，ヨガを習っている．
c．リンダはフェミニズム運動に参加している．
d．リンダは精神医学の専門家である．
e．リンダは女性有権者の会会員である．
f．リンダは銀行員である．
g．リンダは保険の営業員である．
h．リンダはフェミニズム運動に参加している銀行員である．

▶ 問題 2.16
　英語の小説4ページ中（約2000語あるとしよう）に，＿＿＿＿ing（7文字の単語で末尾がingのもの）という単語は10個以上あるだろうか？

▶ 問題 2.17
　2年以内にサルの研究で遺伝学上の新たな事実が発見され，エイズの治療法が開発される確率はどのくらいだろうか？

▶ **問題 2.18**
　1年以内に以下のそれぞれの要因によってあなたの車が「全損」する確率はどのくらいだろうか？
a．飲酒運転をしている他人による事故
b．あなたに責任のある事故
c．路上に駐車している間の事故
d．ガレージに駐車している間の事故
e．上記のいずれか

▶ **問題 2.19**
　以下のうち，死亡者数が多いのはどちらだろうか？
a．消化器疾患
b．交通事故

▶ **問題 2.20**
　オーストラリア・メルボルンのコンピュータ会社に新たに雇われたエンジニアがいるとしよう．彼女には4年のキャリアがあり，多方面にわたる優れた能力を持っている．
　彼女の年収は1350万円以上だろうか？それとも1350万円未満だろうか？
a．1350万円以上
b．1350万円未満
　彼女の年収はいくらだろうか？

▶ **問題 2.21**
　あなたがコンサートに行く状況を考えよう．チケットの値段は5000円である．コンサート会場に着いた時，あなたは5000円札をなくしてしまったことに気づく．あなたはそれでもチケットを買うだろうか（財布の中には十分なお金が入っているとしよう）？

▶ **問題 2.22**
　あなたは次の２つの選択肢のうち，どちらを選ぶだろうか？
a．今日から 50 週間後に 1000 円もらう
b．今日から 51 週間後に 1200 円もらう

フレーミング効果

　問題 2.1 と問題 2.12 を考えよう．この２つの問題は非常に類似している．

　65 歳になるあなたの親戚は深刻な病気にかかっている．病気のために彼女は困難な状況にあるが，生命の危機が迫っているわけではない．彼女は，手術を受けることができる．もし手術が成功したら彼女の病気は完治する．しかし手術はリスクを伴い，［問題 2.1：手術を受けた患者の 30％は死亡することが，問題 2.12：手術を受けた患者の 70％が生存することが］わかっている．あなたは彼女に手術を受けることを勧めるだろうか？

　この２つの問題は同じものである．唯一の違いは，一方が手術の死亡確率を，もう一方が手術の生存確率を述べている点である．しかしこれらは同じ情報である．患者の 30％が死亡するなら患者の 70％は生存し，逆もまた成り立つということには一瞬で気づくだろう．言い換えれば，２つの問題は情報提供の表現のみが異なっている．

　しかし，上記のような２つの問題で人々はしばしば異なる判断を行う．もし無作為に選ばれた多人数で構成される被験者集団が２つあったとして，それぞれのグループの人々に上記の問題いずれかに答えてもらうとしよう．すると，問題 2.12 で手術を受けることを勧めると答える人の割合は，問題 2.1 でそのように答える人の割合よりも多くなるだろう．これは，カーネマンとトヴェルスキーが**フレーミング効果**を検証するために使った有名な例を改変した問題である．フレーミング効果とは，問題文の設定や表現方法が意思決定に与える効果のことである[3]．

　同じ情報の異なる表現は，われわれの心に異なる連想をもたらしうるとい

う現象を指摘されれば，フレーミング効果のメカニズムを想像するのは難しくない．表現方法の違いはわれわれの感情面の反応を変えるだけでなく，確率の評価も変える．人は自分の人生を危険にさらしたくないと思うのは自然なことである．この問題では，2つの選択肢が与えられ，一方は死のリスクに関係し，もう一方はそれとは関係がない．後者よりも前者を選ぶためには，それ相応の理由がなければならないことは当然だろう．結果として，自分の人生にとって危険な選択肢を避けるという行動をほぼ自動的に取ってしまうだろう．「死」という重大な単語はこの選択肢が危険であるというシグナルにもなっている．それゆえ，「死」という単語を聞くと心の中で「危険だ」という赤信号が点滅し，死を連想させる選択肢を避けようとするだろう．反対に「生存する」という単語は，前向きな考えや感情を暗示する．このようにして，明示的に生存に関わる選択肢は，明示的に死に関わる選択肢よりも魅力的に感じられるのである．

　この例題の難しい点は，「生存する」**だろう**と思って選んだ選択肢でも結果として死亡してしまう可能性があることだ．当然，逆も真である．わたしがこの問題を提示する時には，どちらか一方を強調することができる．しかし，どのような問題の表現方法を取ったとしても，両方の可能性が存在する．これが，多くの人が上記の2つの問題で異なる決定をするのは非合理的だと感じる理由である．ただし，このゲームのルールによれば，**あなたにとって何が合理的であるかを決めるのはあなた自身である**ことを思い出しておこう．もしあなたが2つの問題で異なる決定をしても問題ないと主張するならば，あなたにとってそうすることが合理的なのであろうし，それはそれで良い．しかし，わたしはこの例題を多くの授業で行ってきたが，異なる決定が合理的だと主張する学生はいまだ見たことがない．もちろん，このことは，2つの問題で異なる決定をする人はいないということを意味しているわけではない．フレーミング効果は現に機能しており，人々は異なる決定をする傾向がある．しかし，彼らは好きこのんでこうした決定をしているわけではないようだ．この例題に引っかかった時，彼らは自分の決定にあまり満足していない．それゆえ，彼らが同じ問題に対して異なるフレーミングの中で異なる決定をしてしまうというのは，非合理的なことなのだ．

次に問題 2.2 と問題 2.13 を考えよう．前者は，

あなたは確実に 10 万円もらえるとしよう．次の 2 つの選択肢のうち，どちらを選ぶだろうか．
a．確実に 5 万円を追加的にもらえる
b．50%の確率で 10 万円を追加的にもらえるか，50%の確率で追加的に何ももらえない（この場合，始めの 10 万円はそのままもらえる）

という問題であり，後者は

あなたは確実に 20 万円もらえるとしよう．次の 2 つの選択肢のうち，どちらを選ぶだろうか．
a．確実に 5 万円を失う
b．50%の確率で 10 万円失うか，50%の確率で何も失わない

という問題である．ここでも，同じ結果に対して異なる表現方法が使われている．お金をもらう前にこの質問に答えなければならないことに注意しよう．始めに 10 万円もらい，次に追加の金額（確実に 5 万円もらうか 50%の確率で 10 万円もらう）をもらうか，始めに 20 万円もらい，次にお金を失う（確実に 5 万円失うか 50%の確率で 10 万円失う）かという問題には違いがない．言い方を変えれば，第 2 段階における「もらう」や「失う」という言葉を無視すれば，2 つの問題における選択は以下のようになる．

a．確実に 15 万円もらう
b．50%の確率で 10 万円もらい，50%の確率で 20 万円もらう

2 つの問題は，単に上記の問題に対する異なる表現にすぎない．それゆえ，多くの人は問題 2.2 と 2.13 で同じ回答をしたいと感じる傾向がある．ここでも重要なのは，多くの人が 2 つの問題で同じ解答を**している**ということではない．むしろ，多くの人は同じ解答を**したい**と思っていることだ．言い

換えれば，もし「人々は選択肢の表現方法に影響されない」という理論的主張を考慮するならば，フレーミング効果の存在はその記述的な有効性に関係している．つまり，フレーミング効果が普遍的であればあるほど，現実の記述としてこの理論は不正確であるということになる．しかし，この理論はなお，良い規範理論として機能しうる．つまり，もし人々が望ましい目標としてこの理論を受け入れるのであれば，さらには，彼らがこの理論に従わないことが非合理的であると考えるならば，この理論は彼らの意思決定において有用な手本となる．

　問題 2.2 と 2.13 が同じであるということは，問題 2.1 と 2.12 が同じであるということほど一般的には受け入れられていない．自分が一度手にしたお金を失うこととまだ手にしていないお金をもらうこととは全く違うと感じる人もいる．たとえ両者の収支が同じだとしてもである．実際，この問題はカーネマン，トヴェルスキーおよびリチャード・セイラーが発見した「損失回避性」や「賦存効果」といった別の現象と関係している．後で議論するが，これらの効果は重要であり実証的にも確立されている．ここではさらに，こうした現象が合理的であると思える状況について議論しよう．例えば，あなたがある金額の富を持つことに慣れているとしよう．その場合，その富を手放すことは，最初から何も持っていないこととは大きく異なるだろう．しかし，上記の問題では，われわれはあなたがもらうと約束されたものの，まだ手にしていないお金について議論している．あなたには，お金が自分のものになるという考えに慣れ，そのお金の使い道を考え始める時間さえなかっただろう．むしろ，あなたはいくらかのお金をもらえると伝えられ，ただちにその問題に関連する選択肢を読んだだけである．それゆえ，多くの人は問題 2.2 と 2.13 における選択は同じでなければならないと確信している．しかしここでも，この問題においてあなたの選択を結果の表現方法に従わせることが非合理的であるかどうかを判断するのは，あなた自身なのである．

　フレーミング効果の例は世の中にたくさんある．米国のガソリンスタンドではしばしば 2 つの価格表示がある．1 つは「通常価格」であり，クレジットカードが適用される価格である．もう 1 つは「現金割引」であり，現金購入のためだけの価格である．2 つの価格が異なる理由を理解するのは簡単

だ．しかし，なぜ現金価格がデフォルトとなり，高い価格の方が「クレジット上乗せ」価格とならないのだろうか．明らかに，現実的には2つの価格設定は同じであると言える．クレジットカードを使う場合には高い価格を払い，現金を使う場合には安い価格を払うのだ．しかし，表現方法は重要な問題だ．わたしがガソリンを必要としている状況を想像してほしい．ガソリンスタンドのそばを走っていたら，財布の中に現金が入っていないことに気づく．そうすると「まあいいだろう，通常価格で払えばいい．わたしは常に割引価格ばかりを求める男というわけではないしね」と思い，ガソリンを入れるだろう．反対に，現金価格が「通常（デフォルト）」価格として認識され，クレジットカードを使う客用に「クレジット上乗せ」価格があれば，わたしは「全くアンフェアだ！ 自分のカードを使うのに罰金を払わないといけないと言うのか？ 彼らは，わたしがお金を下ろし忘れたことにつけ込もうとしているのか？」と言ってしまうかもしれない．そうすると，わたしは客をもっと公平に扱う別のガソリンスタンドを探そうとするだろう．このようにして，同じ価格メニューの表現方法の違いによって，異なる行動が引き起こされることがある．

　次に，公職選挙，例えば大統領選挙に立候補している政治家の例を考えよう．彼は「わたしは医療費控除の政策を実施しようと考えている」と訴えているとしよう．この政策は，健康に問題を抱えている人にとって望ましい政策のように思われる．もし，ある人が病気になり，その人が民間の医療サービスを受けるための経済的余裕がないとしても，州政府が課税前所得から医療費を控除することによってこうした人を助けることができる．同じ候補者が次のように言った場合を考えよう．「わたしは，医療費に対して州からの補助金を出そうと思う．また，貧しい人々よりも経済的に豊かな人々により高い割合の補助金を支給しようと考えている」．明らかにこの政策は好ましくは思えない．なぜ金持ちが貧しい人よりも多くの割合の補助金をもらわなければならないのだろうか？ しかし，この政策は前の政策と全く同じである．経費の控除は補助金の支給と同じであり，所得に対する補助金の割合は限界税率と同じである．金持ちは一般に高い限界税率で税金を払っており，控除があった場合には貧しい人よりも還付金額が大きい．極端な例では，収

入がない人を考えれば良い．この人は税金を払っていないため，医療費の控除があったとしても何の利益も得られない．

上記の2つの例は，フレーミング効果がきわめて日常にありふれた存在であることを示している．実際，マーケティングの専門家や政治家は，非常に魅力的な方法で選択肢を「フレーミングする」達人だと言えるだろう．われわれ消費者に商品を売ろうという仕事に従事している人々はたいてい，どの表現方法が別のものよりも客を引きつけるかについて良いセンスを持っている．

ブレインストーミングと形式的なモデル

フレーミング効果を避けるためには，何ができるだろうか．より一般的に言えば，どうすれば間違い，つまり愚かと思われる判断や評価を避けることができるだろうか．

第一に，意識することが重要である．さまざまなタイプのバイアスや間違い，心理学的な効果を意識することは，推論や意思決定のプロセスにおいてそれらを見つけ出し，避けようとする際の重要な一歩である．第二に，形式的なモデルを使うことは大きな手助けになる．最後に，グループで考え，ブレインストーミングをすることが役に立つこともしばしばある．ただしこれには注意が必要である．なぜならグループの意思決定は個人の意思決定よりも常に優れているとは限らないからである．グループの構成員それぞれのモチベーションが異なる場合，一貫した意思決定をすることは難しいかもしれない．一貫した意思決定ができたとしても，非常に保守的な決定になるかもしれないし，カリスマ的性格を持つ人の意向に左右されるかもしれない．グループ内で他人と一緒に問題について話し合った後に自分の思う通りの意思決定をすれば，そうした決定は一般に自分一人で行ったものよりも優れている．グループ内で議論を行うことは個人で行うよりもより純粋に物事の分析ができる[4]．多くのアイデアを持ち寄り，それらを他人と競わせあったり，比較・分析したりすることができるからだ．

フレーミング効果の場合には，形式的なモデルさえあれば十分な場合がし

ばしばある．実際われわれは「フレーミング効果」の定義としてもそれを使っている．つまり，フレーミング効果とは，形式的なモデルが使われれば消え去る効果である．例えば，問題 2.1 において選択肢を形式的モデルとして紙に書いてみれば，手術を受けるという選択を手術の結果についての分布として表現することができるだろう．こうして書かれたものは，合計が 1 となる確率の数字の列挙になっているはずだ．従って，30%の確率で死ぬならば，その余事象を書く必要がある．余事象とは生存することであり，それは 70%の確率で起こりうるのだ．同じ推論によって問題 2.12 の選択肢は結局，問題 2.1 と全く同じ確率分布を持つことがわかるだろう．言い換えれば，あなたが形式的なモデルを使用する立場に立てば，あなたはモデルをどう表現するかについては重要視しなくなるだろう．そうすれば，フレーミング効果に影響を受けない意思決定をすることができるようになる．

　同じ論理は問題 2.3 と 2.13 にも当てはまる．形式的なモデルを書こうとするなら，選択肢を結果についての分布として表現する必要がある．多少の時間はかかるかもしれないが，あなたは結局，この問題は，確実に 15 万円もらう選択肢と，10 万円と 20 万円のどちらかが等しい確率でもらえる選択肢のどちらを選ぶかを尋ねているものだと気づくだろう．同様に，ガソリンスタンドの例における形式的なモデルは，支払い手段とそれに対応する価格との組み合わせのリストである．そうすれば，「割引」や「上乗せ」といった表現が使われる余地はなくなる．最後に，医療費控除の例は人々が収入や医療費に応じてさまざまな額の支払いをしているという例である．もしこの 2 つの金額が与えられた場合に，その人の手元に残るお金はいくらになるかということを計算する表（または関数）を書けば，2 つの表現は同じ表を記述していることがわかるだろう[5]．

　要するに，形式的なモデルはより良い意思決定を行うにあたって大きな手助けになる可能性がある．それは，形式的なモデルが「正しい」答えを導くと思われない場合でさえも言えることだ．数学的モデルから計算されるような正しい答えが存在するケースはごくまれである．こうしたケースは，ある意味興味深いものではない．なぜなら，こうしたケースでは，「正しい答え」の計算はソフトウエアやコンサルタントに任せてしまえば良いからだ．しか

し，われわれが取り組む問題の多くはこうした種類のものではない．概して，そうした問題の答えは主観的な判断，意見あるいは価値観などに影響を受ける．しかし，形式的なモデルを使えば，これらの問題についての思考は大いに簡略化され明確になる．フレーミング効果は，形式的なモデルを使って実際の選択肢を制限せずに心理学的なバイアスを回避することができる極端な例である．

　形式的なモデルと数学的な洗練を区別しておくことは重要だ．形式的な数学モデルを使うことは複雑な数式を解くことを必ずしも意味しない．また，正しい選択は普通の人々がついていけないような計算から導かれるだろうということも意味しない．実際には，高度な数学化には危険があり，気をつけなければならない．専門家はしばしば数学的分析に直すことができる問題だけに注目し，計測したり特定したりしにくい部分について無視することがある．また，意思決定者は数学的な思考についていくことが難しいと感じると，その問題で想定されていることについて考えることなく，結論だけを受け入れてしまうことがある．これは，わたしがここで勧めようとしているような形式的モデルではない．むしろわたしは，問題の重要部分を切り捨てずに問題の詳細を抽象化するための手段として数学という言語を使うことを勧める．形式的モデルは，多くの特定化されていないパラメータがあるために，常に明快な解答を提供するわけではないだろう．しかし，形式的モデルを使った思考訓練こそがわれわれの直感を研ぎ澄ますうえで大きな手助けになる．そうすれば，悪い決定をしてしまうことにはならないはずだ．

　以下では，他の多くの心理学的バイアスを見ていこう．そうしたバイアスの多くは，形式的モデルを使うとすぐに消え去るわけではない．形式的モデルのいくつかはまた，ある選択が他の選択よりも良く，より一貫しているということを示唆するだろう．しかし，形式的モデルを使うことは，更なる分析やグループによるブレインストーミングの代わりにはならないことに留意しておくことは重要だ．

賦存効果

先に言及したとおり、問題2.2と2.13に与えられた2つの選択肢はリチャード・セイラーによれば、**賦存効果**としても説明可能である[6]。これは、自分が持っているものに持っていないものよりも高い価値を付ける傾向だと定義できる。上記の例では、わたしが既に持っている10万円はまだ持っていない10万円よりもわたしにとって「価値がある」ということになる。つまり、自分のものではないと思った場合にその金額を得られない恐れは、自分のものだと思っている時にそれを失う恐怖よりも小さい（利得と損失の非対称性や損失回避性については後で立ち返ろう）。

賦存効果は、お金に関してのみ生じる効果ではない。これは、**現状維持バイアス**[7]と呼ばれる一般原則から導かれる効果と見ることができる。それゆえ、経済取引の文脈では、賦存効果はさまざまな財で確認される現象だ。以下の実験を考えよう。ここでは、大学生たちがマグカップにいくらの値付けをするかを調べる。（この実験は大学生を対象に実施された[8]。研究者たちはしばしば、実験の被験者を確保するのに最も簡単な方法は大学生を集めてくることだと考えている。心理学者は、大学生を対象にした実験から得られた知見は、必ずしもそれ以外の人々に一般化できないという点にも着目している。）この実験では3つの異なる方法で値付け行動を調べる。

1. 学生にマグカップを手に入れるためにいくら支払っても良いかを尋ねる。
2. 学生にはある物がもらえることを伝える。ある物とはマグカップまたは現金である。いくらの現金をもらうことがマグカップをもらうことと無差別であるかを尋ねる。
3. 学生にマグカップをギフトとして与える（学生たちに一度マグカップを使わせてみても良い。そうすれば、学生たちはマグカップが本当に自分のものになったと感じるだろう）。次に、そのマグカップを買うためには、学生たちにいくら支払う必要があるかを尋ねる。

この3つの答えすべては同じような額になるはずだと思われる．しかし，経済理論を使っても，答えはすべて同じにならない可能性がある．なぜなら，最初の条件では，学生たちは何ももらわないのに対し，後の2つの条件では彼らはマグカップまたは現金をもらうからだ．より正確には，学生たちの持っている現金とマグカップの「組み合わせ」を (m, n) と表そう．ここで m は保有している現金の額であり，n は保有しているマグカップの数である．学生たちが $(m, 0)$ である状態からはじめよう．つまり，ある金額 m と 0 個のマグカップを持っている状況である．問題 (1) では，学生に以下の価格 p を尋ねている．

$(m - p, 1) \sim (m, 0)$

つまり，価格 p とはマグカップを手に入れるが p を手放して残金が $m - p$ となる状況と，マグカップを手に入れないがお金も手放さないという状況の2つの状況が無差別になるような価格である．この問題では，学生にとって p がいくらになるかを尋ねている．

対照的に問題 (2) では，ある金額 q をもらう状況（$m + q$ の現金を保有するがマグカップはもらえない）とマグカップをもらう状況（現金はもらえない）が等しくなるような金額 q を尋ねている．つまり，以下の「選好式」を解く q を尋ねている．

$(m + q, 0) \sim (m, 1)$

最後に問題 (3) を考えよう．ここでは，学生たちはマグカップをもらっているので，$(m, 1)$ の組み合わせを保有している．ここで，学生に彼らからマグカップを買い取るためにはいくら払わないといけないかを尋ねる．つまり，彼らの保有している現金が m からいくら増えれば，マグカップが 1 から 0 に減らされても構わないかを尋ねている．これは，以下の式を解く q を尋ねていることに書き換えることができる．

$(m + q, 0) \sim (m, 1)$

経済理論によれば，明らかに（2）と（3）に対する答えは同じになっているはずである．しかし，（1）の答えはそうとも限らない．例えば，p は m を越えることはないが，q は m を越える可能性がある．わたしがマグカップではなく，とても素敵なアパートをあなたに貸している状況では，あなたにとっての q は大変高額になるだろう（アパートの使用権はギフトとしてもらったものとしよう）．しかし，そのアパートを購入するのに自分の収入 m を大きく越えた額を支払うことはないだろう．

興味深い実験結果は，（3）の答えは（2）や（1）の答えよりもずっと高額であり，（2）の答えは（1）の答えよりも高額であるというものである．それぞれの回答の平均は（1）が287円，（2）が312円，（3）が712円だった．最も大きい金額の差は，経済理論が同じ金額になるはずだと予測した（2）と（3）の2つの問題の間で生じている．

なぜ賦存効果は存在するのだろうか？　それは合理的なのだろうか？　賦存効果，あるいはより一般的な現状維持バイアスが現れるのが大いに納得できる理由がいくつかある．これらの理由は，われわれがなぜこうしたバイアスを進化させてきたかを説明するものでもあるかもしれない．その理由は以下のものである．

a．情報：われわれが何か物を保有する時，保有していない時よりも保有している時の方がその物を良く知っている．マグカップについては知らなければならない情報はあまり多くないかもしれないが，コンピュータや車だったら，その製品について何も知らなければさまざまな問題が生じるだろう．ある物を保有したり消費したりすることによって，その物の品質を知ることになる．従って新しい商品は，自分の効用を考慮する限り，不確かな選択であり，実際にはくじのようなものだ．もしリスクを取りたくないのであれば，自分が既に知っている物の方を好むだろう．

b．取引費用：もし現状維持バイアスを持っていなければ，われわれは異なる選択肢間の変更を今よりも頻繁に行うようになるだろう．次の例を考えよう．あなたの子供が家に帰ってきて数学を勉強したいと言っ

たとしよう．1年後，彼は数学には向いていないから物理学を勉強したいと言う．その1年後は法律学になり，しばらく経つと自分がやりたい勉強は経済学だと言う．いずれあなたは「ちょっと待って．何かを選んだら，それを卒業するまで続けてみたらどう？」と尋ねるだろう．この例で重要なのは，すべての段階で自分が以前選んだものよりも別の選択肢の方が良いというあなたの子供の評価は正しいかもしれないという点だ．しかし，情報はノイズを含んでおり，今日良く見えたものでも明日になればそれほど良く感じられないかもしれない．もしある選択肢が自分が以前選んだものより良く見える時にいつもその選択肢に乗り換えていたら，われわれはどこにもたどり着けないかもしれない．反対に，現状維持への選好はわれわれの現在の選択に安定感をもたらす．それは，コストがかかる頻繁な選択の変更を防止するからだ．

c．**習慣形成**：われわれはある製品に慣れることがある．しばしばそれは好みの変化の問題でもある．特定のブランドのシリアルやビールに慣れたりするかもしれないし，あなたの味覚はある特定の製品のみを要求するまでになるかもしれない．また，しばしば習慣的行動にも関係する．ワープロが2種類あるとして，あなたは特にどちらかのワープロを気に入っているわけではないとする．しかし，しばらくの間そのうちの1つを使っていれば，なかなかもう一方に乗り換える気にはならないだろう（こうした習慣形成は，乗り換えに関わる取引費用を最小化する方法として考えても良いだろう）．

つまり，慣れ親しんでいるものや既に保有しているものが新しい同様のものに比べて好まれる理由はたくさんある．しかし，マグカップの例では，上のどの説明が説得力を持っているかについて定かではない．マグカップの品質についての不確実性はほとんどなく，マグカップはあくまでマグカップである．この実験ではあるマグカップから別のマグカップへの変更ができないために，上記2番目の論点はあまり関係がない．またこの実験では，コーヒーを飲むためにマグカップの使用に慣れておく機会がない．結果として，

自分の行った選択にある程度こだわるのは一般的にはよい考えだが，マグカップを手にするために支払っても良いと思うよりもずっと多くのものを現在保有しているマグカップを手放す際に求めるのは，合理的ではないだろう．

　賦存効果を示しても示さなくても，われわれは必ずしも人生の中でただ1つの決定だけをするわけではないということは重要である．ある場合では賦存効果が合理的であるが，別の場合では合理的でないことは大いにありうる．以下でその例を見てみよう．

　メアリは75歳の女性で大きな家に一人暮らしをしている．家を売ってアパートに引っ越した方が彼女のニーズに合った生活ができるのではと尋ねられると，彼女は，「見て！　この家は最愛の夫と共に子供を育て上げた場所なの．家の隅々まで思い出がいっぱい詰まっているわ．この家はわたしの人生の物語なんです」と言う．メアリにこの家を売ってもらうにはいくら払う必要があるかを尋ねると，その金額は彼女が同じような大きさの同じような環境にある別の家を買う時に払うであろう金額よりもずっと高いはずである．

　次にボブについて考えよう．ボブは不動産株のポートフォリオを持っているが，かなり値下がりをしている．しかし，ボブは株を売却しない．なぜかと尋ねられると，「これは一時的な下落だよ．僕は，値は戻ると信じている」と彼は言う．それを聞いたあなたは「だったら，なぜこれらの株を買い足さないの？」と聞くと，ボブは「正気で言ってるの？　僕がひどい損をさせられた株をもっと買えだなんて!?」と答える．

　読者はメアリの行動を非合理的だとは思わないだろう．家を所有することから得られる彼女の効用は彼女が自由に使える家の広さで測られるわけではない．思い出や感情は，家を「消費する」経験の一部であるし，それらはこの特定の家にだけ存在するものである．思い出や感情は売買したり譲渡したりすることはできない．それゆえ，メアリが思い出と共にあるこの家を評価する場合，別の家とはかなり違う評価になる．たとえ市場がそれぞれの家を同じように評価していてもである．

　一方，ボブの行動はおそらく多くの読者にはあまり合理的でないとみなされるだろう．実際，この現象には**気質効果**[9]という名前が付いている．人々は，値下がりした株式を売却するのを躊躇する傾向があることがわかってい

る．もしボブが「知っての通り，僕はかなり長い間 XYZ 社の株を保有している．僕の友達みたいなものだよ」と言ったら，あなたは彼のことを合理的な投資家というには少し情緒的過ぎると思うだろう（実際，気質によるバイアスは株式との感情的な関係によって説明されるものではない．むしろ，人が自分の間違いと向き合おうとするかどうかという点と関係しているかもしれない）．

あなたにとって何が合理的であるかは，常にあなたの判断の問題であることを思い出そう．フレーミング効果が合理的であると判断する人はほとんどいないが，賦存効果は，少なくともある人々やある状況においては合理的とも言えるだろう．ここで議論している心理学的バイアスの多くはおそらくそれぞれに意味があり，文脈によっては良い決定をもたらすために発生していると思われる．しかし，こうしたバイアスについて今ここで議論しているのは，他の文脈では愚かな決定をもたらすかもしれないからだ．重要なことは，ある行動様式がどの状況で自分にとって合理的であり，どの状況ではそうでないのかを自問することである．それぞれのバイアスの種類について，われわれは自分の行動を変えるという決意とは別に，合理性のラインをどこに線引きするかを決めなければならない．

サンクコスト（埋没費用）

問題 2.3 と 2.14 は類似している．両方の問題で，期待はずれの映画を見続けるか何か他のことをするかを決めなければならない．しかし，2 つの問題には若干の相違点がある．問題 2.3 は以下のとおりである．

あなたは映画を見に行った．いい映画だと聞いていたが，実際にはつまらなかった．あなたは上映の途中で映画館を出て，何か別のことをするだろうか？

一方，問題 2.14 は，以下のとおりである．

あなたの友人が映画のチケットを持っていた．しかし彼女は映画を見に行

くことができない．彼女は，「チケットを捨てるかわりに」あなたにそのチケットを無償で譲ったとする．この映画はいい映画だと聞いていたが，実際にはつまらなかった．あなたは上映の途中で映画館を出て，何か別のことをするだろうか？

問題2.3は，あなたがどのようにしてチケットを入手したかが特定されていないが，そのチケットはあなたが買ったものだという暗黙の想定がある．従って，異なっているのは問題2.3ではあなたは（おそらく）チケットにお金を払ったが，問題2.14では払っていない点である．この違いはしばしば異なる行動を引き起こす．人々は自分がお金を払っていない場合には，払っている場合よりも簡単に退屈な映画を見るのをやめようとする．

これは合理的だろうか？　多くの経済学者は合理的でないと言うだろう．その主張は次のように明らかだ．一度映画館に入ったら，映画館に入るためにお金を払ったか払っていないかは何の違いも生み出さない．途中で映画館を出たからといって，だれも返金はしてくれない．従って，論理はこうである．あなたがチケットを入手するためにいくらの金額を投資しても，今の問題に決断を下す際には，それを無視しなければならない．あなたが支払った金額は，回収することができない**サンクコスト**である．多くの合理的な指南によれば，サンクコストは無視すべきである．

この推論を受け入れるならば，なぜ多くの人がしばしばそれとは異なる行動を取るのか，すなわちサンクコストを考慮するのかを考えるべきだ．サンクコストを考慮することが実際に意味をなす状況があるのだろうか．あるいは一般に効果的で有用だがサンクコストをどうしても無視できない行動様式があるのだろうか？

あなたは，前に議論した現状維持バイアスを思い出したかもしれない．もしチケットを買って映画を見に行く計画が事前にあったならば，現状維持バイアスは映画が終わる前にその計画を変更するよりも計画を遂行するよう指示するだろう．現状維持バイアスを正当化することができた理由のいくつかがここでも適用できる．特に，もし当初の計画に従おうとする傾向があるならば，そうした人の意思決定は安定的になる．本書の例では，あなたが映画

館のシートに座って自分の選択を考えているところを想像しよう（問題文で見たとおり，この映画はどちらにせよとても退屈である）．あなたは自分に対して言う．「この映画は本当につまらないな．見るのをやめて外へ出よう」．しかし，自分の決断への責任感がより強いもう一人の自分が頭の中で次のように答える．「わかった．だけど，その後どうするの？」映画に退屈している自分は，「別の映画を見に行くんだ」と答える．「チケットを買って別の映画を見に行く？ 今度はがっかりしないっていう保証はあるの？ その別の映画だってこの映画みたいに期待させておきながら結局はつまらないかもしれない．僕は映画館から映画館へと一晩中でも渡り歩くこともできる．たくさんのお金を使って，全然楽しめないだけだけど．いやちがう，ここに座っているよりはましだよ．別の映画はもっと面白いかもしれないし……」．

言い換えると，選択肢の評価が何度も変わり，別の選択肢に乗り換える方が良いと思った場合，何も生み出さない結果となる恐れがある．われわれの決定の多くは時間がかかるプロジェクトと関係している．映画はそんなに重要ではないプロジェクトであるが，教育は重要なプロジェクトである．しかし，両者とも満足できる結果を得るためには，継続的な努力が必要であり，未完のプロジェクトからはほとんど何も得られないという点で共通している．われわれは，選択肢を頻繁に変える恐れに直面しているため，既に開始したプロジェクトを完了させようというバイアスは長期的には利益になる可能性がある．

プロジェクトを完了させようという傾向については，別の説明もありうる．その1つはセルフ・コントロール（自制）と関係している．あなたとあなた自身との会話に戻ろう．あなたは不機嫌に「でも，この映画は**退屈**なんだ！」と言ったとしよう．自分の選択に責任を持っているもう1人のあなたは，「わかりました．では次回はチケットを買う**前**に自分が見ようとしている映画がどのようなものかチェックすべきです．今はここにとどまるべきです．今回の経験を今後の教訓とするのです」と言う．この場合，意思決定者は一枚岩ではなく，異なる目標を持つ異なるプレーヤーの集合体と見なすことができる．短期の楽しみを担当する者もいれば，倹約を心がけるような長期の目標を担当する者もいる．彼らの議論は，子供と親のやりとりを思い

起こさせる．親は子供の幸福のためにすべてを捧げるが，短期的な誘惑を断つことによってその目的は最も効果的に達成されると信じている．

しかし別の説明は，決定の社会的側面を強調するだろう．もしあなたが映画に行って途中で見るのをやめてしまったら，あなたは忍耐ができない人，あるいは信用できない人と思われるかもしれない．こうしたことを繰り返し，そのような評判が立ってしまったら，人々は「確かにこの人は今は喜んでいるが，もし気が変わってしまったら何が起こるのだろうか？ ここから出て行って，僕は1人にされてしまうのだろうか？」と考えるかもしれない．結果として，彼らはあなたとの共同プロジェクトを立ち上げることをためらうかもしれない．こう考えると，友人と映画に行く際にあなたは，サンクコストを考慮するもっともな理由を持つかもしれない．それは，サンクコストを無視することで他人を困惑させるかもしれないこと，自分の選択を後で後悔するかもしれないと認めること，未完のプロジェクトをだめにしてしまうかもしれないと認めること，などである．

あなたが映画のチケットをそれが不要になった友人からもらった場合には，映画館に居続けることのあらゆる正当性はずっと弱くなるということに注意しよう．こうした考え方によってなぜ人々が2つの問題それぞれで異なる行動をするのかが説明できるかもしれない．しかし，あなたは自分のことを自分で決めて，良い印象を与える必要がある相手と一緒ではなく，自分の家にいたほうがずっとましだと確信していれば，あなたはチケットにいくら払ったかは関係ないと思うかもしれない．チケット代はサンクコストであるため，現在のあなたの決定には何のインパクトも与えないのだ．

決定木

サンクコストを無視したいと思う場合には，どうしたらいいだろう？ 単純だが便利なテクニックは，意思決定の問題を決定木としてモデル化することである．決定木では，おのおのの意思決定はノード（節点）として記述される．ノードは枝分かれして，別のノードに結びついている．何段階かの意思決定をする場合には，最初の選択から始まり，**自分が既に選んだ決定に従**

って次の選択に進んでいく．問題 2.3 の場合には，最初の選択は映画のチケットを買うかどうかである．次の選択は，**チケットを買った場合**，映画館にとどまって映画を見続けるかどうかである．

　われわれが直面する不確実性のいくつかは，自分で決められるものではない．それらは，無作為な事象や他のプレーヤーに依存している．今回の例では，映画が面白いかそうでないかは事前にはわからない．こうした不確実性は，決定木を枝分かれさせることによって記述できる．ただし，この枝分かれしたノードはあなた自身の決定ではなく，他の誰かの決定である．こうした無作為な選択を行うプレーヤーはしばしば「自然」と呼ばれる．より一般的には，このようなノードはわれわれのような意思を持ち，われわれと同じ決定木を分析してわれわれの選択を考えている他のプレーヤー，あるいは自然によってコントロールされるものである．重要な違いは，自然は明確に定義された目的や効用関数を持っているとは考えられない点である．自然は無作為に選択を行うため，われわれは自然が選びうる選択肢の確率を推測する．他のプレーヤーが関係する場合，われわれはしばしば彼らの目的やインセンティブを知っている．こうした知識に基づいて，われわれは彼らが自分のノードでどのような選択を行うかを解明する．しかし，一度他のプレーヤーがどのように選択するか，あるいは少なくとも彼らが選ぶであろう選択肢の確率を解明すると，こうしたプレーヤーや自然をわれわれの選択の環境の一部

■ 決定木 2.1

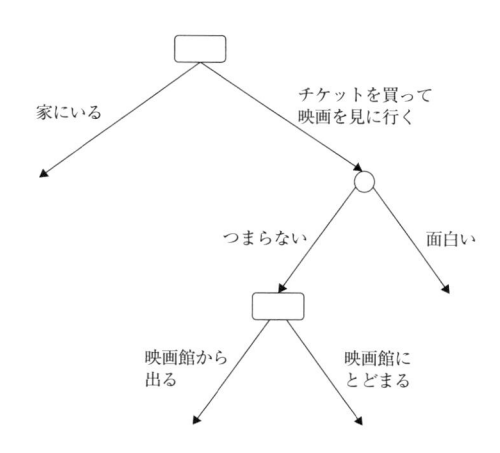

として考えることができる．彼らはわれわれの決定木でいくつかのノードをコントロールする．彼らの決定はわれわれにも重要だが，われわれは彼らに何かを命令することはできない．

　問題2.3は決定木2.1のように描かれる．

　一番目のノードは，あなたの最初の選択を示している．映画のチケットを買って映画を見に行くか（右の枝），家にいるか（左の枝）である．こうした決定を行うノード（決定ノード）はしばしば長方形で表されることがある．後者の選択をした場合，家にいるという状態の下位の決定木に到達する．この下位の決定木において，テレビを見ることや本を読むことなどさまざまな選択肢をさらに精巧に記述することも可能である．ただしどこかでこの記述をやめる必要があり，その場合，経路に基づく結果を決定木の中に書くことになる．問題2.3では，チケットを既に買ったことになっているので，右側の下位の決定木に焦点を当てよう．ここでは，丸で記されている偶然［自然］の手番に到達する．ここでは，後に明らかになる2つの結果が記述されている．これらはあなたが選ぶことのできる意思決定にも見えるが，今回はあなたの手番ではなく，自然の手番である．この決定によって映画が面白いかつまらないかが決まる．何か偉大な力がこれを決めると考える必要のないことに注意しておこう．さらに言えば，映画がつまらないか面白いかは遠い昔に決まっていたことかもしれない．しかし，あなたに関する限り，それはあなたが実際にチケットを買って映画を見に行くまで明らかにならない．ゆえに，映画の不確実性についての2つのありうる結果は，あたかも自然がその場ですぐに決定を行っているように，丸から伸びた2つの枝として描くことができる．

　もし自然が面白い映画であると決めたら，一番右の経路を通り，あなたは面白い映画を見ることになる．しかしもし自然がつまらない映画であると決めたら，問題2.3でそうなったことを知っているように，丸（自然の選択を表すノード）から左下の経路に至る．ここでついに問題2.3の意思決定問題に直面する．映画のチケットを買い，映画がつまらないものだとわかって，映画館から出るかそのままとどまるかを決めなくてはならない．図をシンプルにするために，ここでは決定木の葉（訳註：決定木の終端）の部分に描かれる

はずの結果を省略している．

次に問題 2.14 を考えよう．決定木 2.2 は，この問題がどう表現されるかを表している．決定木 2.2 と 2.1 の唯一の違いは，前者ではチケットの支払いがない一方，後者ではそれがあるという点だ．この違いは両方の決定木の葉にある結果に反映されるべきである．お金を払ってチケットを買ったのならば，無料で手に入れた場合よりも持っている金額は少ない．従って，2つの決定木で「映画館から出る」「映画館にとどまる」という決定が書いてある下位の決定木を比べると，これらの下位の決定木は全く同じではないことになる．ここでは，選択肢と結果は同じであるが，一方の決定木におけるすべての結果はある一定金額が差し引かれている．しかし，映画館を出るかとどまるかの決定は，恐らくこの違いに影響されるべきではない．なぜなら，問題 2.3 で払ったお金はもはや返金されないからである．それゆえ，多くの人はこの 2 つの問題を同じと感じるはずである．もし決定木を使って意思決定を行う場合，関係のある下位の樹に注目することになり，サンクコストは無視しやすくなるだろう[10]．

もし 2 つの決定木において下位の木が完全に同じであれば（また，それぞれの葉における結果が同じと言う意味で），両方の問題で同じ決定をすべきであるという主張はより説得力を持つだろう．この場合，**帰結主義**と呼ばれる原則に

■ 決定木 2.2

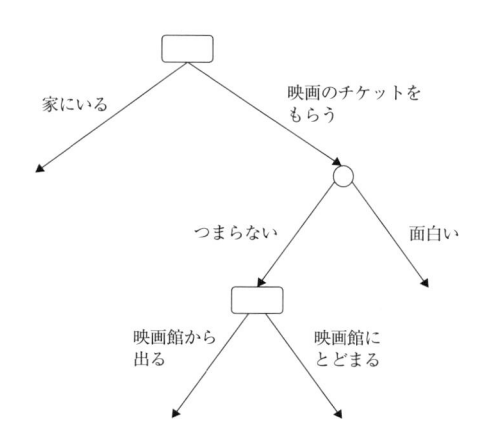

より，下位の木の決定はその木のみに依存すべきであるということになる．もしこの原則を受け入れたら，ある決定ノードに到達すると，今のノードに至る経緯や実現したかもしれないが実現しなかった他のすべての枝をはじめとして，決定木における他のすべての部分を忘れてしまって良いということになる．むしろ，現在の決断は，今の自分の目の前にある選択肢や自分が到達するかもしれない将来の選択肢や結果のみによって決められなければならない．

　もし決定木を使うことを決め，帰結主義に従うならば，サンクコストの影響を受けにくくなり，人々が不快に思う他の現象に出くわすことも少なくなるだろう．例えば，後悔をしたいと思う人はいない．しかし，人々はしばしばこれまで選ぶことができたが実際には選ばなかった選択肢について考えるよりも，将来自分が選ぶことができる選択肢を重視すべきだと感じる．特に，多くの人は後悔を避けるためだけに実体のある利益をあきらめるのは非合理的だと考える．決定木およびそれに伴う帰結主義は，こうした行動様式を回避するために役立つものである．つまり，あなたが選ぶことができたはずの選択肢のすべては，別の下位の決定木に属しており，あなたが今直面している問題とは違うのである．それゆえ，あなたがどこかで獲得したかもしれない利益は実体がなく，あなたの現在の決定に影響を与えてはならない．

　人々はしばしば事実に反すること，すなわち，起こったであろう偶然が実際と異なる現実であることについて無視することを合理的だと考える．帰結主義は，人々がこうした考えをするのに一役買っている．しかし帰結主義は，自分が直面している下位の決定木に到達した経路を無視することを意味する．つまり，事実に反することや仮想的な世界だけでなく，未来の結果に影響を与えない限りにおいて，実際の歴史まで無視することになる．これは少々極端ではないだろうか？　このことは，例えば，あなたの昔の恩師や両親が今後の決定木における結果に影響を与えないならば，あなたは彼らに感謝の念を持たないということを意味するのだろうか？

　「結果」という言葉で金銭的な利益のみを想定し，あなたの過去の恩人がこうした利益に何の影響も及ぼさなければ，確かにその通りになるだろう．しかし，これは意思決定問題についての限定的な見方である．決定木の結果

は，あなたにとって重要な事柄も特定しうる．そこには，あなたの最愛の人の幸福やあなたの感情的な反応も含まれる．従って，帰結主義を使う人は冷血漢であるということはない．帰結主義は結果に組み入れられたすべてのものに依存するのだ．

　しかし，ちょっと待ってほしい．ここであなたは「もしあらゆる種類の感情的な現象を結果に組み入れようとするなら，後悔を組み入れるのを阻むことはできるのだろうか？　結局のところ，帰結主義は後悔やサンクコストの効果を排除できず，実際には何も排除できないことになってしまう！」と言うかもしれない．これはもっともな指摘である．しかし，もし決定木を使えば，過去のことや事実に反することがどの程度あなたの決定に影響を与えているのかが明らかになるだろう．もしこれらが影響を与えていれば，あなたは自分が帰結主義に反した行動を取っているか，これらを明示的に考慮した結果を決定木に書いているかのどちらかを行っているかがわかるだろう．こうしたやり方はあなたにとって合理的な方法で意思決定をする手助けになる．

代表性ヒューリスティック

　問題 2.4 と 2.15 は同じである．この問題であなたは，リンダに関する以下の記述についてランク付けするよう求められている．

a．リンダは小学校の教員である．
b．リンダは書店に勤務し，ヨガを習っている．
c．リンダはフェミニズム運動に参加している．
d．リンダは精神医学の専門家である．
e．リンダは女性有権者の会会員である．
f．リンダは銀行員である．
g．リンダは保険の営業員である．
h．リンダはフェミニズム運動に参加している銀行員である．

　この問題のポイントは，(f) が (h) より可能性が低いとランク付けして

■ 図 2.1 （h）が（f）と（c）の共通部分になっていることを示すベン図

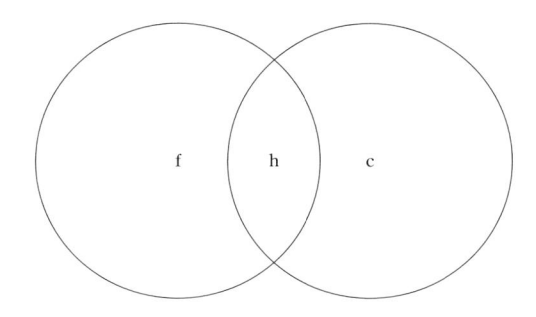

いるかどうかを確認することである．わたしのクラスでは，受講者の40〜50％がこのようなランク付けをすることが多い．しかし，注意して見てみれば，（f）が（h）より起こりにくいということにはならないことに同意してもらえるだろう．なぜなら，（h）は（f）に完全に包含されるからである．つまり，（f）が起こらない状況で（h）が起こるはずはないのだ．実際，（h）は（f）と（c）の共通部分[11]になっている（図2.1）．では，この例の実験では何が起こっているのだろう？　（h）の方が（f）よりもありうるというのはおかしいとすぐに同意するにもかかわらず，なぜ多くの人はそのように答えてしまうのだろうか？

　その答えにはさまざまなものがある．第1に，多くの人は，（f）は「リンダは，フェミニズム運動に参加しているかもしれないし，していないかもしれない銀行員」を意味すると理解しているわけではなく，「リンダはフェミニズム運動に参加して**いない**銀行員」であると理解していると述べている．つまり，彼らは（h）の文脈で（f）を理解したと主張しており，「フェミニズム運動に参加していない」という一文は明示されていないものの，暗黙のうちにそのように理解している．

　上記の解釈は十分可能だが，（f）は（h）の前に書かれているために，（f）を「リンダはフェミニズム運動に参加していない銀行員」と理解する理由はない．しかし，このことは重要ではない．この例におけるポイントは，非合理的と考えられる他の例と同じように，あなたに自分が愚かであると感じさせることではない．重要なのは，多くの人が陥りやすいある特定のバイアス

を強調することであり，注意力と多少の分析を使えば，あなたが満足しうるバイアスだけを残すことができるだろう．

では，2番目の説明に移ろう．この説明はカーネマンとトヴェルスキーによるものである．彼らは，この問題や似た例題を作って，実際に実験で使用した[12]．彼らは，この例の原因を**連言錯誤**であると主張した．なぜなら，この例では2つの事象の結合事象が1つの事象よりも起こりやすいという評価がなされているからである．カーネマンとトヴェルスキーは，以下のように連言錯誤の説明をしている．

日常生活や日々の仕事で，われわれはありとあらゆる判断や評価を行わなければならない．悲しいことに，目の前にあるそれらの問題に対する注意深く合理的な答えを作る基盤となる十分な情報を入手できないことが多々ある．上のケースでは，8つの記述をありうるものから順にランク付けしなくてはならない．これは，記述の組の相対的な起こりやすさについて28個の質問に答えることと見なすことができる．その中の2組だけ（(c)と(f)および(f)と(h)）については，論理と確率によってランク付けすることができる．関連する統計的データを持っていないと想定し，もし十分検討された答えのみを求めようとすると，28組中26組はランクされずに残っているはずである．言い換えれば，論理と確率に頼れば，正解が出ないことがある．

では，われわれはどのように判断するのだろうか．カーネマンとトヴェルスキーによれば，人間の心は「ヒューリスティック」を進化させてきたという．ヒューリスティックとは，正しい答えの提供を保証しないが，多くの場合にはもっともらしい答えに導くような答えを生み出す手段のことである．例えば上の問題では，カーネマンとトヴェルスキーは，人々は「代表性のヒューリスティック」を使うと主張している．それは，リンダについて何が代表的であり，何が典型的であるかを示すものである．リンダの記述の中では，彼女のイメージを考えると，彼女が銀行員であるという記述には違和感を覚えるかもしれない．それゆえ，(f)の記述はありえないと考えられる．対照的に，フェミニズム運動に参加している銀行員であることは，「よりリンダに近い」と言える．この記述がどうやって実際のリンダに当てはまるのかを想像するのはそれほど難しくない．例えば，彼女は生活のために銀行員とし

て働いているが，自由に使える時間には，彼女は自分が情熱を感じている活動を支援し続けていると考えることができる．

　代表性のヒューリスティックは多くの場合，理にかなっているということが重要である．もし，リンダがフェミニズム運動か人工中絶反対の運動のどちらに参加している可能性が高いかと尋ねられれば，あなたはおそらくフェミニズム運動の方と答えるだろう．また，このことは統計的データにも支持されるだろう（それが手に入れば）．つまり，代表性のヒューリスティックは，後で紹介する他のヒューリスティックと同様，愚かなものではない．それとは反対に，難しい問題に答えを提供する便利で合理的な方法である．しかし代表性のヒューリスティックは，上の例のように時々間違いを起こすこともある．こうした見方によれば，バイアスやわれわれの心が使うヒューリスティックを意識しておくことはよい考えだ．また，なぜそれらが全体としてみれば有用であるのかについて考えることも大事なことだ．同時に，こうした推論の技術は一般的にはうまくいくが，どのような場合に誤った答えを出すのかについても知っておくべきだ．

　リンダの例については，他にも指摘しておくべき点がある．例えば，この問題においてわれわれに課された作業が不自然だと感じた人もいるかもしれない．われわれは，複数の記述を相対的な起こりやすさに基づいてランク付けする作業はめったに行わない．反対に，われわれが日常の基準で判断するのは，自分が話している相手が正直かどうかを判断するようなことだ．その人が正直かどうかについて疑問を持たざるをえない時，矛盾しない細部が多くあれば，その人が本当のことを言っていると信じることができる．こうしたことは，裁判所において証人の反対尋問で行われていることと基本的に同じだ．証人は裁判所でさまざまな細部について尋問される．証人が多くのことを話すほど，話した証言の数が多くなり，すべての証言が本当である確率が低くなる（(h) が (f) よりも起こりにくいという同じ論理によってである）．しかし，長い反対尋問の間に証言に矛盾がなければ，われわれはそれらが本当であると信じるだろう．その理由は，われわれは証言そのものから確率の判断をしているわけではなく，証人が嘘をついていないという事象から確率を判断しているからである．そして，矛盾のない長い証言は短い証言よりもより

信用をもたらすのだ．

　同様の論理により，あなたが最後にリンダに会ってから数年が経った状況を想像しよう．わたしはあなたにちょうどリンダに会ったところだと告げる．あなたはリンダが最近どうしているかを尋ね，わたしは (a) から (h) の答えの1つを言う．たとえわたしが本当のことを言っていることを疑っていないとしても，あなたはこの世にリンダは複数いることを知っており，わたしが会ったリンダとあなたが知っているリンダが同じであるかについて少々疑念を抱いている．このような設定では，あなたは2人が思い浮かべているリンダが同じ人物であるとして，わたしが行った発言がリンダに当てはまる確率を評価しようとは思わないだろう．むしろ，わたしの発言内容をもとにして，2人が思い浮かべているリンダが同じ人物である確率を考えるだろう．その上であなたは，たとえリンダが銀行員であると想像しなくても，リンダの特徴をよく表している詳細が多くあれば，2人が思い浮かべているリンダは同じ人物であると確信するだろう．こうした設定に従えば，8つの記述についてランク付けをするように求められた際には，人々が出す解答は提示された記述についての完璧な確率判断ではない．なぜなら，こうした解答は，"この人は本当のことを言っているのだろうか？" あるいは "われわれは同じリンダのことを話しているのだろうか？" という別の疑問に対する解答に影響を受けているからである．

　いずれにせよ連言錯誤は重要な現象である．それは，代表性のヒューリスティックを使うのは便利であるが，それによってしばしば誤った判断や決定が導かれるという主張をしているからだ．いつものように，ここでいう「誤った」というのは主観的に理解されるものである．リンダの例は，形式的モデルでは生き残ることができない例である．もし，われわれの信念を表すために確率論を機械的に使ったら，より下位の事象 (h) よりも事象 (f) を低い確率であると評価するのは不可能である．

　銀行員リンダのストーリーは今や非常に有名な例だ．カーネマンとトヴェルスキーの発見を再現しようとしたいくつかの研究では，オリジナルの研究ほどの強い効果は確認されなかった．実際，カーネマンとトヴェルスキーの例は慎重に選ばれており，彼らが発見した効果は現実の生活よりも実験室で

より劇的に発見されると言われている[13].

　カーネマンやトヴェルスキー，それに彼らの信奉者の発見の適用範囲や含意についての論争は今なお活発であり，おそらくこの先ずっと続くだろう．第1章で言及したように，こうした問題について心理学者，経済学者，意思決定理論家がたどり着いた結論は理論の記述的使用の際に重要となる．つまり，どのモデルが最も良くわれわれの周りの意思決定者の行動を記述しているかを知りたいと思う際に有用だ．しかし，こうした論争は，規範的応用とはあまり関係がない．そのため，われわれはどのようにして意思決定が改善できるかについて知りたいのだ．そこで，わたしは説得力のある例を提示しようと思う（こうした例は，もともとはカーネマンとトヴェルスキーや彼らの同僚，信奉者によって用いられたものである）．始めの質問は，あなたはある決定をしていると自覚できているかどうかというものだ．次の質問は，あなたは自分のやり方で行う意思決定を好んでいるかどうかである．もし両方の質問への答えが否定的であれば，愚かな行動様式に対処することになるだろう．しかし幸運なことに，その行動様式はあなたが選んだものではない．もし両方の質問への答えが肯定的であれば，幾人かの経済学者の基準によればあなたは合理的ではないかもしれない．しかし，あなたは自分の決断に満足している．しかしもし，最初の質問への答えが肯定的で2番目の質問への答えが否定的な場合，あなたは自分の目から見たら，意思決定を改善することができるかもしれない．こうした例を理解することが，本書の主要な目的なのである．

利用可能性ヒューリスティック

　問題2.5と2.16は非常に類似している．それらは以下の通りである．

　英語の小説4ページ中（約2000語あるとしよう）に，次のような単語は10個以上あるだろうか？
［問題2.4：］_ _ _ _ _n_　（7文字の単語で6番目がnの単語）
［問題2.16：］_ _ _ _ ing　（7文字の単語で末尾がingの単語）
　2番目の問題に対する回答の方が始めの問題に対する回答よりも多く見積

もられるというのが典型的な実験結果である．これはあまり論理的とは思われない．なぜなら，はじめの問題は2番目の問題よりもより大きな単語の集合を表しているからだ．つまり，すべての末尾が"ing"となる7文字の単語は，最後から2番目の文字が"n"となる7文字の単語である．

　なぜ人々は"ana"，"anb"，"anc"，…などで終わる単語の数よりも"ing"で終わる単語の数を多く見積もるのだろうか？　この理由は明らかだと思われる．このような質問を尋ねられた時には，頭の中を探してこの質問で問われている典型的な単語の例を思い起こそうとする．もし，自分が知っているすべての英語の7文字の単語をリストアップしたうえで，それぞれの単語が現れる頻度を評価し，そうした頻度を足し合わせれば，"ing"の単語が現れる頻度の方が"_n_"が現れる頻度よりも高いという結論には至らないことは明らかだろう．同様に，もしわたしがこうした計算ができるコンピュータを使えば，"_n_"で終わる単語の推定値は"ing"で終わる単語の推定値と少なくとも同じか大きくなるはずだ．しかし，わたしはこのような計算をしてくれるコンピュータを持っていないし，自分が知っている7文字の単語をすべて思い浮かべようとすることも現実的ではない．従って，わたしは自分のできる範囲で最善を尽くすしかない．そこで，わたしはこの問題に関係する典型的な単語を思い浮かべようとする．"_n_"で終わる単語を思い浮かべるのは難しいかもしれないが，"ing"で終わる単語を思い浮かべるのはずっと簡単だ．あなたに後者の単語を思い浮かべてもらう際には，わたしはあなたが例として使うことができる単語を制限する．しかしこれは，そのような単語の作り方についてヒントを与えることにもなる．

　カーネマンとトヴェルスキーは，こうした現象を**利用可能性ヒューリスティック**と呼んだ[14]．これは基本的には起こりやすさを推定する問題を解くためのヒューリスティックと考えることができる．注意深くメンテナンスされ，簡単にアクセスできるデータベースがなければ，例を求めるために自分の記憶からサンプルを取り出す．そして，より容易に利用可能な例は，最終的な推定値において高いウエイトを持つことになる．これは，まるで偏ったサンプルを選んでいるようなものである．つまり，ある事例を思い出そうとする場合や話の筋書きを想像する場合に，より目立っているものやより利用しや

すいものはサンプルとして選ばれる確率が高くなる．結果として，選ばれたサンプルは対象となる母集団を代表していない可能性がある．

問題2.6と2.17は同じ点を指摘するものだ[15]．問題2.6は

2年以内にエイズの治療法が開発される確率はどのくらいだろうか？

という質問である一方，問題2.17は，

2年以内にサルの研究で遺伝学上の新たな事実が発見され，エイズの治療法が開発される確率はどのくらいだろうか？

という質問である．2番目の問題は，より具体的な出来事に言及している．もし両方の出来事を同時に考慮すれば，1番目の出来事よりも2番目の出来事に高い確率を与えてはならない．なぜなら，「サルの研究で遺伝学上の新たな事実が発見され，エイズの治療法が開発される」という条件を満たすシナリオは必ず「2年以内にエイズの治療法が開発される」という条件を満たしているからだ．これは，ちょうど"ing"で終わる単語は必ず"_n_"で終わる単語であることと同じである．しかし，サルの研究である事実が発見されるということは，その出来事が起こる道筋を示唆しており，それによって，その出来事がより容易に思い出される．これはちょうど"ing"の「ヒント」が"_n_"で終わる単語を見つける方法を示唆していたのと同じである．問題2.6について思いを巡らせる際，あなたは「これは難しい問題だ．エイズの治療法は長い間研究されてきているはずだが，どうやったら見つけられるのだろう？」と考えるかもしれない．しかし，問題2.17を読めば，「エイズはサルからの血液感染によって広まったという話を思い出した．エイズの治療法はそこに由来するというのはもっともだ！」と自答するかもしれない．

次に問題2.7と2.18を考えよう．問題2.7では，

1年以内に事故によってあなたの車が「全損」する確率はどのくらいだろう

か？

を聞いている．一方，問題 2.18 は，

　1 年以内に以下のそれぞれの要因によってあなたの車が「全損」する確率はどのくらいだろうか？

a．飲酒運転をしている他人による事故
b．あなたに責任のある事故
c．路上に駐車している間の事故
d．ガレージに駐車している間の事故
e．上記のいずれか

という質問である．ここでは，問題 2.18 の（e）に対する回答と問題 2.7 に対する回答を比べてみたい．前者［問題 2.18 の（e）に対する回答］の方が後者［問題 2.7 に対する回答］よりも大きいというのが典型的な結果だが，その差が非常に大きいことがしばしばある．その理由は，ここでもおそらく利用可能性ヒューリスティックに関係している．問題 2.7 は 1 つの出来事の確率を尋ねているのに対し，問題 2.18 は事故が起こるさまざまな状況を提示している．もし問題 2.18 の（a）から（d）の 1 つの選択肢だけに注目するならば，この問題の形式的な構造は前の例（問題 2.6 と 2.17 との比較）と同じである．このケースでは，利用可能性ヒューリスティックは，評価された確率を「拡大する」ように作用する．利用可能性ヒューリスティックによって，問題 2.18 のシナリオ（a）〜（d）のそれぞれは問題 2.7 のシナリオよりもわかりやすいために，（a）〜（d）をすべて合算した推定値は問題 2.7 のものよりも大きくなる．

　この種のいくつかの研究では，ある事象の**分離**や下位の事象への分割によって，評価される確率は 1.5 倍かそれ以上拡大されうることが認められている[16]．あなたは保険を契約する際，保健の営業担当者にさまざまな種類のリスクに対する保険に入るよう勧められた経験があるかもしれない．あるリス

クに対する保険の契約を済ませた後，営業担当者はあなたがまだ契約していない別の種類の災害について鮮明に語り出したかもしれない．まるで保険の営業担当者は，あなたに問題2.7ではなく問題2.18のように考えさせようとしているかのようである．金儲けに使うことができる心理学的なバイアスが既に実務家に発見されていることは，一般に良くあることだ．

この例は，別の理由から見ても興味深い．再び2つの問題を考えてみよう．そして次の質問に答えてほしい．自分の車が全損する本当の確率についてより良い評価ができるのは，項目ごとに分けられたバージョン（問題2.18）か最終結果だけを尋ねるバージョン（問題2.7）のどちらだと思うだろうか？項目ごとに分けられたバージョンではある事象の確率を過大評価してしまうため，最終結果だけを尋ねるバージョンの方が正確だという可能性は十分ある．そうだとしたら，これは物事をより深く考えることが良くない解答を生み出す例である．その理由は，われわれは項目ごとに分けられたバージョンでは，事象（車が全損すること）が起こりうる道筋について多くを考えるようになるが，余事象，つまり車が損害を被らないことに対しては同様の注意を払っていないという点にある．同じくらいの確率で起こりうる事象について同じ時間を費やして考えるのが「公平な」考え方だといえるだろうが，人がさまざまなシナリオについてどのように時間を配分するかについては明らかではない．実際，この問題はそれぞれのシナリオに確率を割り当てる問題である．しかし，項目ごとに分けて考えるとバイアスが生まれてしまうことは明らかだ．重要なのは，時として「より深く考える」ことは「より良く考える」ことと異なり，結果として直感や勘による解答が論理的思考から得られた解答よりも良い場合があるということを理解しておくことだ．

利用可能性ヒューリスティックの最後の例は問題2.8（問題2.19と同じ）である．

以下のうち，死亡者数が多いのはどちらだろうか？

a．消化器疾患
b．交通事故

多くの人は（b）を選ぶ傾向がある．（駄洒落ではないが）わたしが利用可能

なデータは 2002 年のものである[17]．この年には解答は（a）であった．消化器疾患による死亡者数は交通事故の死亡者数よりも 50％以上も多かった．より正確には，交通事故の死亡者数 1 人あたり，消化器疾患による死亡者数は 1.66 人であった．しかし，メディアが報道した死亡者数の比率はそれとはだいぶ異なっているのではないかと思われる．

　この例では利用可能性ヒューリスティックの本質が偏ったサンプルにある点を強調している．あなたが 2 つの死因の確率を比べなければならないとしても，おそらくあなたは比較を行うのに必要となるデータを持っていないだろう．しかし，あなたは依然として判断を下さなければならない．そうするとあなたは，自分の記憶の中で例を探し求めようとするだろう．あなたが知っている死因の多くは，メディアの報道によるものだ．メディアの報道に偏りがあった場合，あなたが記憶からたぐり寄せた"サンプル"が偏っていても不思議ではない．

　ここでは，メディア・バッシングをしているわけではないことに注意してほしい．ジャーナリストは注目度の高いニュースの見出しのみを探しているということは問題ではない．実際，交通事故を報道することは重要な意味合いを持つ．なぜなら，交通事故は避けることができるからだ．もし，メディアで交通事故のニュースを目にすれば，より注意深く運転をするようになるだろうし，それによって命も救われるだろう．一方，消化器疾患に対する公的な関心があったとしても，それは消化器疾患による死亡を防ぐには十分ではない．関心をもつことで死亡者数を抑制する助けにはなるが，それは交通事故の方が消化器疾患の場合よりもはるかに容易なのだ．結果として，メディアは（避けることが困難な）病気による犠牲者を報道するよりも，（容易に避けることができる）交通事故の死者を頻繁に報道することによって，重要な社会的な目的を果たしている．しかし，こうした社会的目的がメディアの報道によって生み出されたサンプルにバイアスをもたらすことを覚えておくことは有用である．

係留効果（アンカリング効果）

問題2.9と2.10はよく似ている．

オーストラリア・メルボルンのコンピュータ会社に新たに雇われたエンジニアがいるとしよう．彼女には4年のキャリアがあり，多方面にわたる優れた能力を持っている．
[問題2.9：彼女の年収は650万円以上だろうか？　それとも650万円未満だろうか？
a．650万円以上
b．650万円未満]
[問題2.20：彼女の年収は1350万円以上だろうか？　それとも1350万円未満だろうか？
a．1350万円以上
b．1350万円未満]
彼女の年収はいくらだろうか？

2つの条件の下での回答に統計的有意差が生じるのが典型的な実験結果である．想像できるように，人々は最初に高い値について尋ねられた場合には高い値を答える．

これは，**係留効果**[18]の例である．それは関係がないかほとんど関係がない情報が持つ影響力のことであり，その影響力は合理的に正当化されうるものよりも大きい．カーネマンとトヴェルスキーの元々の例では，提供された情報は目の前の問題についてほとんど知らないと公表した他人によって提供された評価であった．重要なのは，十分なデータがない場合には，人の評価は，関連性が乏しいような情報に影響を受けるかもしれないということである．

係留効果は係留のヒューリスティックから派生したものだ．係留のヒューリスティックとは，「アンカー」として機能するある推定値を基準として，そこから推定値を修正していくことである．これは，ほとんど情報がない場合の未知の数量を評価する際に使われると考えられている．従って，彼女の

年収は650万円だと誰かが推定したということが伝えられれば，それがアンカーとなる．その後，あなたはもう少し考え，実際には年収が低すぎるとの結論に達するかもしれない．そうすると，推定値を上方に修正するだろう．しかし，修正し終えたとしても，年収の推定値は，1350万円をアンカーとした時よりも低くなる傾向がある．

　ここで使われている例では，アンカーに変更を加えている．アンカーは別の誰かによる明示的な推定値ではなく，単なる質問として提示されている．それは，アンカーによってもたらされる実際の情報量を最小限にするためである．アンカー（650万円と1350万円）は質問の一部として言及されているため，推定値としてのアンカーが明示的に与えられているわけではない．しかしこのことは，この問題におけるアンカーが何の情報ももたらさないということを意味しているわけではない．質問の中でこうした値が選ばれたという事実は，何かを意味しているかもしれない．しかし，誰か別の人の評価として明示的に示される場合よりも，ほぼ間違いなく関連性が低い．

　係留効果は合理的だろうか？　あなたは，提示されたアンカーによって自分の回答がいろいろに変わるかもしれないことに満足するだろうか？　その答えは明らかではない．上述したように，係留効果は，単に間違いであるとして退けられるものではない．誰かによってもたらされる評価値は，情報量としては乏しいが，評価値であることには変わりはない．そして，もしあなたが質問を提示した人々について，また彼らがなぜ別の質問ではなくその質問を提示しなければならないかについて何らかの見解を持っているなら，質問で提示される選択肢にはやはりなにがしかの情報量が含まれる．しかし，あなたは自分の評価値が，任意に与えられたものかもしれない情報によって変わることを不快に思うかもしれない．さらには，この情報が戦略的に使用されうることについて心配するかもしれない．

　次の例を考えてみよう．ある従業員が雇用契約についての審査を受けるとしよう．審査委員会は，雇用を打ち切る，現在の条件の下で雇用し続ける，昇進させるということを決められるとしよう．あなたは，審査委員会に出向き，「わたしは，この人物は昇進させるべきだと心から思う」と言ったとしよう．後になってその意見の根拠を尋ねられた場合に，あなたはそれほど説

得力のある意見を持っておらず，同僚は昇進に賛成票を入れなかった．しかし，昇進について会議で言及され，それが議論されたという事実が一種のアンカーとなり，雇用を継続することは議論するまでもない当然のこととされるかもしれない．反対に，雇用契約を打ち切るところから議論を始めると，たとえあなたがその考えに賛成する根拠を持っていないとしても，昇進についての議論はほとんどなされないだろう．

現実の生活では，純粋な係留効果のケースを見分けるのは難しい場合がある．上記の昇進の例では，あなたの同僚は儀礼的にあなたの立場に合わせて議論を始めたのかもしれない．人は対立を避けようとするインセンティブを持っているため，既に始まっている議論と全く違う見方を提示することを控えるだろう．逆に，意図して敵対的になり，反対の見方を探そうとする場合もある．係留効果は，こうした種類の戦略的な意図ともしばしば関係がある．

メンタル・アカウンティング（心の会計）

問題2.10は，以下のような問いであった．

あなたは5000円するコンサートのチケットを買ったとしよう．コンサート会場に着いた時，あなたはそのチケットがないのに気づく．あなたはもう1枚コンサートのチケットを買うだろうか（財布の中には十分なお金が入っているとしよう）？

また，問題2.21は，以下のような問いであった．

あなたがコンサートに行く状況を考えよう．チケットの値段は5000円である．コンサート会場に着いた時，あなたは5000円札をなくしてしまったことに気づく．あなたはそれでもチケットを買うだろうか（財布の中には十分なお金が入っているとしよう）？

人々は初めの質問よりも2番目の質問に対して賛成する（チケットを買う）

と答える傾向を示すというのが典型的な実験結果である．その理由は大まかに言うと以下のとおりである．2番目の場合には，5000円札はコンサートと何の関係もない．反対に，最初の場合にはコンサートに既に5000円支払っており，チケットをなくしてしまった場合，あなたは更なる出費をしようとしている状況になる．「このコンサートが1万円とは本当に高すぎて払う気にならない」と言う人もいるかもしれない．

しかし，標準的な経済学では，2つの場合の決定は同じであると考える．あなたが $m+5000$ 円持っている状況から始めると想定しよう．問題2.10では，チケットを買った後には m 円残っている．チケットの購入は，組み合わせ $(m+5000, 0)$ から $(m, 1)$ への交換であると考えることができる．カッコ内の値のうち，左側のものはあなたが持っている金額であり，右側のものはチケットの数である．残念なことにチケットをなくしてしまったので，あなたは $(m, 1)$ ではなく $(m, 0)$ になっていることに気づく．ここでの問題は，あなたはこの組み合わせをチケットを買うことよりも好むかということである．つまり，

$(m, 0)$ または $(m-5000, 1)$

のどちらを好むかという問題である．2番目の問題では，組み合わせ $(m+5000, 0)$ から始まる．そしてチケットを買う前に，思いがけず5000円をなくしてしまう．ここであなたは $(m, 0)$ しか持っていないことになる．ここでの問題は再び，あなたがこの組み合わせで我慢するか（コンサートを観るのをあきらめる），チケットを買って $(m-5000, 1)$ の組み合わせを持つかの選択である．つまり，両者は全く同じ問題である．

標準的な経済学のモデルでは，2つの状況を異なるものとして扱うことができない．食料を買うためのお金が十分に残されていないために，2枚目のチケットを買わないだろうという状況を想像することはできる．しかしそれならば，なくしたものがチケットであろうが5000円札であろうが，両方のケースでチケットを買わないだろう．同様に考えれば，チケットを買うお金はあるので，彼らは両方のケースで肩をすくめながらチケットを買うかもしれない．しかしそれならば，両方の場合でそうすることが彼らの決定である

はずだ．決定木は，チケットと5000円札はサンクコストであることを理解する手助けになる．サンクコストを無視して考えれば，彼らが直面している下位の木では，彼らは全く同じ物質的な利益を持っていることになる．

標準的な経済学の想定では，貨幣は代替可能である．1円は1円であり，その1円も1円だ．お金に名札は付いておらず，ある支出に使われたお金は別の支出に使われる．しかし，リチャード・セイラーは，上記の例を使って，人間は**メンタル・アカウント**[19]を持っていると主張した．それは，貨幣が実際には代替可能なものであっても，人はしばしばある金額がある種の支出に「属している」ように振る舞うというものだ．

セイラーが示した別の例は次のものである[20]．スミス氏は，店に出かけていき，セーターを見ていた．彼はそのセーターを気に入ったが，買うには高すぎると判断した．家に帰ると，彼の妻が彼の誕生日のプレゼントとして全く同じセーターを買ってくれていたことを知り，彼はとてもうれしく思った．もしこのカップルが共同の銀行口座しか持っていないなら，彼は自分がしなかった決断を妻がしたことを知って，どうして喜ぶことができるだろうか．

配偶者からの誕生日プレゼントは，自分が自発的に行った決定とは2つの意味で異なっている．1つめは，誰が決定を行ったか（つまり，誰が決定に責任を持つか）という行為者の問題である．妻がセーターを買う時には，夫は決定の責任を負わなくて済む．もし彼が自分で買う場合には，それを買うことを正当化する必要がある．また，倹約家であるという自己イメージに対するダメージに耐える必要があるかもしれない．

2つめの違いは，誕生日という状況である．もしセーターが「誕生日用口座」からの出費であれば，それは正当化される出費だ．この口座にはある額の予算があり，すべての誕生日プレゼントがその予算を超えなければ万事うまくいく．行為者の問題を無視したとしてもこの考え方はうまくいっていることに注意しよう．つまり夫は，誕生日に自分にプレゼントを買うことは問題ないが，別の日では問題が生じるのだ．

なぜわれわれはメンタル・アカウンティングという現象を観察するのだろうか？　それはどのような場合に有用なのだろう？　この現象を説明する少なくとも3つの明確な理由が存在する．

a．複雑性

　政府の予算を考えてみよう．複雑な組織を理想的に見ることにして，政府を明確に定義された効用関数を持つ1つの意思決定主体として考えよう．政府は学校，道路，病院，警察など可能性のあるすべての支出を考慮し，市民のためになるように（あるいは人が望むように）トレードオフがある中から1つの配分を決定する．ここで，ある橋が突然壊れたとしよう．これにより，予想していなかった新たな出費が発生する．全体の予算が減少するので，最適化問題をもう一度解かなければならない．具体的には，橋を補修するための追加的支出はすべての部局で共有されなければならないかもしれない．病院は医療サービスを低下させ，学校はコンピュータの導入をいくらかあきらめる必要があるかもしれない．原則として政府は一致団結して新たな予算の内容を決めなければならない．しかし，橋が壊れるたびに予算を組み直すというのはあまり現実的ではない．政府の予算配分の仕組みは複雑であるため，予算を再び最適に配分することは難しく，単純化された方法が必要となる．つまり，予算を主要な部門に配分し，それぞれの主要な部門をさらに下位の部門に分けたうえで，予算を下位の部門に配分する，などというやり方である．下位の部門においては，この部門における予算の移動のみを考えていれば良い．このことによって，行うべき予算の比較はほとんどなくなり，予算の移動は似通った下位の部門間のみで行うことになる．こうして問題はずっと簡単になる．

　再び個々の消費者を考えよう．多くの人にとっては，予算の配分問題は非常に複雑である．1日1000円で暮らさなければならないとしたら，必要な物を買いそろえるだけで予算を使ってしまい，残された使い道は多くない．その場合には，予算配分の問題はそれほど複雑ではないかもしれない．しかし幸運にも十分高い収入があれば，予算の使い道はたくさんある．あなたはどのようにして使い道を決めるだろうか？　あなたはどうすれば，自分が消費できる組み合わせのすべてを思い浮かべることができるだろうか？　この問題は，政府の予算の問題と似ている．従って，あなたは同様のアプローチを採用するかもしれない．はじめに，食料，住居，娯楽など主要な部門に収入を配分する．それぞれの部門でさらに下位の部門に予算を配分していく．

結果として，あなたのお金は支出の種類ごとに配分される．これがメンタル・アカウンティングの仕組みである．

b．セルフ・コントロール

セーターを見つけ，それを買いたくなったスミス氏について考えよう．そのセーターは安くはないが，買うことはできる．しかし，スミス氏は，自分に問いかける「自分が欲しいと思った時にいつもこんな高級品を買っていたらどうなるのだろう？ 今日はセーター，明日は革のバッグと買っていたら，月末には自分のクレジットカードには莫大な額の請求が来るだろう．」「いや，違う」彼は自分に対して答える．「高額の買い物は今回だけだ．このセーターは買うけど，明日からは修道士並みに倹約するつもりだよ．」「冗談じゃない．」彼は店のウィンドウの前に立ち，まだ心の中でディベートを続けている．「『今回だけ』というのは簡単だ．僕は明日も明後日も同じことを言うことができる．僕がいつも次の月曜から始めると言っているダイエットの話のようにね．」

このように，スミス氏はセルフ・コントロールの問題に対処している．彼は十分洗練されており，自分自身にした約束を破ってしまう傾向があることを自覚している．誘惑に対抗するために助けとなる方法は，毎月の初めに，どの商品の項目にいくら使うかを決めておき，それを越えないように最善を尽くすことである．もちろん，コミットメントの仕組みがなければその決まりを尊重できないかもしれない．しかし，各カテゴリーの支出を記録することによって，セルフ・コントロールの問題を緩和することができる．少なくとも，浪費しすぎている場合には，赤信号が点滅するからだ．

c．記憶

関連するものとして，小さな買い物の記憶の問題がある．ジェーンが毎日ワインを消費すると決めたとしよう．彼女はワインの消費に制限を設けており，多くの場合，1本1000円のワインを飲むことに決めている．彼女は，約15％の割合で1本3000円のワインを飲んでもいいが，それ以上は飲んではならないことを計算によってはじき出した．すると彼女は，「わかったわ．わたしは1000円か3000円のワインを買うけど，高い方のワインを買う回数は年間54回を越えてはならないことを覚えておかなければいけないわ」

と言う．

　ジェーンがセルフ・コントロールの問題を抱えていないとしても，これを実行するのは明らかに困難だと思われる．この消費計画を実行するためには，鉄の意志だけでなく完全な記憶も必要となる．もし彼女が今年高いほうのワインを何回買ったかについて完全に記憶していなければ，彼女は高いワインを買いすぎたり，過度に用心して必要以上に安いワインを買いすぎたりするかもしれない．1つの可能な解決法は，記憶の助けとしてカレンダーを使うことである．ジェーンは土曜日の夜には高い方のワインを飲んで，それ以外の日には安いワインを飲むと決めることができる．こうして，彼女は過去の消費を記録する必要がなくなる．彼女はカレンダーに従ってさえいれば良いのだ．これは，スミス氏の誕生日の贈り物と似ている．自分の誕生日にはより多くのお金を使っても良いと決めることは，時々の贅沢を楽しむ方法である．この方法を使えば，忘れてしまうことによってお金を使いすぎることを（あるいは少ししか使わないことを）恐れる必要はない．

　同様の現象は，人々が1回限りの大きな支出を考慮する時にも起こる．日々の生活では倹約しているような人でも，バケーションに行く時や新居に引っ越す時などにはより多くのお金を簡単に使うことに気づくかもしれない．バケーションの場合には，そのバケーションを完璧な体験にしたいと望むからかもしれない．しかし，この説明は引っ越しの例ではあまり説得力があるとは思われない．しかし，引っ越しのようなどちらかといえばめったにない場面では，高額の支出をしたとしてもそれが習慣になることについて心配する必要がないと考えることは可能だ．

　こうした説明すべてを考慮すると，メンタル・アカウンティング以上に合理的なものはほとんどないと思われるかもしれない．しかし，これはわたしが言おうとしていることではない．ここで議論している多くの心理学的バイアスにみられることだが，心理学的バイアスによってより良い決定が得られる状況も多くあるが，それが得られない状況もある．メンタル・アカウンティングも例外ではない．始めに議論した，なくしたチケットの例のように，事前に使途が決められているかのようにお金を扱うのは非合理的であると思われる状況が存在する．有用なメンタル・アカウンティングと愚かなメンタ

ル・アカウンティングはどこで線引きされるかという問題は，いつもと同じように，あなたの主観的な判断にかかっている．

動学的非整合性

問題 2.11 であなたは次の 2 つを比較する．
a．今日 1000 円もらう
b．今日から 1 週間後に 1200 円もらう

一方，問題 2.22 であなたは次の 2 つを比較する．
a．今日から 50 週間後に 1000 円もらう
b．今日から 51 週間後に 1200 円もらう

しばしば，より多くの人が 2 番目の問題よりも 1 番目の問題で (a) を選ぶ[21]．さらに，問題 2.11 で (a) を選びながら，問題 2.22 で (b) を同時に選ぶ人も多くいる．こうした選択のパターンには何か問題があるだろうか．おそらく，あるだろう．あなたは問題 2.22 を見て，(b) を選んだとしよう．あなたは心の中で，どちらにせよ遠い将来のことだ，と言うだろう．50 週間待とうが，51 週間待とうが，忍耐強くなければならない．そうであれば，20% 多い額をもらわないわけはないだろう．しかし，50 週間経った後，誰かがあなたに選択を変更したいかどうか尋ねたとしよう．ここでは，「50 週間」は「今すぐ」を意味し，「51 週間」は「1 週間後」を意味する．つまり，もし選択を変更するチャンスがあれば，あなたは問題 2.11 と同じ選択肢に直面しており，（帰結主義を想定すれば）(a) に変更するだろう．

あなたが実際にこうした選択を行っていたら，あなたは**動学的非整合的**であるという．あなたが将来の行動についてある選択をし，やがてそれを実行する時が来ると，あなたはそれを実行しようとはしない．この種の問題はたくさんある．試験のために勉強しなければならない時，あなたはまず友達と外出して次の日に勉強をしようとすることを好むかもしれない．明日が今日になった時には，あなたは再び勉強を後回しにしたくなるかもしれない．結

果として，試験の準備をしなかったことになるだろう．これはあなたが最初に望んでいた選択ではない．同様に，貯金やダイエット，先延ばししたい誘惑にかられる他のあらゆる不快な選択に着手することを将来に延期するかもしれない．

　動学的非整合的な意思決定者は，自分の非整合性を認識し，それを考慮しているかもしれない．特に，彼らは将来の選択を制限し，自分が選んだ一連の行動から逸脱させないようなコミットメントの仕組みを探すかもしれない．例えば，合衆国の人々はかつて「クリスマス・クラブ」という貯蓄プランに加入していた．これは，低率もしくは負の利子を生み，自分のお金を引き出すことができないような仕組みを提供するものだ．このような貯蓄プランにお金を預けることによって，その年に何が起こっても，あるいはそのお金で何か他のことをしたいという誘惑に駆られても，恐らく贈り物を買うためにお金が必要となるクリスマスまではそのお金を使わないことが保証される．

　セルフ・コントロールの問題に直面している状況では，選択肢が少ない方がより良い結果をもたらすという考えは，ホメーロスの『オデュッセイア』にまでさかのぼる．オデュッセウスは，セイレーンの歌を聴きたかったが，セイレーンに惑わされたくはなかった．自分が誘惑に抵抗できないことを知って，彼は部下に自分の体を船のマストに縛り付けるように命じた．このようにして，彼はセイレーンの歌を楽しみながら，セイレーンの島から安全に逃れることができた．

　セルフ・コントロールの問題は至る所に存在する．中毒物質（アルコールやたばこも含む）の消費，食事と運動の選択，あるいは消費習慣と借金増加の文脈でも現れる．消費者がセルフ・コントロールの問題に陥りやすく，そのために動学的に非整合的であるような場合には，彼らを効用最大化する一貫した経済主体としてモデル化することができなくなる．また，このことは自由市場を支持する議論の有効性にも疑問を投げかける．とりわけ，クレジットカードの借金増加，退職基金の引き出し（あるいは退職基金からの借り入れ）などのケースのように，セルフ・コントロールの問題は，人々の選択の自由を制限するような規制を正当化する場合がある[22]．

練習問題

1. 飛行機に乗ることを怖がる人がいる．彼らは往々にして，飛行機の事故よりも（地上での）自動車事故で命を落とす人の方が多いと聞いて驚く．なぜ彼らの死亡者数の評価は正確ではないのだろうか．飛行機に乗ることは自動車を運転することよりも危険が小さいと言って良いのだろうか？

2. ジムとジョーは，少ない奨学金に頼って生活している学生である．彼らは食べ放題のレストランに行き，食事代として895円支払った．思いがけず，ジョーはその日の100人目の客になったことを告げられ，彼は食事代金を返金してもらった（無料で食事ができた）．他のことはすべて同じとして，ジョーはジムと同じ量を食べるだろうか．

3. 雑誌の定期購読では，新規の顧客に対して，最初の期間の購読料を非常に安く設定することがある．これが新規の顧客を募集するための賢い手法である理由を，少なくとも2つ挙げてみよ．

4. クレジットカード会社はかつて，魅力的な低金利で学生ローンを提供していた．恐らくこうして締結されるローン契約は，大人の間の自発的取引の一例なので，市場での自由な取引として認められるべきものであった．こうしたローンが法律で禁止される理由について考えてみよ．

5. 多くの国では，臓器提供プログラムに参加したいと思っているドライバーは，明示的に提供の意思があると選択しなければならない．一方，臓器提供をしないという意思表示がなければ，そのドライバーは臓器提供の意思があると見なす提案がある[23]．この提案は，臓器提供者の数に影響を与えるだろうか．そうだとしたら，その理由となる心理学的な影響は何だろうか？

6. メアリは，会社から予想外のボーナスをもらう時には，買う計画がなかった物を買っても良いことにしている．しかし彼女は，その出費がしばしばボーナスの額を上回ることに気がついた．この現象に関連する心理学的効果は何だろうか？　彼女の意思決定はどこが間違っているのだろうか？

原注

1. 例えば，Gigerenzer, G. and Hoffrage, U. (1995) How to improve Bayesian reasoning without instruction: frequency formats. *Psychological Review*, 102, 684–704 を参照のこと．
2. Gigerenzer は，自然に起こる状況では，単純なヒューリスティックや直感がよりよい意思決定につながると主張している．Gigerenzer, G. and Todd, P. M. (1999) *Simple Heuristics that Make Us Smart*. Oxford University Press を参照のこと．
3. Tversky, A. and Kahneman, D. (1981) The framing of decisions and the psychology of choice. *Science*, 211, 453–458.
4. Lorge, I. and Solomon, H. (1955) Two models of group behavior in the solution of Eureka-type problems. *Psychometrika*, 20, 139-148; Davis, J. H. (1992) Some compelling intuitions about group consensus decisions, theoretical and empirical research, and interpersonal aggregation phenomena: selected examples, 1950–1990. *Organizational Behavior and Human Decision Processes*, 52, 3–38; Cooper, D. J. and Kagel, J. (2005) Are two heads better than one? Team versus individual play in signaling games. *American Economic Review*, 95, 477–509.
5. わたしは，あえて何が形式的なモデルであるかをここでは無視している．実際，ある人にとっては十分形式的であっても，他の人には形式的ではない場合がある．より重要なのは，形式的なモデルは問題の表現方法にも関わっているかもしれないことだ．しかし，こうしたモデルでは，決定に影響するすべての可能性を考慮し，それらを明示的に示さなければならない．
6. Thaler, R. (1980) Toward a positive theory of consumer choice. *Journal of Economic Behavior and Organization*, 1, 39–60.
7. Samuelson, W. and Zeckhauser, R. J. (1988) Status quo bias in decision making. *Journal of Risk and Uncertainty*, 1, 7–59; Kahneman, D., Knetsch, J. L., & Thaler, R. H. (1991) Anomalies: the endowment effect, loss aversion, and status quo bias. *Journal of Economic Perspectives*, 5, 193–206.
8. Kahneman, D., Knetsch, J. L. & Thaler, R. H. (1990) Experimental tests of the endowment effect and the Coase theorem. *Journal of Political Economy*, 98, 1325–1348.
9. Shefrin, H. and Statman, M. (1985) The disposition to sell winners too early and ride losers too long: theory and evidence. *Journal of Finance*, 40, 777–790.
10. もし失った金額が莫大で，将来選ぶことができる選択肢が変わってしまったら，失ったお金を決して無視できないだろう．本書では，このような場合には失ったお金をサンクコストとは呼ばない．

11 確率的事象に関する演算の基本的な定義については付録Bを参照せよ．
12 Kahneman, D. and Tversky, A. (1972) Subjective probability: a judgment of representativeness. *Cognitive Psychology*, 3, 430-454; Tversky, A. and Kahneman, D. (1983) Extensional versus intuitive reasoning: the conjunction fallacy in probability judgments. *Psychological Review*, 90, 293-315.
13 Gigerenzer and Hoffrage (1995) の注1を参照のこと．
14 Tversky, A. and Kahneman, D. (1973) Availability: a heuristic for judging frequency and probability. *Cognitive Psychology*, 5, 207-232 および Tversky and Kahneman (1983) の注12を参照のこと．
15 Tversky and Kahneman (1973) の注14を参照のこと．
16 いくつかの研究では，評価確率が4倍以上になることも報告されている．Tversky, A. and Kohler, D. J. (1994) Support theory: a nonextensional representation of subjective probability. *Psychological Review*, 101, 547-567; Rottenstreich, Y. and Tversky, A. (1997) Unpacking, repacking, and anchoring: advances in support theory. *Psychological Review*, 104, 406-415 を参照のこと．また，Sloman, S., Rottenstreich, Y., Wisniewski, E., Hadjichristidis, C. and Fox, C. (2004) Typical versus atypical unpacking and superadditive probability judgment. *Journal of Experimental Psychology: Learning, Memory, and Cognition*, 30, 573-582 も参照のこと．
17 世界保健機関（WHO）からの引用として Wikipedia に記載されている．http://en.wikipedia.org/wiki/List_of_causes_of_death_by_rate.
18 Tversky, A. and Kahneman, D. (1974) Judgment under uncertainty: heuristics and biases. *Science*, 185, 1124-1131.
19 Thaler (1980) の注6．Thaler, R. (1985) Mental accounting and consumer choice. *Marketing Science*, 4, 199-214 を参照のこと．
20 Thaler (1985) の注19を参照のこと．
21 Thaler, R. (1981) Some empirical evidence on dynamic inconsistency. *Economics Letters*, 8, 201-207.
22 Bar-Gill, O. (2004) Seduction by plastic. *Northwestern University Law Review*, 98, 1373
23 Thaler, R. H. and Sunstein, C. R. (2008) *Nudge: Improving Decisions About Health, Wealth, and Happiness*. Yale University Press.

第3章 統計データを理解する

はじめに

　前章の議論の多くは，心理学的な現象の背後にあるメカニズムが，どのような条件の下でなら理にかなったものであるかを探求するものであった．そこでは，人間の心というのは，長い期間にわたって進化してきた，むしろ洗練された推論の道具なのであり，また，恐らくはその目的にとってそれほど悪い道具ではないことを仮定する傾向があった．実際，そこで議論された実質上ほとんどすべての思考様式にとって，良い推論を見いだすことができ，またそれが最適であるようなさまざまな環境を見いだすことができるのだ．

　本章はそれとは異なっている．ほとんどの場合，単純な間違いであるような現象が議論されるだろう．それに対応して，本章は，本書すべての章の中で最も民主的ではない章である．つまり，他の章においては，あなたにとって何が合理的であるかを，あなた自身で決定するよう促しているのだが，ここでは，学問の世界によって与えられた権威を用いて，「すみません，今あなたが言ったことは間違いで，わたしの言ったことが正しいのです」とわたしは言うことになるのである．

　本章が，むき出しのデータではなく，むしろ統計的に処理された統計データを扱っていることが恐らくその理由である．人間の心が統計データを理解するように進化してきたということを証明することはほとんどできないだろう．なぜなら，統計データが現れたのは進化の尺度からすればきわめて最近

の出来事であるからだ．ある種の統計学的手法は生み出されてから100年余り前のものだが，それでも数えきれないほどの研究で用いられており，その結果は日々，メディアに発表されている．したがって，われわれは統計的な事実に絶えずさらされていて，統計学が発明されて以来，変化していない心を用いてそれらを分析しようとしているのである．だから，統計データを理解するために，われわれには何らかの助けが必要であるとしても，何の驚きもないのである．

本書は，少なくとも確率論と統計学に関する入門的授業を受けたことがある人々を対象にしている．そうした授業で教えられるいくつかの統計学的概念は，以下に示す問題に沿って改めて説明される．なぜなら，わたしの経験では，統計学の授業で成績の良かった多くの学生が，統計学的概念の意味や応用についてはきわめてあやふやなことがあるからである．その結果として，以下の議論では，ごくわずかな知識しか，実際には必要ではない．しかし，もしそうした知識に不足を感じた場合には，付録Bが恐らくその不足を埋める助けになるだろう．

問題

▶ 問題 3.1

まれに発症する病気に対する新しく開発された検査法には，次のような特徴がある．あなたがこの病気に感染していない場合でも，陽性反応が出る（「間違った陽性反応」）確率は5％である．しかしながら，あなたが感染していても，この検査で陽性反応が出ない（「間違った陰性反応」）確率は10％である．

あなたがこの検査を受けたところ，不幸にも陽性反応が出た．あなたがこの病気に感染している確率はいくらだろうか？

▶ 問題 3.2

あなたはルーレットをプレーしようとしている．はじめ席に座って観戦していると，直近の5回はすべて黒が出ていることがわかった．それでは，あなたなら赤と黒のどちらに賭けるだろうか？

▶ 問題 3.3

　アメリカ合衆国における学生の成績に関する研究によれば，移民の学生は，平均的には，合衆国で生まれた学生よりも高い平均点を取っていることが示されている．よって，他の国の学生に比べて，アメリカの学生はそれほど利口ではないか，少なくとも一生懸命勉強していないというのがその結論だった．

　あなたならこの結果をどう考えるか？

▶ 問題 3.4

　一家族における平均的な子供の数を推定するために，ある研究者が学校に通っている子供たちを相手に，何人の兄弟姉妹がいるかを尋ねた．それから，彼らの答えに 1 を足した数を調査した子供の間で平均したものが，求めたい推定値であるとされた．

　これは良い推定値であると言えるか？

▶ 問題 3.5

　小さな改築工事を請け負う建築会社が，契約を巡り入札を通じて競争を行った．その会社を運営する建築家は，自分の請け負った工事で損をする傾向があると気づいた．彼は，どうして自分の見積もりがそれほど系統的に間違ってしまうのか考え始めた．

　その理由を説明できるだろうか？

▶ 問題 3.6

　以下の対話にコメントしなさい．

【レストランで】
アン：ほんと腹が立つ．あなたに言ったとおりでしょ．あいつら全然営業努力なんてしてないんだから．
バーバラ：ほんとに？
アン：味見してみてよ．ほんとひどい料理だわ．わたしたちがはじめてここ

に来た時，どうだったか覚えてないの？
バーバラ：ええと，たぶんあんたはうんざりしていたみたいだったけど．
アン：そっちの料理はどうなの？
バーバラ：そうね，悪くはないわ．以前より良くはないかもしれないけど……．
アン：ねえ，わかってる？ こいつらときたら，始めに一生懸命努力して良い印象を与えておけば，とにかくまた客はこの店に戻ってくるって考えているのよ．だから，多くのレストランが1年以内に閉じちゃうのも別に不思議じゃないわ．
バーバラ：でも，このレストランがそんなに新しいところとは思えないけど．
アン：そう？
バーバラ：ええ，そう思うわ．ジムがここをわたしに教えてくれたのはかなり前だったけど，わたしたちが実際に来たのはそれからずっと後のことだったもの．
アン：それじゃあ，わたしたちが初めて来た時に良い印象を与えたことや，今回わたしたちがやってきたのが二度目だってことを，あいつらはどうやって知ったのかしら？ ウェイターがシェフに「テーブル14にサーロイン・ステーキ2つ．でも，気にしないで．この連中がここに来るのは2度目だから」って言っていたのをどう思う？

▶ 問題 3.7

教育年数と年間所得の間には高い相関があることが研究によって示されている．そこで，あなたの先生が次のように言った．勉強することはいいことだ．たくさん勉強すればするほど，キミたちが将来稼ぐお金も増えるのだから．

この結論は支持できるだろうか．

▶ 問題 3.8

最近の研究で，まったくたばこを吸わない人々は，少量しか吸わない人々に比べて，医師にかかることが多いことがわかった．そこで，ある研究者が

次のように主張した.「明らかに,喫煙は赤ワインを飲むようなものだ.たくさん吸いすぎるのは危険だが,少量ならば実際健康に良いものなのだ!」

あなたはこの結論を正しいと思うだろうか.

▶ 問題 3.9

以下の対話にコメントしなさい.

チャールズ：ぼくは,携帯電話は使わないんだ.
ダニエル：ほんとに? でも,どうして?
チャールズ：なぜって,それが脳腫瘍と関係があるってわかったからさ.
ダニエル：おいおい,おまえは大げさだなあ.オレが専門家に尋ねてみたら,その影響はほんのわずかだから,心配することは何もないって言ってたぜ.
チャールズ：そう思うなら,キミの好きなようにすればいいさ.でも,ぼくは自分の身を危険にさらしたくはないね.
ダニエル：いいだろう,それがおまえの結論ってわけだ.でもな,その効果は有意じゃないってわかってるんだぜ.
チャールズ：有意じゃないだって? ばかだな,その効果は5%水準で有意だったんだよ!

▶ 問題 3.10

以下の対話にコメントしなさい.

メアリ：肌が荒れてひどいの.見てよ,こんなに真っ赤になって.
ポーラ：うわぁ,ほんとひどいわね.何か薬は塗ってみたの?
メアリ：いろいろ試したわ.でも,全然治らないの.
ポーラ：全然?
メアリ：ええ,塗り薬はとにかく何でも試してみたのよ.
ポーラ：ねえ,わたしならあなたの助けになれるかもしれないわ.ほら,製薬会社のビッグメドってあるでしょ.あそこで働いている人を知ってるのよ.
メアリ：ええ,あの大会社なら知ってるわ.

ポーラ：それでね，彼らはいま新製品の軟膏の効果を検査する最終段階で，それがこのタイプの発疹にちょうど効くと思うのよ．いまその検査の参加者を募っているの．ねえ，その研究に関わってみる気はない？　その上，彼らはお礼にあらゆる種類のスキンケア用品をくれるのよ．

メアリ：お礼なんていらないわ．もしその薬が効くのならそれで十分よ．でも，もし効かなかった時はどうなるの？

ポーラ：そんなはずないわ．あそこはまじめな会社だし，その薬は多くの検査にパスしてきたのよ．

メアリ：じゃあ，その薬はFDA（食品医薬品局）によって承認されているのね？

ポーラ：いいえ，まだテスト段階だから．だからこそ検査するんじゃない．

メアリ：わからない．答えは二者択一のはずよ．もしその薬が安全だと確信があるなら，どうして承認されていないの？　もしそれがまだ承認されていないなら，たぶんまだ安全じゃないのよ．

ポーラ：あなたが言うみたいに，100％安全なんてことは絶対ないわ．承認されている薬だって，人を死なせることがあるのよ．結局は確率や統計の問題なのよ．

メアリ：確率の問題と言ったところでいったい何の助けになるっていうの？もう一度言うわ．確率が十分低いなら，その薬は承認されるだろうし，それほど確率が低くないなら，その薬は使いたくないわ．

ポーラ：何の確率のことを言ってるの？

メアリ：何か悪いことが起こるかもしれない確率よ．それが何かわからないけど，それを検査してるんじゃないの？

ポーラ：もちろん，どうするかはあなた次第よ．あなたのお肌の問題だから，自分で決めて．でも，わたしたちは，飛行機に乗る時だって，スカッシュをやる時だってリスクにさらされているのよ．わたしが言いたいのは，ビッグメドの評判からすれば，その薬を試すのは決して無茶なリスクをかぶることじゃないし，いつまでも肌荒れで苦しんでいるのはみじめなんじゃないのってことよ．

メアリ：ねえ，でも，ビッグメドほどの評判がある企業なのに，FDAの承

認が得られないまま，いまだに検査を続けているのはどういうわけなの？

条件付き確率

問題3.1は以下のようなものであった．

まれに発症する病気に対する新しく開発された検査には，次のような特徴がある．あなたがこの病気に感染していない場合でも，陽性反応が出る（「間違った陽性反応」）確率は5％である．しかしながら，あなたが感染していても，この検査で陽性反応が出ない（「間違った陰性反応」）確率は10％である．
あなたがこの検査を受けたところ，不幸にも陽性反応が出た．あなたがこの病気に感染している確率はいくらだろうか？

多くの人々は95％，90％あるいはその中間の値のような解答をする傾向がある．これは実は人々が間違った推論をしていることを示しているのである．それがなぜかを詳しく説明しよう．きわめて簡単に言えば，ある側面に関する条件付き確率が与えられているためである．つまり，病気に感染している場合としていない場合について，検査の結果が陽性である条件付き確率，それにそこから導かれる陰性である条件付き確率が与えられている．しかし，問題では別の側面に関する条件付き確率が尋ねられているのである．つまり，検査が陽性であった時に病気に感染している条件付き確率である．ある側面に関する条件付き確率から別の側面に関する条件付き確率を導き出すのは一般的に難しいのである．そこで見逃されているのは，条件なし確率に関するある種の情報でもある．この場合では，（検査前の時点での）病気に感染していることに関する事前の確率である．

はじめに2つの極端な状況を考えてみよう．すべての患者がこの病気に関する診断を受けた病棟で検査を受けているものとしよう．単純化のために，これまでの診断は多くの医師によって行われ，疑いようのないものと仮定しよう．いまこの検査の結果を検討してみる．検査では10％が間違って陰性と診断されているのは事実だろう．つまり，この病気にかかっている患者の

うち10%が検査で陰性の診断を受けている．もし検査でわたしが陽性ならば，この病気に感染している確率はいくらだろうか？　その答えは100%である．もしわたしが検査で陰性である場合も答えは同じになるだろう．なぜなら，この病棟に入院させられたということは，わたしは感染しているのであり，検査の結果がどうであろうと関係ないことがわかっているからである．つまり，（事前の）条件なし確率100%は（事後の）条件付き確率100%になるのである．

　次に，根絶されて久しい病気に関する検査について考えてみよう．この検査の条件付き確率は既に述べたままで変わらない．（健康な人の間で）5%の確率で間違って陽性反応が出て，（感染している人の間で）10%の確率で間違って陰性と判断される．この検査の性質やその正確性は，この検査が適用される人々がどんな人であるかとは関係がない．しかし，この病気がすたれているので，感染している条件なしの事前確率はゼロである．検査を受けた後，その結果がどうであれ，その確率はあくまでゼロである．もし検査結果が陽性ならば，わたしは単に肩をすくめて，「まあいいや，これは間違って陽性と出たんだな．こんなこともあるさ」と言うだけなのである．

　したがって，患者が健康であるか病気であるか**わかっている**というこれらの両極端の場合には，検査を受けた後の事後確率は，検査を受ける前の事前確率と正確に同じである．典型的な状況は，明らかにこれら両極端の中間の場合であり，検査が追加的な情報をもたらしてくれるような状況なのである．しかし，これらの両極端は2つのことを教えてくれる．第1に，（健康である場合と病気に感染している場合の）検査結果が陽性である条件付き確率が与えられているにもかかわらず，感染している条件付き確率は，0%のこともあるし，100%のこともあるということである．第2に，その計算で見逃されている重要な情報は，病気に感染している条件なし確率であるということである．

　完全な解答を見るために，いくつかの記号を導入しよう．問題になっている2つの事象をそれぞれ

　D：病気に感染している

T：検査結果が陽性

と表そう．すると，それぞれの反対の事象は

¬D：病気に感染していない
¬T：検査結果が陰性

と表せる．問題文から

$P(\mathrm{T}|\mathrm{D}) = 90\%$

となる．つまり，Dである（病気に感染している）時にT（検査結果が陽性）であることの条件付き確率は90%である．ある事象の下での条件付き確率は足し合わせると1になるので，Dである（病気に感染している）時に¬T（検査結果が陰性）であることの条件付き確率は100% − 90%であることがわかる．つまり，

$P(\neg\mathrm{T}|\mathrm{D}) = 10\%$

同様に，¬Dである（病気に感染していない）時にT（検査結果が陽性）であることの条件付き確率は5%である．つまり，

$P(\mathrm{T}|\neg\mathrm{D}) = 5\%$

このことから，

$P(\neg\mathrm{T}|\neg\mathrm{D}) = 95\%$

となる．しかし，問題は，検査結果が陽性であった時に病気に感染している条件付き確率はいくらか，であった．つまり，

$P(\mathrm{D}|\mathrm{T}) = ?$

この値は上記のどこにも与えられていない．では，それはいったい何か？ 定義によれば，それは両方の事象が生じている（DとTの共通部分の）確率と事象Tの確率全体との間の比になる．それを計算するために，**確率木**を用

■ 意思決定木 3.1

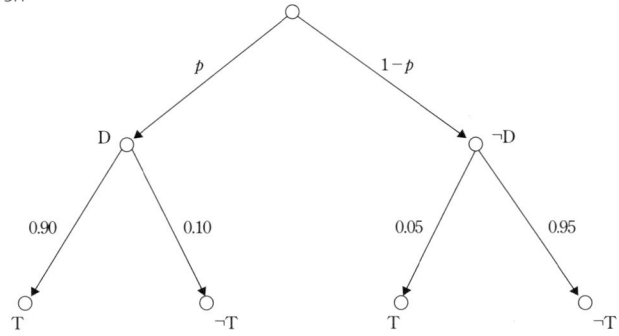

いるのが有用である．これは，何も選択する余地のない，すべての節点（ノード）が確率で決まるような決定木と考えることができる．そうした確率木では，条件付き確率はその端点に書くことができる．

この確率木のおかげで，2つの事象の交点である葉の確率を計算することができる．例えば，もし病気に感染しており（D），かつ検査結果が陽性である（T）である確率，つまりDとTとの交点を知りたいなら，Dである確率pとDの下でTが生じる条件付き確率0.90を単に掛け合わせればよいのである．また，Dかつ¬Tである確率は同じようにしてpに0.10を掛け合わせればよい．さらに一般的には，確率木のどの葉の確率も，木の根から

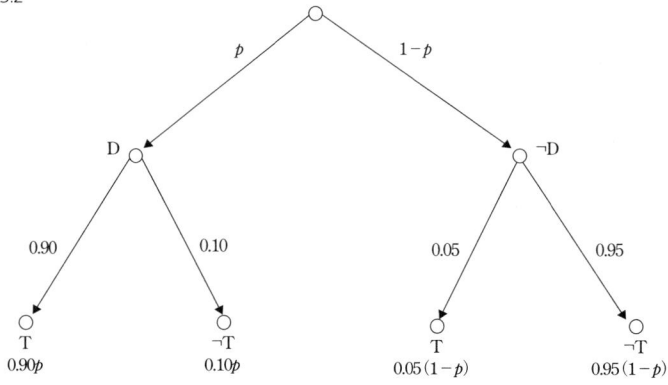

■ 意思決定木 3.2

葉に至るまでのすべての（条件付き）確率を掛け合わせることによって得られるのである（付録Bを参照）．

では，検査結果が陽性であった時に病気に感染している確率，$P(\mathrm{D}|\mathrm{T})$ はいくらになるだろうか？　それには，DとTの交点の確率を求めて，それをTである確率で割る必要がある．意思決定木3.2は前者の確率を教えてくれる．つまり，DとTの交点の確率は$0.90p$である．しかし，Tである確率はいくらだろうか？

ここで少しばかり計算しなければならない．というのは，事象T（検査結果が陽性）は確率木のどのノードにも示されていないからである．しかし，互いに離れているが，足し合わせるとTになるような2つのノードがある．先ほども触れたTかつDである事象（T∩D）と，その反対に，Tかつ¬Dである事象（T∩¬D）のことである．それゆえ，Tである確率は，

$$P(\mathrm{T}) = 0.90p + 0.05(1-p)$$

となる．これで，Tの下でDである条件付き確率を計算できる．それは，

$$P(\mathrm{D}|\mathrm{T}) = 0.90p/P(\mathrm{T}) = 0.90p/[0.90p + 0.05(1-p)]$$

となる．この式は，先に述べた点を反映している．(i) 病気に感染している条件なし確率$p (p = P(\mathrm{D}))$がいくらであるかを知らないでは，Tの下でDである条件付き確率はわからないということ，(ii) pが0と1の間を変化すると，$P(\mathrm{D}|\mathrm{T})$も変化するということ．しかし，これらの質的な点の他に，この式は，**病気に感染している条件なし確率を事前に知ることができるならば**，病気に感染していることの正確な条件付き確率を教えてくれるものでもあるのである．例えば，もしこの病気が非常にまれなもので，全人口のたった1%しか感染しないならば，つまり，

$$p = P(\mathrm{D}) = 1\%$$

であるならば，

$$P(\mathrm{D}|\mathrm{T}) = 0.90p/[0.90p + 0.05(1-p)]$$

$$= 0.90 \times 0.01 / [0.90 \times 0.01 + 0.05 \times 0.99]$$
$$= 0.009 / [0.009 + 0.0495]$$
$$= 0.009 / 0.0585 \fallingdotseq 0.1538$$

となる．この結果がもっともであることを確認するためには，確率で考えるよりは，頻度で考えたほうが時には有用である．つまり，非常に大きな集団があると想像し，確率を頻度へと変換するのである．例えば，一万人の人がいると仮定する．全体で病気に感染している確率は $p=1\%$ なので，100人が病気で9,900人が健康であることになる．これら2つのグループにおいてどれくらいの人数の検査結果が陽性だろうか？　まさに，これこそが条件付き確率が教えてくれるものなのである．つまり，（病気の人の間で）10%が間違って陰性となるということは，100人の病人のうち90人が実際に検査で陽性になるが，10人は検査の結果が陰性だったので，間違った安心の言葉を聞いて家に帰るということを意味する．9,900人の健康な人については，その5%が，健康であるにもかかわらず，検査結果が陽性になることがわかっている．つまり，495人（5%×9,900）が健康な人のうち検査結果が陽性になる人で，残りの人（95%×9,900＝9,405）は，検査の結果，健康であることがわかったと告げられるのである．全体では，検査結果が陽性であるのは，90人の病気の人と，495人の健康な人であり，あわせて90＋495＝585人になる．もしわたしの検査結果が陽性であるなら，わたしは自分がこれら585人の人々の一人であることになる．しかし，わたしは必ずしも90人の病気の人に入るとは限らない．わたしは，間違って陽性の結果が出た495人の健康な人のうちの1人かもしれないのである．わたしが実際に病気に感染している可能性はいくらだろうか？　それは90/585，つまり，約15.38%になる．

　図3.1に示したような図が理解に役に立つ場合がある．これはベン図の一種で，集合（あるいは事象）が面積で表されている．こうした図では，集合の大きさ（あるいは，対応する事象の確率）に比例した面積にすることが恐らくベストだろう．時には，図が単に図式的なものにすぎないこともあるからである．例えば，四角形が100×100＝10,000人の人々を表すとすると，左端の列が1%の病気の人々を表すことになる（図3.1）．

次に，これら2種類の人々を，検査結果が陽性だった人と陰性だった人とに分ける（図3.2）計算したい条件付き確率（$P(D|T)$）は，一番黒い部分（90人）を，色のついた部分両方の大きさの合計（90 + 495 = 585人）で割ることで求められる．つまり，90/585 となる．

　この計算から得られる重要な教訓は，感染したほとんどの人の検査結果は陽性だが，検査結果が陽性の人のほとんどは感染していないということである．病気に感染している時に検査結果が陽性である条件付き確率は，

$$P(T|D) = 90\%$$

であるが，検査結果が陽性の時に病気に感染している条件付き確率は

■ 図3.1　病気の人と健康な人の割合

感染している人（D）
100人

健康な人（¬D）
9,900人

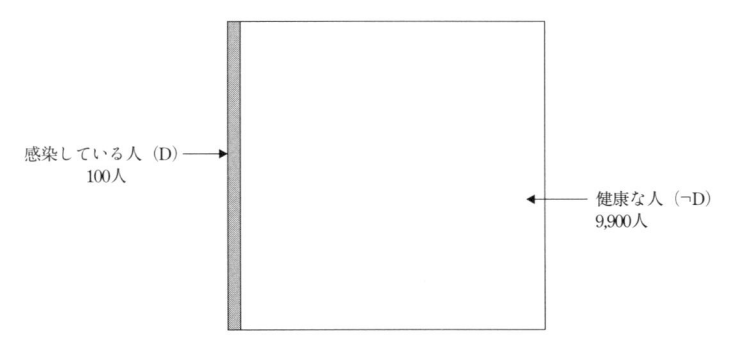

■ 図3.2　感染している人と健康な人に対する陽性と陰性の割合

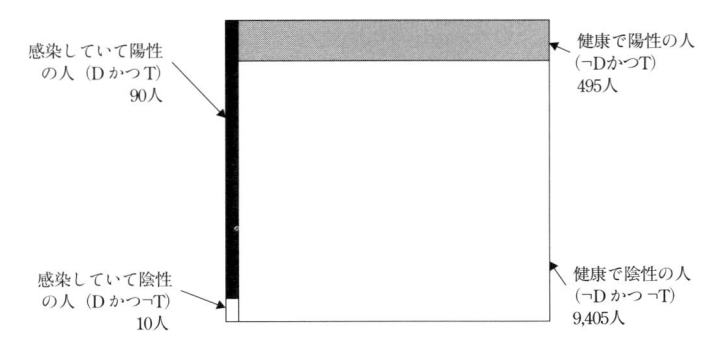

感染していて陽性
の人（DかつT）
90人

健康で陽性の人
（¬DかつT）
495人

感染していて陰性
の人（Dかつ¬T）
10人

健康で陰性の人
（¬Dかつ¬T）
9,405人

第3章　｜　統計データを理解する

$$P(\mathrm{D}|\mathrm{T}) \cong 15.38\%$$

に過ぎないことを思い出してほしい．より一般的には，事象 A の下で事象 B が生じる条件付き確率は，それとは反対の，事象 B の下で事象 A が生じる条件付き確率とはきわめて異なっている．特に，

$$P(\mathrm{A}|\mathrm{B}) > 50\%$$

であるが，

$$P(\mathrm{B}|\mathrm{A}) < 50\%$$

であるような場合もよくあるのである．つまり，「B である場合のほとんどが A である」が，「A である場合のほとんどが B ではない」ことがありえるのである．事実，事象 B の下で事象 A が生じる条件付き確率と，事象 A の下で事象 B が生じる条件付き確率とを結びつけるのは，各事象の条件なし確率の比なのである．具体的には，

$$P(\mathrm{A}|\mathrm{B}) = [P(\mathrm{A})/P(\mathrm{B})] \times P(\mathrm{B}|\mathrm{A})$$

ということである（この議論全体では，すべての確率は正であると仮定しよう．そうすることで，ゼロで割り算することはなくなり，すべての条件付き確率はきちんと定義できるのである）．

　すなわち，その（条件なし）確率が同じ 2 つの事象を取り扱う時には（$P(\mathrm{A}) = P(\mathrm{B})$，つまり $P(\mathrm{A})/P(\mathrm{B}) = 1$ なので），一方の事象が生じる下で他方の事象が生じる条件付き確率は，その逆の場合の条件付き確率と同じになるのである．しかし，一般的に，2 つの事象の条件付き確率が同一になることはない．それでも，人々は 2 つの条件付き確率を同一視してしまう傾向がある．この混同は，先ほどの式で $P(\mathrm{A})/P(\mathrm{B})$ という比を無視することに等しいので，カーネマンとトヴェルスキーはこの現象を**基礎比率の無視**（ignoring base rates）と名付けている[1]．「基礎」比率とは，事前の条件なし確率 $P(\mathrm{A})$ と $P(\mathrm{B})$ との比のことである．この比を無視すると，$P(\mathrm{A}|\mathrm{B})$ と $P(\mathrm{B}|\mathrm{A})$ とを混同してしまうことになる．形式的には，2 つの事象 A と B について，

$$P(B|A) > P(B)$$

ならば，AはBと**相関している**と言われる．つまり，Aが生じたことを知ることで，Bが起こるという見込みが増加することを意味する．Bである確率は，Aが生じた下でのBの条件付き確率と，¬Aが生じた下でのBの条件付き確率との重み付け平均であることを思い出してほしい（重みとは，単にAが生じる確率と¬Aが生じる確率のことである．詳しくは付録Bを参照）．すなわち，$P(B|A) > P(B)$ であるとは，

$$P(B|A) > P(B|¬A)$$

ということと同じことであり，また

$$P(B) > P(B|¬A)$$

とも同じことなのである．AとBとの役割を変えると，

$$P(A|B) > P(A)$$
$$P(A) > P(A|¬B)$$
$$P(A|B) > P(A|¬B)$$

のいずれかが（つまり，そのすべてが）真である時，BはAに相関していると言われる．しかしながら，興味深い事実は，「相関している」という関係は対称的な関係であるということである．つまり，もしAがBと相関しているなら，BはAと相関しているのである．例えば，就職希望者の面接をしているとしよう．そこで，Aを「その人は背広を着ている」，Bを「その人は良い印象である」としよう．もし，良い印象を与える人の中で背広を着た人の割合が面接に来た人全体の中で背広を着た人の割合より多いなら（$P(A|B) > P(A)$），その時には，背広を着た人が良い印象を与える割合は，着ている服に関係なく面接に来た人全体で良い印象を与える人の割合よりも高いはずである（$P(B|A) > P(B)$）．しかし，数量的なことは何も言うことができない．良い印象を与えるほとんどの人が背広を着ているが，背広を着た人のほとんどが良い印象を与えるとはとうてい言えないこともありうるのである．

質的な推論は，この問題で取り上げた例でも成り立っている．つまり，検査結果が陽性である確率は，健康な人よりも病気に感染している人の間で高い．

$P(\mathrm{T}|\mathrm{D}) = 90\% > 5\% = P(\mathrm{T}|\neg \mathrm{D})$

(このことは，仮に $P(\mathrm{T})$ がいくらであるかを知らないとしても，$P(\mathrm{T}|\mathrm{D}) > P(\mathrm{T}) > P(\mathrm{T}|\neg \mathrm{D})$ が成り立つことを意味している)．このことからまた，次の関係が成り立つ．

$P(\mathrm{D}|\mathrm{T}) > P(\mathrm{D}) > P(\mathrm{D}|\neg \mathrm{T})$

つまり，検査結果が陽性であることは，良いニュースではない．検査結果が陽性だと知った時の病気に感染している確率は，何も知らない時（$P(\mathrm{D})$）や，検査結果が陰性である時（$P(\mathrm{D}|\neg \mathrm{T})$）に感染している確率よりも高いからである．しかし，これがわれわれの知ることのできるすべてである．つまり，もし D であることが（D であることを知る前よりも）T であることの可能性を高めるなら，その時は，T であることが（T であることを知る前よりも）D であることの可能性を高めるということである．これ以外の数量的な推論は何も保障されないだろう．

重要なことは，基礎比率の無視という誤ちは，われわれすべてが犯しがちなのであるが，多くの偏見を生き残らせる駆動力でもあるということである．当たり障りのない例を考えるために，トップレベルのスカッシュ選手の多くがパキスタン人であると仮定しよう．このことが意味しているのは，トップレベルのスカッシュ選手の間で，不釣り合いにパキスタン人の割合が多いということである．つまり，

$P(\text{パキスタン人} | \text{トップレベルの選手}) > P(\text{パキスタン人})$

ということである．ここで，$P(\text{パキスタン人})$ は，人口全体でのパキスタン人の割合を示している．したがって，ある人がトップレベルの選手であると知ることで，その情報を知る前よりも，その人がパキスタン人である可能性が高くなるということである．このことは，逆向きの相関が**定性的に**成立することを確かに意味するのである．つまり，ある人がパキスタン人である

とすると，その人の国籍について何も知らない時よりも，その人がトップレベルの選手である可能性が高いのである．つまり，

$$P(\text{トップレベルの選手} \mid \text{パキスタン人}) > P(\text{トップレベルの選手})$$

ということである．しかしながら，トップレベルの選手のほとんどがパキスタン人であるとしても，つまり，

$$P(\text{パキスタン人} \mid \text{トップレベルの選手}) > 50\%$$

だとしても，パキスタン人のほとんどがトップレベルの選手であることは推論**できない**．

$$P(\text{トップレベルの選手} \mid \text{パキスタン人}) ? 50\%$$

また，もし「パキスタン人」や「トップレベルの選手」を他のグループや特徴に入れ替えるなら，ある種の偏見や社会的烙印（スティグマ）は，非常に自然に感じるとしても，基礎比率を無視した，とうてい正当化できない根拠に起因している可能性があるのである．

ギャンブラーの錯誤

問題 3.2 は以下のようなものであった．

あなたはルーレットをプレーしようとしている．はじめ席に座って観戦していると，直近の5回はすべて黒が出ていることがわかった．それでは，あなたなら赤と黒のどちらに賭けるだろうか？

多くの人々が，この場合ならむしろ「赤」に賭けるだろうと答える．しかし，この解答を正当化するのは非常に難しいというのが事実である．それは次のような理由からである．連続したルーレットの回転は同一で独立の分布[2]（i.i.d.：identically and independently distributed）に従っていると仮定しても問題ないとする．その時，ルーレットを回転させるたびに，赤黒それぞれの

結果は同じ確率で生じることになる．過去にどんな結果であったかを知っていても，将来の結果を知る助けにはならない．もしこのことが正しいなら，その時過去の結果から将来の結果を知ることはできず，ルーレットの結果が続けて「黒」であったという事実があっても，次に「赤」や「黒」になる確率は変わらないはずである．ルーレットが公平にできていることが確実なら，つまり，「黒」と「赤」が毎回同じ確率で生じるようなものであるなら，先に述べたことは正しいはずである．

　ルーレットが公平であることがあまり確かではないこともありうるだろう．この場合でも，ルーレットの結果は「実際的には」i.i.d. であると仮定できるかもしれない．つまり，試行の結果を支配する何らかの物理的メカニズムがあって，そのメカニズムは，ルーレットの結果を何度観察しようとも，毎回のルーレットの回転ごとに変わることはない．したがって，そのメカニズム**の下では**ルーレットの結果の分布は（条件付きで）i.i.d. になるだろう．このことは，ルーレットの結果の分布について何らかのことを知るためにサンプルを取る時には，実際いつでも正しい．つまり，分布を固定すると，観察されるその結果は i.i.d. になる．しかし，その分布を知らない者にとっては，この結果は独立ではない．統計的推測の核心は，分布について何らかのことを知ることができて，それによって過去の結果を観察することから将来の結果をも知ることができるというものである．

　しかし，もしこのことが正しいなら，ルーレットが公平にできていることに確信を持てず，5回「黒」を観察することで，ルーレットは「黒」が出やすいように偏っているという仮説により信頼を置くことになるだろう．極端な場合を考えると，もし100万回「黒」という結果を観察するなら，唯一の妥当な予測は100万1回目も「黒」というものだろう．

　結論すると，もしルーレットが公平にできていることが確実なら，過去の結果を観察しても無意味である．もしルーレットの公平性に確信を持てないなら，過去の結果から学ぶべきであるが，その推定はより頻繁に観察する事象の方に偏らせるべきである．いずれの場合でも，「赤」の方が再び「黒」が出るという結果よりも生じやすいとは思えないということである．

　しかし，人々は，カーネマンとトヴェルスキーが「ギャンブラーの錯誤[3]」

と呼ぶ．「赤」の方が出やすいという間違った予測をするのである．どうしてこうなるのだろうか？　もっとも可能性が高いのは，大数の法則（LLN：Law of Large Numbers）を過剰に解釈したためだと思われる．この法則は，18世紀初頭の数学者ヤコブ・ベルヌーイにまでさかのぼるものであるが[4]，それによれば，i.i.d.の確率変数の系列を長く観測すると，その平均は非常に高い確率でその（結合）期待値に非常に近くなるというものである．したがって，もしルーレットが実際に公平にできているなら，その時，ルーレットを無限回に至るまで十分長い回数回転させると，「赤」と「黒」の相対頻度は同じ数に収束することになるだろう（それは，2分の1よりはわずかに小さい数になる．なぜなら，ルーレットには「赤」でも「黒」でもない，0や00という目があるからである）．この法則を知っている人々は，恐らく次のように考えるのだろう．「これまでのところ，経験頻度には偏りがある．「黒」が5回に「赤」が1回観察されている．しかし，極限では2つの結果は同じ頻度になるはずである．したがって，今度は「赤」の数が増えないといけないはずだ．だから，将来的には「黒」よりも「赤」の方が出やすくなるにちがいない」．

　この推論は直観的であるが，間違っている．カーネマンとトヴェルスキーが述べたように，期待頻度からの逸脱は「修正されるのではなく，希薄になるのである」．例えば，「黒」を100回観察し，それから次の100万回の結果を考えてみることにしよう．単純化のために，結果は「黒」か「赤」だけで，それぞれ50％の確率であると仮定しよう．その時，100万100回の試行の後で「黒」が出る数の期待値は50万100回であり，「赤」が出る数の期待値は50万回である．これは，あたかも自然［神様］がそこに座っていて，「ああ，ちょっと「黒」を多く出しすぎたな．ベルヌーイを怒らせる前に「赤」をもっと出して穴を埋めないといけないな」と考えているのとは違う．実際には，自然は過去の結果について顧慮したりはしない．自然は無作為な結果を出し続けるのだが，ベルヌーイが示したように，その極限では，「赤」対「黒」の相対頻度は50％−50％になるのである．最初の100回の結果はやがてもはや考慮に入らなくなり，ルーレットを回す回数が無限に近づくにつれて，ほとんど無視できる大きさになるのである．

　ギャンブラーの錯誤は興味深いバイアスである．なぜなら，それは知識が

ないことではなく，むしろ知識があることから生じるバイアスだからである．大数の法則について聞いたことのない人がギャンブラーの錯誤を犯す可能性は非常に低いのである．他のバイアスにはしばしば陥りがちな子供は，多くの「黒」の結果を観察した後では，恐らく「黒」と予測するだろう．

　ギャンブラーの錯誤は，人々が確率に関して犯す他の2つの誤りと関係している．1つ目は，類似した結果の分類に関係したものである．いまあなたは50個の中から6つの数字を選ぶくじを選択しているものとしよう．あなたがわたしにどの数字を選ぶべきか尋ね，わたしが「1, 2, 3, 4, 5, 6」と答えたとしよう．「おいおい」とあなたは言うだろう．「こいつはばかげた選択だよ．これが当たりなんてほとんどありえないことは，意思決定理論家に聞かなくてもわかるよ．当たりの数字が正確にこの順番で出てくる確率なんて，いったいどの程度だと思っているんだよ!?」わたしは次のように答えるだろう．「いいかい，もし君が，わたしがこの数字を冗談で選んだのではないと信じるなら，どんな6ケタの数字も同じ確率で生じると信じるべきだよ．もし，1, 2, 3, 4, 5, 6という数字がほとんどありえないと思うなら，2, 5, 17, 18, 23, 45だって同じようにほとんどありえないんだよ．すると，そもそも君はこのゲームをプレーするべきではないってことになるだろうさ……」．

　事実，わたしは「2, 5, 17, 18, 23, 45」よりも「1, 2, 3, 4, 5, 6」を選ぶべき良い理由を与えることができる．両方の数字が同じように当たりの6ケタの数字でありうるが，他の人が同じように考えるなら，その時，当たりを引くという条件の下で，「1, 2, 3, 4, 5, 6」の方がより少ない人々と賞金を分け合うことになるだろう．しかし，その時には，あなたは，ばかげたことをしたがる奴や意思決定理論家に意見を聞いた人々がいるのではないかと思うかもしれない．なので，最適な選択は，ギャンブラーの間でプレーされる駆け引きに関係しており，それを分析するのはゲーム理論の仕事なのだと結論せざるをえない．

　この例の核心は，その結果が明白なパターンを示していたり，単純に示すことができる時には，人々はそうした結果はほとんど起こりえないと思う傾向があるということである．そんな単純なパターンがない時には，人々は結

果をごちゃまぜにして，その結果が実際よりも高い可能性で生じると考えるのである．つまり，特定の結果について，あたかもそれに類似した結果すべてを合わせた確率であるかのように考えるのである．したがって，「1, 2, 3, 4, 5, 6」は「とてもまれな，1から始まる6ケタの連続した数字」として分類されるが，「2, 5, 17, 18, 23, 45」はわれわれの心の中では「相対的にバランスよく散らばっている6ケタの数字」として分類される．ルーレットの例に戻ると，「黒，黒，黒，黒，黒，黒」という系列は，「黒，黒，黒，黒，黒，赤」という系列よりもずっと例外的に思えるのである．もし「黒」と「赤」が各回で同一の確率で生じるなら，2つの系列は正確に同じ確率で生じるはずである．しかし，前者の系列は，例えば「黒だけ」といった分類で容易に記述されるが，後者の系列は「6回のうち1回だけ赤」のように他のものとごっちゃにされてしまう．6回のうち1回だけ「赤」を観察することは，「赤」が一度も出ない場合よりも生じやすいことは明らかである．しかし，1回だけ赤が出るどの特定の1つの系列も，全く「赤」が出ない系列と正確に同じ確率で生じるのである．

　ギャンブラーの錯誤に関係する第2の誤りは，条件付き確率と条件なし確率との混同である．（確率論の教師だけが面白いと思う）古いジョークに，乗っている飛行機に爆弾が仕掛けられているかもしれないと心配しているなら，自分で爆弾を持ち込むべきである，というものがある．飛行機の乗客はふつう爆弾を持ち込むことはないから，**2つも**爆弾が持ち込まれる確率は実際のところ小さいはずである，というのがその理由である．学生たちは，このジョークを聞いても笑わないかもしれないが，「実際のところ小さい」という確率は，2つの爆弾が飛行機に持ち込まれることの事前の，条件なし確率であることを理解できると期待してもよいだろう．それとは対照的に，2つの爆弾が飛行機に持ち込まれることの条件付き（事後）確率は，あなたが爆弾を持ち込んでいるという**条件の下では**，あなたが爆弾を持ち込んでいない時に誰かによって爆弾が持ち込まれている確率と同じである．同様に，ルーレットで6回とも「黒」が出ることの条件なしの事前確率は非常に低い．しかし，「黒」が5回出たのを観察された後で6回目も「黒」が出る確率は，1回目に「黒」が出る確率と同じである．

他の例を考えるために，あなたはいくつかの仕事について，候補となる人を面接していると仮定しよう．学校Aを卒業した候補者を面接しようとしているところで，最近面接した2人の学校A出身者はとても素晴らしかったことを思い出した．あなたは独り言を言う．「とはいえ，この人までそんなに優秀なはずはないぞ．とにかく，3人とも素晴らしい候補者である確率は，実際には低いはずだからな！」

　これは，恐らく条件付き確率と条件なし確率とを混同している別の例になるだろう．3人とも素晴らしい候補者である条件なし確率は実際には非常に低いものだろうが，しかし，最初の2人が優秀であったという条件の下で，3人目も優秀である確率は，最初の候補者が優秀である確率と同じである．仮に，ギャンブラーがルーレットに偏りがあることを知った時のように，あなたがその学校についてもう少し知れば，次の候補者が優秀な候補者である確率をより高い方向に修正することになるだろう[5]．

　これらすべてを理解したなら，人々は時には逆のタイプの誤りを犯すことがあることに言及しておくのが有用だろう．その誤りとは，独立な現象に直面した時，あまりに過剰に「学習してしまう」という誤りである．あなたが旅行に出かけた時，空港において，MP3プレーヤーが壊れていることに気が付いたとしよう．さらに悪いことに，航空会社はあなたの予約が記録にないと言い，またコーヒーショップではエスプレッソ・マシンが壊れていると言う．あなたはこのまま旅行しても大丈夫なのだろうかと思案し始めるだろう．「こんなに運が悪い日は，何もいいことなんて起こりはしない」と，あなたはつぶやくにちがいない．

　この場合，あなたに降りかかった3つの災難は，因果関係からしても統計的に言っても独立の事象である．重要なのは，それらはあなたの旅行の成否とは完全に無関係であるように思えるということである．だが，人々はしばしば「今日は全然ついていない日だ」とか「今日の運勢は最悪だ」といったことを考えがちなのである．そうした考えは非常に自然なものであり，ある条件の下では合理的でさえありうる．例えば，星々の配置が幸運に関係するある種の変数を決定すると想定し，この変数に条件付けて自分の運命が決定されると想定するかもしれない．興味深い事実は，このような想定を明示的

には行いたがらない人々でさえ，類似したタイプの思考をする可能性があるということである．わたしたちは，ある種の物事には，実際には存在しないにもかかわらず，因果関係があるとしばしば信じてしまうものなのである[6]．

悪い(偏った)サンプル

問題 3.3 は以下のようなものであった．

アメリカ合衆国における学生の成績に関する研究によれば，移民の学生は，平均的には，合衆国で生まれた学生よりも高い平均点を取っていることが示されている．よって，他の国の学生に比べて，アメリカの学生はそれほど利口ではないか，少なくとも一生懸命勉強していないというのがその結論だった．

この結論は真であるかそうでないかのいずれかであろうが，与えられたデータの下では確かなことはわからない．このデータに対する1つの明快な説明は，人々が自分の国とは違う国から来た移民を選ぶ際，選ばれた人々はその出身国の代表的なサンプルではないということである．例えば，ある個性を備えた傾向のある人々のみが移民することを選ぶのかもしれない．つまり，よりよい生活条件を実現するためなら，どんなことでもする覚悟と決断力のある人々だけが移民をするのかもしれない．移民の集団は才能に基づいて選ばれたかもしれない．つまり，その才能がないという評価を受けた人々は，新しい文化の中で一から出直すために冒険に乗り出すことはしないという賢明な判断をしたのかもしれない．この説明によれば，(自分の国の学校や職場で成功間違いなしという評価を受けた)才能のある人々のみが移民を決意することになる．また，他にも多くの説明が可能である．この例の中心点は，人々が移民を選択し成功したという事実そのものは，彼らの才能や勤勉さと相関しているのかもしれず，そうした要素は恐らく重要な変数なのである．すなわち，移民の集団を考える時には，その母集団から選ばれた偏ったサンプルを観察しているのである．

これらのデータに基づいて，無作為に抽出された移民の学生は，無作為に抽出された移民ではない学生よりも優秀である可能性が高いと言う人々もいるかもしれないことに注意しよう．この結論は，移民の集団に焦点を当てているなら，正しいのかもしれない．確かではない結論は，移民の集団をその母国の人々の代表的サンプルとみなすことである．サンプルが偏っているか否かは，あなたが興味を持っている質問に依存している．つまり，サンプルはある集団に対しては偏ったものであるが，別の集団に関してはそうではないのである．

　偏ったサンプルに関する例は無数にある．もっとも有名なものは，恐らく1936年のアメリカ合衆国大統領選挙前に行われた『リテラリー・ダイジェスト』誌による世論調査である[7]．この世論調査は，ランドンがルーズベルトに勝つと予想したが，実際に選挙で勝利したのはルーズベルトであった．この世論調査の問題点の1つは，電話や自動車の登録リストを利用したことである．1936年時点では，みなが自動車や電話をもっていたわけではなく，このサンプルでは富裕層の意見が過剰にカウントされてしまったのである．富裕層の人々は，貧困層に比べて共和党に投票する傾向があるので，この調査で得られたサンプルには，全人口におけるよりも大きな割合で共和党支持者の票が入ってしまったのである．

　しばしば，サンプルにおける偏りは標本抽出の過程に内在している．例えば，あなたが世論調査をする時には，人々はそれに応じるか否かを決定する．応じる決心をした人々は，対象となる人口の代表ではないかもしれない．つまり，何らかの形で問題の事柄に強い関心のある人々を過剰に代表する人々を選んでしまうかもしれないのである．典型的には，時間に余裕のある人々は，全体の人口に比べて，引退した人々や失業している人々を代表することが示唆されるかもしれない．もし世論調査に応じたくない人々が，同時に投票を苦に思わないのなら，あなたの得たサンプルは健全なものであろう．しかし，もし，彼らが投票する時間を見つけないといけないようなら，そのサンプルには偏りがあるのである．最後に，最終的に投票する権利のある有資格者の人口の代表となるサンプルを見いだすことは容易な仕事ではない．

　標本抽出のプロセスそのものによって偏りが生じる別の例は，問題3.4に

与えられている．それは以下のような例であった．

　一家族における平均的な子供の数を推定するために，ある研究者が学校に通っている子供たちを相手に，何人の兄弟姉妹がいるかを尋ねた．それから，彼らの答えに1を足した数を調査した子供の間で平均したものが，求めたい推定値であるとされた．

　この標本抽出のプロセスにある問題は，多くの子供がいる家庭の方が標本抽出で選ばれる確率が高いということである．例えば，同じ学校で学んでいる5人の子供がいる家庭は，1人しか子供がいない家庭よりも標本抽出で選ばれる確率は5倍高くなる．また，子供のいない家庭はサンプルから完全に外れてしまうだろう．

　勝者の呪いもまた，偏りのあるサンプルに関係している．これは以下の例によって表されるような現象のことである．政府が油田を入札で販売しているとしよう．油田は**共通価値**のある財である．つまり，誰が油田を落札しようと同じ利益を享受するということである（これは私的価値の場合とは反対である．その場合，潜在的な買い手は，美術品のオークションの場合のように，それぞれ財に対して主観的な評価を下すことになる）．しかしながら，財の共通価値は確実には知られていない．各々の入札者は専門家に尋ねることで共通価値に対する不偏推定値を得て，その値を入札する（あるいは，いくらかの利益を確保するために，それよりも少し低い値を入札する）．「不偏推定値」とは，期待値を取れば，推定値は正しいことを意味する．つまり，独立にそうした推定値をたくさん得れば，その平均は真の値に収束することが期待できるということである．だが，入札競争の勝者は損失を出すことになることが観察されてきた．これが勝者に降りかかる「呪い」として言及されてきたのである．実際には，この呪いには何も神秘的なものはない．むしろ，それは自然な統計的現象なのである．推定値の平均は真の値に近づいているかもしれないが，推定値の平均に基づいた入札額では，落札することはほとんどできない．入札の勝者は典型的には最も高い推定値を導き出したものになるだろう．また，こうして共通価値が過大評価される傾向になる．言い換えれば，入札額全体は不偏推定値の分

布からの代表的サンプルであるが，**オークションで落札するような入札額の集まりは偏ったサンプルになる**．

問題3.5は勝者の呪いに関する別の例になっている．それは以下のようなものであった．

小さな改築工事を請け負う建築会社が，契約を巡り入札を通じて競争を行った．その会社を運営する建築家は，自分の請け負った工事で損をする傾向があると気づいた．彼は，どうして自分の見積もりがそれほど系統的に間違ってしまうのか考え始めた．

油田の入札におけるのと同じように，工事費用の見積もりをする建築会社は，その工事を実施する費用を推定し，会社にいくらかの利益を残すような提案をしなければならない．工事費用が低い見積もりほど工事を請け負えるチャンスも大きいと期待できるだろう．その結果，**仕事を勝ち取ったという前提のもとでは**，その見積額は低い方に属し，工事費用の推定値も低い方に属する傾向が高いはずである．それゆえ，工事費用に関する不偏推定値を得ていたとしても，平均的には損失を出すことで終わってしまうかもしれないのである．つまり，勝ち取った工事の費用は，その推定値の集まり全体の代表的サンプルではないのである．

平均への回帰

問題3.6における対話を考えてみよう．アンは，彼女と友人が二度目に訪れたレストランの食事に不平を言っている．彼女の友人バーバラは，そのレストランは新しい店ではないので，なぜこういうことになったのかについては，レストランというのものは開店後にサービスを悪くするという一般的な現象によっては説明できないと指摘する．彼女たちは単に運が悪かっただけなのだろうか？

この「運の悪さ」は予想されえた事柄なのだというのがその答えである．その理由は，**平均への回帰**である．もしあなたが，何かをその極端な過去の

結果（良いものにせよ，悪いものにせよ）に従って選ぶなら，将来的にはその結果は平均的なものに戻ってくることを期待すべきなのである．この統計的現象の背後にあるメカニズムは，非常に単純である．例えば，あなたが「成果」という変数を観察する時，典型的には，そのものに本来備わっている能力特性と，一時的なノイズあるいは「偶然」要素の累積的効果を見ているのである．その同じ変数に関して再びサンプルをとると，本来備わっている能力特性はそのままであるが，一時的なノイズに関しては異なるサンプルを得ることになる．すなわち，あるレストランが素晴らしいとあなたが本当に思っているなら，あなたが経験したことは，その一部はシェフの腕前や工夫によるものだが，別の一部は，レストランがその日のあなたの気分に影響を与えたさまざまな要素からなる偶然によるものだと考えるのが妥当である．あなたがもう一度そのレストランに行けば，シェフに才能があることはやはり期待できるだろう．すなわち，平均よりも上の経験を期待できるのである．しかし，偶然的要素は繰り返されることはほとんどないから，最初に訪れた時に比べて2回目に訪れた時に満足できないとしても，それほど驚くべきことではない．なお，この統計的事実は，最初に訪れた時の経験が新鮮であったといった心理的側面とは何の関係もない．

　平均への回帰という現象は，ある種の偏りのあるサンプルの問題でもある．レストランを無作為に選ぶのではなく，本当に好みのレストランを選ぶからである．前者の場合，偶然要素は，平均的にならしてみれば，前回と同じ大きさの影響を与えると期待することになるが，後者の場合，典型的には，偶然要素が良い方向に働いた時の経験に基づいてレストランを選んでいることを意味する．言い換えれば，過去の経験からすれば，偶然，特別に良い結果を生んだレストランに再び訪れる確率が高くなり，その場合，そのレストランを選ぶ際に基準となったレベルよりも低い結果しか得られない傾向があるということである．

　この現象は，その成果に偶然要素がからむような専門的職業が提供するサービスを利用する場合に観察される．そうした職業には，政治家や，株式トレーダーやファンド・マネージャーなどが含まれるだろう．

相関関係と因果関係

問題 3.7 は以下のようなものであった．

教育年数と年間所得の間には高い相関があることが研究によって示されている．そこで，あなたの先生が次のように言った．勉強することはいいことだ．たくさん勉強すればするほど，キミたちが将来稼ぐお金も増えるのだから．

明らかに，これは2つの変数の間の相関関係が因果関係を反映したものであると受け取られている例になっている．一般的に言えば，ある変数 X が Y の原因である（例えば，X の値が高ければ Y も高くなる）時には，統計学的な意味で X と Y には（共分散，相関係数などで測定される）相関関係があることを期待できるだろう．しかし，その逆は成り立たない．因果関係を反映していないような相関関係がしばしば観察されるのである．

この例では，教育年数と年間所得の間にある高い相関関係は，高い教育を受けた人々は就職市場でも有利で，それゆえ高い年収を稼ぐことになることからすれば，実際に因果関係を反映した結果なのかもしれない．しかし，それは逆の因果関係によっても説明可能なのである．つまり，既に多くの所得を稼いでいる人々が，趣味で高等教育を受ける費用を支出できるということを示しているかもしれないのである．もし「教育」という言葉によって，例えばギリシア語やラテン語といった古典語を学習するということを意味しているなら，この説明はきわめて妥当なものであろう．また，教育と所得が第3の変数を経由してのみ因果的に関係しているという可能性もある．例えば，金持ちの両親を持っている人は，長い期間の教育を受けることが可能で，それによって職業人としての人生を開始する上で有利な立場に立てる．したがって，両親の所得がその子供の教育年数と年間所得とを結びつける原因なのであるが，教育年数と年間所得の間には直接的な因果関係がある必然性はないのである．

問題 3.8 もまた，因果関係を意味しない相関関係の例である．

最近の研究で，まったくたばこを吸わない人々は，少量しか吸わない人々に比べて，医師にかかることが多いことがわかった．そこで，ある研究者が次のように主張した．「明らかに，喫煙は赤ワインを飲むようなものだ．たくさん吸いすぎるのは危険だが，少量ならば実際健康に良いものなのだ！」

　この場合，この問題文で前提されている理屈にはやや疑問がある[8]．十分なデータがあるとその結果を受け入れがちであるが，データに対して批判的に考えるようにしたいものである．特に，喫煙と健康の間に見られる正の相関関係が，非喫煙者の中には医師によって喫煙を止めるように勧告された病気の人がいるという事実によるものであるかどうかについて，疑問に思うべきである．具体的には，非喫煙者の集団は，2つの互いに交わりのない部分集団から構成されていると仮定すべきである．つまり，これまで喫煙したことがなく，全般的に健康な人々と，長年ヘビー・スモーカーで，十大疾病に関する高いリスクがあるため，喫煙を止めるように勧告された人々に分けるべきなのである．比較として，ほんの少しだけ喫煙する人々の集団が長い間その程度の喫煙を続けてきて，その程度の低いレベルの喫煙は健康に重大な変化をもたらしてこなかったと想像してみよう．この場合に，非喫煙者はこうした時々喫煙する人々よりも健康ではないことがわかるかもしれない．しかし，これは全然喫煙しないことが健康に悪いことを意味しない．むしろ，因果関係は逆なのである．（既に）病気にかかっているから，非喫煙者には喫煙しない人がいるのである．

　因果的な説明が，与えられた相関関係を説明するようなきわめて明白な状況はたくさんある．例えば，病院にいるほとんどの人々が病気であることがわかった時，病院が健康に悪い施設であると考えることはないだろう．むしろ，病院に入院するということは，病気の結果なのである．しかし，しばしばそうした関係は，教育年数と年間所得の例のように，明白とはほど遠い場合がある．

　因果関係を確証するために，通常は統制された実験を実施することが好まれる．もしあなたが人々を異なるグループに無作為に割り当て，それぞれに異なる条件設定をした時に，それらの間の唯一の違いが想定される因果関係

だけであるなら，結果を観察した時に，実際に因果関係の変化（だけ）が想定された効果を生んでいるかどうかを調べることができる．しかしながら，そうした実験はしばしば実行不能であったり，倫理的に許されない場合がある．それらは，（教育の効果のように）長い時間を要したり，あるいは実験の参加者として社会全体の人々が必要であるために，実行不能であるかもしれない．また，人々の健康や教育，その他の長期的な幸福度に関わる要因を論じる場合には，倫理的問題はしばしば避けられない．

単なる相関関係から因果関係を見いだす助けとなる洗練された統計的手法が存在するが，それには限界がある．特に，株式市場の暴落や戦争などといった一回限りの出来事の原因を特定化することは非常に難しい．ここでのわれわれの目的にとっては，相関関係は因果関係を意味しないということを覚えておくと良い．人々はしばしば，必ずしも存在しない因果関係を推理しようとするし，またそうした推論をするようにと他人を誘導したりする．こうした場合，わずかばかり懐疑的になることが健全な考えのように思われるのである．

統計的有意性

問題 3.9 における対話は，携帯電話を使用することの潜在的リスクを無視するように説得しようとしたものではない．それは「統計的有意性」が何を意味するのかを思い起こしてもらおうとしたものなのである．統計的有意性というのは，仮説検定において用いられる難解な概念である．それは「第一種の誤り」を犯す確率の最大値のことである．これは次のことを意味している．あなたはある主張をしようとしている．その主張を A と呼ぼう．こうした主張をするという選択は，しばしば H_1 と書かれる．あなたが望んでいる結論 A の否定を定義し，これを「帰無仮説」と呼ぶ．これは H_0 と書かれる．この問題の例では，あなたが携帯電話はがんの原因であると主張したいなら，帰無仮説として，そうではないこと，つまり，携帯電話を使用する人々とそうでない人々の間で，がんになる確率には差がないことを主張することになる．それから，あなたは検定を実施する．サンプルを取り，どのよ

うな条件の下で H_0 を棄却できるかを決定する．このことを通じて，本当に主張したい結論Aを述べるのである．H_0 の棄却は，本当に主張したいことの肯定（つまり，H_0 の否定である H_1 が正しい）だと考えられるが，H_0 が棄却できないことは，（たとえ，それが「H_0 の採用」と言われることがあっても）それが真であることの証明にはならない．

　検定を行う前に，間違った主張をすること（第一種の誤り）と，真であるはずのことを棄却してしまうこと（第二種の誤り）がどれくらい許容できるか，その程度を決めておかないといけない．典型的には，これら2つの誤りの間にはトレードオフが存在し，どれくらい「棄却」しやすい検定であるかが，こうした誤りを犯す確率を左右することになる．

　ここで強調しておきたいのは，これらの誤りを犯す確率がどれくらいかについてはわからないということである．正確に言うと，H_0 が真である時（かつ，それにもかかわらずそれを棄却する時）のみ第一種の誤りが生じえて，また，H_0 が偽である時（かつそれを棄却しない時）のみ第二種の誤りが生じうるのである．したがって，両方の誤りを同時におかしてしまうような可能世界は存在しない．また，われわれがどの可能世界にいるのかに関する確率もわからないのである．**検定を実施する前でも後でも，H_0 が真である（あるいは偽である）確率はわからないのである．**

　では，ここで議論しているのは何の確率のことなのだろうか？　それらは単なる**条件付き**確率である．H_0 と整合的であるか，H_1 と整合的であるが，両方とは整合的ではないような1つの可能世界が与えられると，H_0 を棄却する（あるいは，それを棄却できない）確率を求めることができる．「第一種の誤りを犯す確率」とは，そうした条件付き確率の最大値のことである．それはあたかも，H_0 と整合的な（つまり，真である）すべての可能世界を考え，それぞれの可能世界において H_0 を棄却してしまう確率を計算した上で，最悪の事態を想定したようなものである．つまり，真であるにもかかわらず H_0 を棄却してしまう最大の確率を求めているのである．これが仮説検定において有名な「有意水準」なのである（それはしばしば α と書かれる）．

　それゆえ，有意水準とは，真でないにもかかわらずそれを正しいと主張してしまう確率に関するものである．それは，主張の内容そのものとは何の関

係もない．したがって，携帯電話の使用が脳腫瘍の確率を 0.0000302 から 0.0000303 へと増加させることも可能である．もしこれが正しいならば，「その確率は 0.0000302 以上ではない」という仮説は，十分大きなサンプルを取れば，どんな有意水準（$\alpha > 0$）を選ぼうとも棄却されることになる．だが，このわずかの確率の増加がどんな意味でも「真剣に受け取るべきもの」であるとは言えない．もちろん，これらの数字は非常に小さい数字である上に，2つの数字の間の相対的変化（0.0000302 から 0.0000303 への増加）がわずかしかないように人工的に選ばれたものである．また，強調するまでもないが，わたしは携帯電話の使用を推奨しようとしているのではない．わたしが望んでいるのは，「統計的有意性」とは何を意味しており，何を意味していないかを正確に覚えておいてほしいということなのである．

ベイジアン統計学と古典統計学

　問題 3.10 におけるメアリとポーラの間の会話は，仮説検定における統計的有意性の意味についての重要な問題を提起している．それはまた，実際には，信頼区間という用語において用いられている「信頼」の意味にもかかわっている．「信頼」や「有意性」といった用語は，「確率」という言葉を用いないようにするために選ばれていることに気づかれたかもしれない．その理由は，「信頼」や「有意性」は確率ではないからで，確率と混同しないためにそうしているのである．これには説明が必要だろう．

　信頼区間と仮説検定は古典的統計学において用いられる手法である．分布の集合を考え，データを観察し，どの分布がこれらのデータを生み出していると考えるのが一番もっともらしいかを見いだそうする古典的統計学の方法は，統計的推測の問題に取り組む際のもっともふつうのアプローチである．具体的に考えるために，その平均 μ は未知であるが，単純化のため標準偏差 $\sigma = 1$ であるような正規分布に従う確率変数 X があるとしよう．したがって，X については，その平均（期待値）を除く事柄はすべて知っているわけである．

　古典的統計学は「μ はいくらか？」という統計的推測の問題に関わるいく

つかの手法を提供している．ひとつは**点推定**というもので，その値が未知のパラメータ μ からそれほど離れていないと期待できるような単一の数をデータに基づいて計算するものである．ここで議論している問題では，さまざまな基準が選び出す点推定の値は，データの観察値の平均になる．もうひとつ別の手法は**区間推定**というもので，サンプルに依存して決まるその両端の間に未知のパラメータが含まれると期待されるような区間を求めるものである．そうした区間は，もし，それが未知のパラメータ μ を，例えば 95％ の確率で含むものであれば，95％ の信頼度をもつ**信頼**区間と呼ばれる．

いま確かに確率と述べた．それでは，先ほど「信頼は確率ではない」と述べたことはどういうことになるのだろうか？　ここに微妙な論点がある．つまり，サンプルを取る**前**の時点では，構成される区間には，サンプルを観察した後において，μ が 95％ の確率で含まれると言うことができる．例えば，もし 1 つの観察値しかとらないならば，つまり，n＝1 ならば，サンプルにおける単一の点 X は，95％ の確率で μ から標準偏差の 2 倍（$2\sigma=2$）以上は離れていないことになる．記号で書けば次のようになる．

$$\text{Prob}(|X-\mu|\leq 2)\cong 95\% \tag{3.1}$$

これは，確率変数 X に関する確率的な命題である．それは μ に関する確率的な命題ではない．μ は未知のパラメータであって，確率変数ではないのである．では，いったいこれらにはどんな違いがあるのだろうか？　われわれは μ がいくらかは知らないし，事実，サンプルを取った後でさえ，その値を知らないのである．古典的統計学においては，μ をある分布のもとで期待値や分散などをもった確率変数としては考えないのである．それは単なる数である．たまたま知ることのなかった数であって，確率変数ではないのである．すなわち，(3.1) 式は確率変数 X に関する確率的な命題なのである．μ のどんな特定の値に対しても，X の分布は知られており（ここでは $N(\mu,1)$ と仮定されている），それゆえ，**与えられた** μ の下での X に関する確率的な命題を述べることができるということを覚えておいてもらいたい．

(3.1) 式の美しさは，**μ がどんな値であろうとも**，それが（与えられた μ の下で X に関する）正しい確率的な命題であるというところにある．つまり，あ

らゆる可能な μ の値に対して，異なる確率モデルが存在する．これらのモデルのそれぞれにおいて，X は標準偏差が 1 の正規分布に従っている．これらのモデルは，X の期待値である μ について異なっている．しかし，正規分布という分布がもつ優れた性質の 1 つに，$X-\mu$ という差，つまり，平均からの乖離は同じ分布になるというものがある．これが，μ の値を知ることなく，X は 95％ の確率で μ から標準偏差の 2 倍（$2\sigma = 2$）以上は離れていないと述べることのできる理由なのである！

しかしながら，(3.1) 式は X に関する確率的な命題である．サンプルを取って観察してしまうと，例えば，$X = 4$ だったとすると，それでおしまいである．$[X-2, X+2] = [2, 6]$ という信頼区間を得ると，それが先験的には 95％ の確率で μ を含む**はず**の手順によって生成されたことを知ることになる．このことは，特定の区間 $[2, 6]$ が実際に μ を何らかの確率で含んでいることを意味しない．サンプルを取った後では，もはやどんな確率についても語ることができない．$[2, 6]$ が μ を含んでいようといまいと，そうなのである．古典的統計学においては，サンプルを取る前でも取った後でも，μ は確率変数ではないのである．それゆえ，μ についての不確実性は，（古典的統計学によれば）確率的な方法では数量化できないのである．

他の例が理解の助けになるかもしれない．1 つのサイコロを振り，Y がその結果だとしよう．先験的には，各々 1, 2, 3, 4, 5, 6 の目は 1/6 の確率で生じる．特に，

$$\mathrm{Prob}(Y = 4) = 1/6 \tag{3.2}$$

と書くことができる．これは，**サンプルを取る前では**，確率変数 Y に関する正しい確率的な命題である．サンプルを取った後では，Y の値をこの式に代入して，何か意味のあることを得ると期待することはできない．そんなことをすれば，Y がたまたま 4 になろうとなるまいと，得ることができるのは，（「$\mathrm{Prob}(3 = 4) = 1/6$」や「$\mathrm{Prob}(4 = 4) = 1/6$」といった）ばかげた表現だけである．いわば，あの確率的な表現は，確率変数 Y が確率的な値を取っている間に成り立つ命題である．いったん確率変数 Y の値が観察されると，もはや確率的なものはなくなるので，意味のある確率的命題を述べることはできなく

なる．以前に成り立っていた確率的な命題に，観察した確率変数の値を代入することは，確実にできなくなるのである．

　正確に同じ考えが命題（3.1）に適用される．それは，確率変数 Y に関する命題（3.2）と比較すると，確率変数 X に関する命題になっている．両方とも，問題になっている確率変数が観察される前までは意味のある命題である．だが，観察された値を代入すると，どちらも意味をなさない命題になる．唯一の違いは，命題（3.1）は一般的なひな形になっていて，μ がどんな特定の値を取ろうとも当てはまるものであるということである．しかし，（3.1）に X の値を代入することは，（3.2）に Y の値を代入することと同じタイプの概念的誤りを犯すことになる．

　それゆえ，古典的統計学では，未知のパラメータ μ について確率的に議論することができない．また，このことは，他の未知のパラメータにも当てはまることである．例えば，先ほどは $\sigma=1$ であることがわかっていると仮定されたが，σ の値はわからないと仮定する方がより現実的である．この場合，ほとんど何の助けにもならないかもしれない事柄，つまり，

$$\text{Prob}(|X-\mu|\leq 2\sigma)\cong 95\% \tag{3.3}$$

であることしか言えない．幸いにも，サンプルにおける（典型的には s と書かれる）標準偏差によって σ を推定することもでき，また，X と s のある組み合わせは，よく知られた（「スチューデントの t」）分布に従うことも言えるのである．その秘密は，サンプルに関するある種の関数（**統計量**）については，パラメータ μ や σ がわからなくても，その分布がどういうものか知られているという点にある．また，同様の考えが χ^2 や F といった分布に従うことが知られている統計量にも当てはまる．これらの統計量は，（未知のパラメータに依存しておらず）サンプルだけに基づいて計算することが可能であり，いくつかのパラメータに関する分布は知られていないという事実にもかかわらず，その統計量の分布は知られているのである．未知のパラメータのどんな値に対しても成り立つ（3.1）や（3.3）のような命題が必要な理由は，正確に言えば，これらのパラメータを量ることができないことにあるのである．

　仮説検定は非常に異なった統計的手法である．信頼区間とは反対に仮説検

定は，どんな推定にも使えるものであるというよりは，特定の問題に合うようにデザインされるものである．しかし，仮説検定と信頼区間に共通した重要な特徴がある．それは，これらの手法が未知のパラメータを確率変数としては扱わないということである．これらの手法は，それぞれの分布がどれだけの確率で発生するかを知らないという仮定の下で，未知の分布に関する何事かを述べようとするものである．

　すなわち，仮説検定における「有意性」という言葉は確率を意味していないのである．それは，分布が**与えられたという条件の下**での確率に関係している．例えば，ここで再び，X が平均 m で標準偏差 $\sigma=1$ の正規分布に従っていると仮定しよう．その上で，μ が正であると主張したいとしよう．そこで，その逆の μ が正ではないという仮説，つまり，

　　　$H_0 : \mu \leq 0$

を，対立仮説

　　　$H_1 : \mu > 0$

に対して検定し，もし H_0 を棄却することになったら，あたかも H_1 が証明されたかのようになる．

　この「検定」は，いつ H_0 を棄却すべきかを教えてくれる．例えば，X の値をただ 1 つだけ観察している（$n=1$）と仮定すると，帰無仮説が棄却される条件は

　　　$X > 2$

と決定できる．そこで，「間違った」判断をしてしまう確率はいくらかを考えてみよう．しかし，この確率は与えられた μ の値の下でのみ計算可能である．もし $\mu \leq 0$ なら，つまり，H_0 が真であるなら，間違った判断とはそれを棄却することで，正しくない仮説 H_1 を主張することである．これが統計検定における第一種の誤りである．この誤りを犯す確率はいくらだろうか？　それは μ に依存するのである．もし $\mu > 0$ なら，この確率はゼロである．この場合，$H_1 : \mu > 0$ という主張は真であり，この仮説を主張すること

は誤りではない（この時には，第二種の誤り，つまり，正しい主張を棄却するという誤りを犯す危険がある）．しかしながら，もし$\mu \leq 0$なら，第一種の誤りを犯す確率は単にH_0を棄却する確率となる．そうした誤りを犯すのは$X>2$の時，その時のみである．したがって，すべての$\mu \leq 0$に対して，第一種の誤りを犯す確率は

$$\mathrm{Prob}(X>2)$$

となる．この確率がいくらであるかは知ることができない．なぜなら，それはμに依存しており，μがいくらであるかもわからないし，μが取りうる値のそれぞれがいくらの確率で生じるかも知らないからである．ここで語ることができる唯一のことは，ただ上限だけである．つまり，この例では，第一種の誤りを犯す確率は，μが最大の時に最大になるということである．また，H_0と整合的なμの最大の値は$\mu=0$である．「有意水準」とはそうした確率の最大値で，$\mu=0$に対して計算される．つまり，

$$\mathrm{Prob}(X>2\,|\,\mu=0) \cong 2.3\%$$

となる．この議論で重要なことは，これは，μの値が与えられた上での確率変数Xに関して述べられたある事象に関する確率であるということである．それは，μに関する確率ではない．サンプルを取る前でも後でも，μに関する確率もH_0が真である確率も知ることはできないのである．

古典的統計学とは異なる，ベイジアン統計学というアプローチが存在する（この名前は，ベイズ的更新［事後確率］という考えを導入したトーマス・ベイズにちなんでいる[9]）．このアプローチに従えば，われわれが知らないどんな事柄も，確率的に定量化できることになる．例えば，もしμの値がわからないとしも，それに関する主観的信念を形成することができて，それがあたかも真に確率であるかのように取り扱うことができるのである．つまり，ベイジアン統計学では，μを「現実には」変化しない固定的なパラメータであるとみなすような枠組みを許容しているのである．しかしながら，古典的統計学とは反対に，ベイジアン統計学では，未知のパラメータは，われわれに関する限り確率変数であるかのようなものであると主張される．そこで，μに関する

確率的信念を形成することもできる．このことは，X と μ との結合分布を考え，X を観察して，ベイズの公式にしたがって，μ に関する確率を更新することができることをも意味する．

　ベイジアン統計学は，概念的な観点から見れば，古典的統計学よりもはるかに簡単なものである．「確率」に近いものであるが確率ではない「信頼」や「有意性」といった概念を扱う代わりに，ベイジアン統計学ではただ1つ，確率という概念のみを扱っているからである．原理的には，その確率は主観的なものである．もし μ が与えられた上での X の分布が $N(\mu, 1)$ であることを知っているなら，われわれの誰もが，この事実に合致した主観的確率を形成する．つまり，もし2人のベイジアン統計学者を連れてきたら，彼らの X と μ に関する結合分布は，μ に関する周辺分布については一致していないかもしれないが，μ が与えられた上での X に関する条件付き分布では一致しているはずである．また，このアプローチでは，頭を使って行うべきただ1つのことは，ベイズ的更新を用いることだけなのである．

　もしベイジアン統計学が概念的にそれほど単純であるなら，なぜほとんどの教科書では，複雑な概念に満ちた古典的統計学を教えているのか疑問に思うかもしれない．その答えは，主観的判断に関するわれわれの寛容さに存している．メアリが使用を検討している新薬とそれを巡る対話に戻って考えてみよう．FDA（食品医薬品局）はまだその薬を認可していない．それを認可するために，FDAは仮説検定を用いたさまざまな検査を実施することだろう．では，なぜFDAはベイジアン統計学を用いないのだろうか？　なぜなら，そうするためには，FDAはなんらかの主観的判断を導入しなければならないだろうからである．特に，FDAは新薬が危険であることに関する事前（条件なし）確率を得て，それからこの確率を採取したサンプルに基づいて更新し，事後（条件付き）確率を導き出さなければならないだろう．仮にもし，FDAが新薬が危険である確率がゼロであるところから計算を始めると，新薬に関して実施する実験の結果がいかなるものであろうとも，新薬が危険である事後確率もゼロになってしまう（どれほどの新情報がもたらされても，ベイズ的更新の結果，確率ゼロの事象に正の確率を付与することはできない）．他方でもし，新薬が危険である事前確率が1であるなら，事後確率も1になる．この2

つの例は，新薬に対する非常に極端な偏見を表現している．これら2つの偏見の間で，もっとより適切な事前確率の可能性が無限に存在する．しかし，どのような事前確率を選ぼうとも，それは結果に影響を与える．正確に言えば，どんな2つの異なる確率に対しても，一方の確率の下では新薬は安全なことを「証明」し，他方の確率の下では安全ではないことを示すようなデータが存在することを否定できないのである．

　確率的判断においてこうしたレベルの影響をもつような主観性は望ましくない．いったい誰がFDAの主観的確率を決定するのだろうか？　われわれはFDAのバイアスに依存した研究結果を受け入れられるだろうか？　絶対にそうではないだろう．FDAは一般市民に客観的な情報を提供する政府機関であると想定されているのである．でも，とあなたは言うかもしれない．どうしたら客観的な判断ができるのか？　人生において何事も完全に客観的なものはないはずだ．明示的にせよ暗黙的にせよ，われわれの結論に影響を与える仮定がいつも存在するのだから．その通りである．しかし，それは，われわれが客観的であるべきではないということは意味しない．また，これこそが古典的統計学がやっていることなのである．それは，可能な限り客観的な判断をしようと**試みている**のである．また，このために，古典的統計学では本来的に主観的である事前確率を仮定することを回避し，概念的に複雑な領域に踏み込むのである．

　しかしながら，メアリ自身についてはどうだろうか？　彼女は，望めば新薬を試すことができる．彼女はそうすべきだろうか，それともFDAによる認可を待つべきだろうか？　明らかにこのことは彼女が判断すべき問題であるが，次のようなアドバイスを与えることはできるだろう．「ねえ，メアリ．FDAはあらゆる可能な主観的要素を排除して仮説を検定しているわ．彼らは素晴らしい仕事をしているの．でも，あなた自身で判断を下すにあたっては，あなた自身の主観的判断を下しても，それはそれで何の問題もないのよ．ビッグメド社が安全でない薬をFDAの審査に提出することでその評判を落とすリスクは冒さないだろうとあなたが信じているなら，あなたのその判断と，ビッグメド社が実際に新薬を審査に提出したという事実を用いて，新薬が恐らく安全であるというあなた自身の判断を下すことができるのよ」．

この対話の中で触れられているように，われわれの人生においては，ほんのわずかな事実だけが確実なものである．また，新薬は，ビッグメド社のあらゆる検査をパスしたとしても危険なものである可能性がある．事実，それがFDAに認可されたとしても危険なものであるかもしれない．重要なのは，新薬が安全であることについてメアリが確信を持てるということではない．そうではなく，古典的統計学とベイジアン統計学は非常に異なった種類の問題に用いられるべき統計手法であるということが大事なのである．もしあなたが**何かを立証したい**，つまり，「客観的に（統計的に）証明された」ものとして受け入れられるだろう結論を主張できるようになりたいなら，用いるべき手法は古典的統計学である．もしあなたが自分にとって最善の選択となるような判断や**決定を行いたい**のなら，誰かを説得することなどに顧慮する必要はないので，選ぶべき手法はベイジアン統計学になるだろう．

　ほとんどの統計学の教科書は古典的統計学を教えている．何かを立証することを目的としている場合には，それは正しい方法である．古典的統計学は，例えば，そんなことがあってほしくはないが，もしあなたが裁判に訴えられた時に，あなたの作った製品が安全であるかどうかを検定するために用いられる．それは，あなたのアイディアが素晴らしいことを重役会議で説得する必要がある時に適用すべき手法なのである．また，それは，経済学やマーケティングにはじまって，生物学，心理学，それに物理学にいたるまで，あらゆる領域の科学的発見における主要な立役者なのである．しかし，古典的統計学は，必ずしもあなた自身の意思決定にとって最良の手法であるとは限らないことを覚えておくことは重要である．統計的データに直面した時には，あなた自身は何がやりたいのかを自問すべきなのである．それは，自分自身にとって最善の判断や決定をすることなのか，それとも他人に「証明」可能なある主張を行いたいのか？　その目的に基づいて，あなたの必要に最も合致している統計学的手法を選ぶべきなのである．

練習問題

1．債務不履行になっていないが，住宅ローンを払い続けている持ち家所有者がいる．その人がある月に支払いができなくなる確率は2.8%であ

るとする（債務不履行になった人は明らかに，確実に支払い不能である）．もしAさんが支払いできないとすると，彼が債務不履行になる確率はいくらだろうか？

a．2.8%
b．2.8%／[2.8%＋1]
c．1／[2.8%＋1]
d．それは決定できない
e．それは決定できるが，答えは（a）-（c）とは異なる

2．一流の新聞が，何人かのエコノミストによってなされたインフレ率の予測について追跡調査した．そこで，もっとも優れた成績であった5人を選び，今年のインフレ率を予想してもらった．その年の終わりになると，彼らの予測はそれほど当たっていないことが明らかになった．新聞記者は，トップ・エコノミストでさえ良い予測ができないほど，経済的に非常に荒れ狂った期間を過ごしているに違いないと結論した．この結論は，次のうちどれに該当するだろうか．

a．間違っている．それは，新聞記者の係留バイアスを反映している．
b．妥当である．なぜなら，その新聞記者もインフレ率がいくらになるかわからないのだから．
c．間違っている．それは平均への回帰に当たるだろうから．
d．非常にもっともらしいが，その新聞記者は利用可能性バイアスにさらされているかもしれない．

3．「わたしが出会った新聞記者のほとんどは軽薄だったわ．次の機会に軽薄な人に出会ったら，その人が新聞記者かどうか尋ねてみるわ」．
次の主張のうち，あなたはどれを支持しますか？

a．ほとんどの新聞記者が軽薄であることを知るには十分ではない．実は，ほとんどの人々が軽薄なのかもしれない．新聞記者の間とそうでない人々の間で軽薄な人々がどれくらいいるかを比較しなければいけない．
b．ほとんどの新聞記者が軽薄だとしても，軽薄な人のほとんどが新聞記

者であることは意味しない．
c．人々の間で新聞記者よりも軽薄な人が多くいると仮定すると，新聞記者の間での軽薄な人のパーセンテージは，軽薄な人々の間での新聞記者のパーセンテージよりも大きいはずである．
d．上記のすべて．
e．上記のどれでもない．

4．ファッションモデルは，それ以外の人々よりも頭が悪い傾向があると想定してほしい．この場合，以下のどれが正しいだろうか？
a．ファッション産業は，モデル業に頭の悪い人々を雇う傾向があると結論できる．
b．モデルとしての人生は頭の働きを悪くする傾向があると結論できる．
c．ファッション産業は，知性と負の相関をするというような基準に従ってモデルを選んでいると結論できる．
d．上記のすべて（すべての主張が妥当な結論である）．
e．上記のどれも正しくない．

5．あなたの友人は，トランスミッション機構に特化した自動車修理会社を経営している．あなたは彼に，それほど人気のないA型の車を購入しようと考えていると告げた．彼は次のように答えた．「やめておいたほうがいいな．俺は年がら年中そいつのトランスミッションを修理しているんだ．実際，その90％は俺が直しているのさ！」友人の経験に照らせば，どのようなことが言えるだろうか？
a．A型の車を購入すれば，90％の確率でトランスミッションが故障しているだろう．
b．A型の車を購入すれば，トランスミッションが故障している可能性は，そうでない可能性よりも高いだろう．
c．A型の車を購入すれば，他の型の車を購入した場合よりも，トランスミッションが故障している可能性は高いだろう．
d．上記のすべて．

e．上記のどれでもない．

6．ある種の遺伝病は劣性である．つまり，両親が共にこの病気の保因者である時のみ，その子供がこの病気を発症する．個人が保因者である確率は2%である．保因者である可能性のある両親のうちの1人が検査を受けたところ，保因者であることがわかった．両親のもう片方が検査を受ける前に，医師は言った．「まあ，心配しないでください．これまでこの病気の保因者であった人々を診てきましたが，両親が2人とも保因者であったことなどなかったのです！」あなたは医師の考えを支持するだろうか？

7．ある確率変数Xの期待値μを推定したい．そのために，1人は古典的統計学者，もう一人はベイジアン統計学者に仕事を依頼した．2人の統計学者の間の違いは次のどれか？
a．ベイジアン統計学者はサンプルを取る前でさえ，μについての推測を行うだろう．
b．ベイジアン統計学者はサンプルを全くとらないだろう．
c．古典的統計学者は信頼区間を計算するが，そこにパラメータμが含まれているとは本当のところ信じていない．
d．古典的統計学者は直観に反する答えを好む傾向がある．
e．上記のすべて．

8．信頼区間と仮説検定の間の違いとは次のどれか？
a．信頼水準は，単に事前の，サンプルを取る前の確率であるが，有意性は，サンプルを取った後でも確率である．
b．有意性は未知のパラメータの値の間の差を見るものであるが，統計検定の第一種および第二種の誤りを犯す確率を見るものではない．
c．信頼区間は汎用の推定手法であるが，仮説検定は特定の命題のためにデザインされるものである．
d．上記のすべて．

e．上記のどれでもない．

原注

1　Kahneman, D. and Tversky, A (1972) Subjective probability: a judgment of representativeness. *Cognitive Psychology*, 3, 430–454.
2　その定義と簡単な説明については付録 B を参照．
3　Tversky, A. and Kahneman, D. (1974) Judgment under uncertainty: heuristics and biases. *Science*, 185, 1124–1131.
4　Bernoulli, J. (1713) *Ars Conjectandi*［推測法］．
5　しかしながら，もしあなたが，自分自身の素晴らしい経験に基づいて，この学校からの候補者を面接することを選ぶなら，以下で議論するように，あなたは失望を予期しておくべきである．
6　社会的な領域では，このことはしばしば動機の帰属理論によって説明される．Heider, F. (1958) *The Psychology of Interpersonal Relations*. John Wiley & Sons, Inc. を参照．
7　Squire, P. (1988) Why the 1936 Literary Digest poll failed. *Public Opinion Quarterly*, 52, 125–133. を参照．
8　残念なことに，この赤ワインに関する説は最近疑問を投げかけられている．
9　Bayes, T. (1763) An essay towards solving a problem in the doctrine of chances. この論文の内容は，プライス氏の *Philosophical Transaction of the Royal Society of London*, 53, 370–418. に記されている．

第4章 リスク下の意思決定

はじめに

　少なくとも有史以来，人々は不確実性下において意図的で慎重な決定をしてきた．聖書には，自分の兄であるエサウに会おうとしていた時のヤコブについての記述がある．ヤコブは，ある理由のためにエサウを恐れていた[1]．ヤコブは自分が率いる民や動物たちを2つに分けることを決め，「エサウがやって来て，一方の組に攻撃を仕掛けても，残りの組は助かると思ったのである」(『創世記』32：9) と言った．明らかにヤコブは，不確実性下の意思決定問題に関する推論をしていたのである．彼は危険回避的であり，自分の財産すべてを守ることに賭けるよりも確実にその半分を守ることを好んでいたと見ることができる．つまり彼は，分散化の直感的なセンスを持っていたのだ．

　しかし，確率論が発明されたのは17世紀の中頃になってからのことである．当時でさえ，確率論が不確実性下における意思決定に直接応用されることはなかった．1738年にダニエル・ベルヌーイが「セント・ペテルスブルクのパラドックス」[2]を発表し，人々は賭けの期待値を最大化しているように振る舞うと考えるのは不自然であることを示した．その代わりに，人々が効用関数を持ち，賭けから得られる**効用**の期待値を最大化しようとするかのように振る舞うと彼は主張した．こうして，18世紀初頭には期待効用理論が確立されたが，この理論は以後の2世紀間ずっと支配的だった．経済学

がめざましい発展を遂げていた一方，意思決定理論は20世紀中頃になるまで存在していたわけではなかった．

しかし，その頃状況は急速に変わった．経済学は以前よりずっと数学化され，経済学の大部分においては，経済的予測が個人の行動理論に基礎づけられることが求められた．意思決定理論とゲーム理論は，社会科学を基礎づける異なる学際的分野として確立され，こんにちでは生物学やコンピュータ科学など別の領域を発展させるまでに拡張している．当時開発された大がかりな理論は，予見可能な未来についての洞察に富んだ指針として機能すると思われていた．しかし，実際の行動を予測する際のこうした理論の正確さにはすぐに疑問が投げかけられた．本章および次章では，不確実性下における古典的意思決定理論の主要な考え，およびそれに対するいくつかの主要な批判について説明する．

本章では，**リスク**，すなわち既知の確率を伴う状況における意思決定問題について取り扱う．カジノでギャンブルをしたり，公営宝くじを買ったりする時には，確率は既知であり，明示的にわれわれに知らされている．確率はまた，保険のようなより現実生活に近い設定においても，ほぼ間違いなく既知である．しかし，現実生活で直面する重要な問題の大部分では，確率は明示的に与えられないことが典型的であるし，必ずしも意味のあるかたちで「知らされる」とは限らない．この理由のため，本章は主に次章への準備と位置づけられる．始めにわれわれは，確率が与えられているという単純化した想定をする．その上で，そうした設定の中ではどのような意思決定様式が理にかなっているかについて理解しよう．その後で初めて，確率が与えられないより複雑な問題，すなわち**不確実性**下における意思決定に進むことにしよう[3]．

問題

以下の問題のそれぞれで，あなたは2つのくじのうち1つを選ぶことが求められる．「くじ」とは，ある金額の賞金とそれが得られる確率の組のことである．例えば，

A：0円　　　0.5

10万円　　　0.5

　Aは50%の確率で0円が当たり，50%の確率で10万円が当たるくじである．

　「確実な」くじは確率1で当たるくじとして表現される．

B：5万円　　　1

　Bは確実に5万円が当たる「くじ」である．

　2つのくじに関するあなたの選好を，

A<BまたはB>A

として表してほしい．

(2つのくじが無差別であればA－Bと表そう.)

▶ 問題 4.1
A：0円　　　　0.5　　　　　B：5万円　　　1
　10万円　　　0.5

▶ 問題 4.2
A：0円　　　　0.2　　　　　B：5万円　　　1
　10万円　　　0.8

▶ 問題 4.3
A：20万円　　 0.5　　　　　B：10万円　　 0.5
　40万円　　　0.5　　　　　　50万円　　　0.5

▶ 問題 4.4
A：20万円　　 0.5　　　　　B：10万円　　 0.4
　40万円　　　0.5　　　　　　50万円　　　0.6

▶ 問題 4.5
A：0円　　　　0.2　　　　　B：30万円　　 1
　40万円　　　0.8

▶ 問題 **4.6**

A：0円	0.2		B：4万円	0.6
4万円	0.6		5万円	0.4
10万円	0.2			

▶ 問題 **4.7**

A：0円	0.1		B：4万円	0.5
4万円	0.5		5万円	0.5
10万円	0.4			

▶ 問題 **4.8**

A：20万円	0.2		B：10万円	0.2
40万円	0.2		50万円	0.2
60万円	0.6		60万円	0.6

▶ 問題 **4.9**

A：20万円	0.2		B：10万円	0.16
40万円	0.2		50万円	0.24
60万円	0.6		60万円	0.6

▶ 問題 **4.10**

A：0円	0.8		0円	0.75
40万円	0.2		30万円	0.25

独立性の公理

問題 4.1 と 4.6 におけるあなたの回答を比べることからはじめよう．

問題 4.1

A：0円   0.5   B：5万円   1
　10万円   0.5

問題 4.6

A：0円   0.2   B：4万円   0.6
　4万円   0.6   　5万円   0.4
　10万円   0.2

あなたはどちらを選んだだろうか？　多くの人は2つの問題で同じ選択をしているだろう．つまり，両方でAを好むか両方でBを好むかである．こうした一貫性には理由がある．あなたは60％の確率で4万円もらえるか，40％の確率で問題4.1においてAかBかを選ばなければならないとしよう．つまり，最初に自然の手番があり，それはあなたの選択とは独立に決定される．その手番に基づいてあなたは問題4.1の選択を行うかもしれないし，選択を行わないかもしれない（確実に4万円もらえる）．あなたの選択はどのようなものになるだろうか？

あなたが問題4.1で行ったように選択することがもっともらしいと思われる．その理由を説明しよう．まず，問題4.1でも4.6でもない意思決定問題

■ 決定木 4.1a

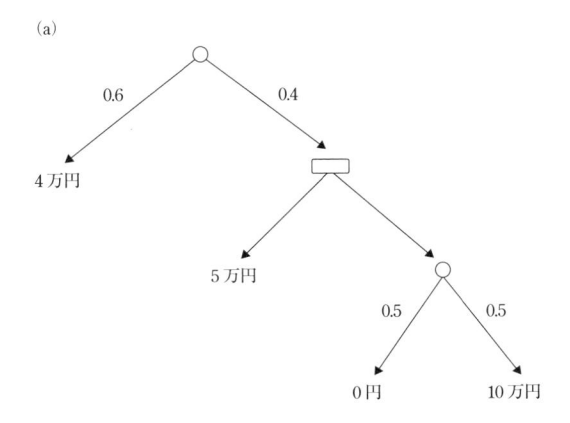

から考えよう（しかし，後にこの問題が問題4.1および4.6と似ていることを示す）．はじめに，60%の確率で4万円が確実にもらえるか，40%の確率で問題4.1の選択をしなければならないかを自然が決めるとしよう．この状況は決定木4.1aのように描くことができる．

　第2章のように，丸は**自然の手番**あるいは**確率で決まるノード**を表している．これは，あなたが決めることのできない無作為な選択である．また，長方形はあなたが決めることのできるノードを表している．丸（偶然のノード）から伸びている線上にある数字は，その丸に到達したという条件の下で，それぞれの枝にあなたがいる確率を表している．最初の丸の確率0.6と0.4はまた，自然が左か右かをそれぞれ選ぶ**条件なし**の確率である．なぜなら，決定木のいちばん最初には条件づけられるものがないからである．この段階では，確率0.6であなたは4万円という結果を（確実に）得て，ゲームは終了する．残りの確率0.4であなたは長方形に到達してそこで選択を行う．2番目の丸における確率（0.5，0.5）は，（自然の最初の手番と長方形でのあなた自身の選択の結果として，）この丸に到達することを所与とした場合の0円と10万円を得る**条件付き**確率を表している．

　長方形のノードから伸びる線には確率が記されていない．それは，確率がその問題を表す要素にはなっていないからである．つまり，選択を決めるのはあなた自身である．この例では，長方形のノードは1つしかない．もしあなたが左を選べば，5万円を（確実に）得て，もし右を選べば0円か10万円が50%-50%で当たるくじを得ることができる．

　最後の偶然のノードは，（結果，確率）という組のリストであるくじとしてより簡潔に表すことができる．上記の最後のノードは，50%で0円が当たり，50%で10万円が当たるため，（0円，0.5；10万円，0.5）と書くことができる．こうして，同じ決定木は，以下のように表現することができる．

■ 決定木4.1b（簡潔な表現）

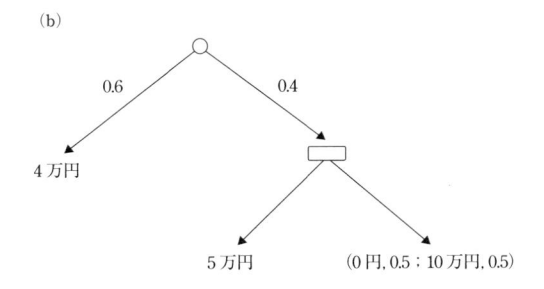

(b)

```
         ○
    0.6 / \ 0.4
       /   \
    4万円   □
          / \
         /   \
       5万円  (0円, 0.5 ; 10万円, 0.5)
```

　あなたは，長方形のノードに到達した場合の自分の選択についてゲームが始まる前に決めなければならないとしよう．実際に自然が右を選び，あなたがプレーをする機会を与えられるかどうかは誰も保証できない．しかしもしそうなれば，あなたには選択する必要が生じる．そして，（あなたが実際にプレーする機会があるかどうかについて知る前に）どうするかを決めなければならない．

　あなたはどうするだろうか？　以下の推論は非常に説得力があると感じるかもしれない．「もし自然が（最初のノードで）左を選び，わたしが4万円を得られれば，わたしが何を選ぶかは関係ない．従って，わたしは2番目のケースに注目すべきだ．しかしそこでは，問題は4.1と全く同じである！それゆえ，最初にもしプレーできるとしたら何を選ぶかということを尋ねられれば，わたしは問題4.1で選んだものと同じものを選ぶべきである」．

　しかし，もしあなたがこの帰結主義的推論を受け入れるならば，以下の決定木を見てほしい．

■ 決定木 4.2

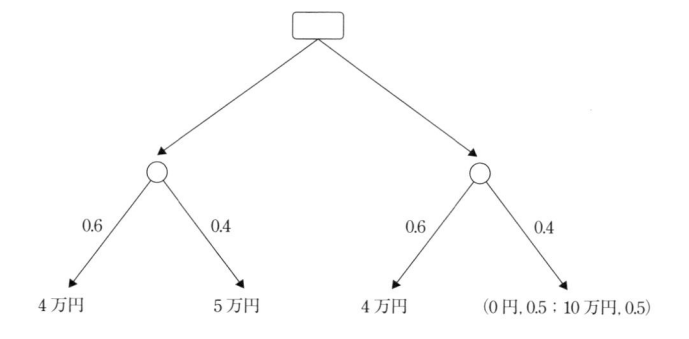

```
                ┌──┐
                └┬─┘
         ┌───────┴───────┐
         ○               ○
      ┌──┴──┐         ┌──┴──┐
    0.6    0.4       0.6    0.4
     ↓      ↓         ↓      ↓
   4万円  5万円      4万円  (0円, 0.5 ; 10万円, 0.5)
```

ここでは，あなたが最初に選択を行い，次に自然が選択を行う．しかし，あなたが何を選ぼうとも，自然の選択によって4万円を確実に得ることができるのは同じ確率である（60％）．そして，あなたが何を選ぼうとも，自然が右を選び，あなたの選択が問題となるのは40％である．従って，あなたは「先にわたしが選択をして次に自然が選択をするか，あるいはその逆の順序で選択を行うかは，全く関係ない．自然の選択によって確実に4万円もらえるのはどちらの場合でも60％の確率で起こることだが，もしそうなれば，自分の決定は関係がない．また，もし自然が右を選んだら，わたしの選択は前の決定木と全く同じになる」と言うだろう．

決定木4.2では，自然の選択が2つのケースで異なっていると考えられることに注意しよう．しかし，各ケースは同じ確率を持ち，2つの枝を同時に選ぶことができないため，問題にはならないだろう．

最後に，決定木4.2において，自分の選択に基づいてそれぞれの結果に到達する全体の確率を計算すると，それらは問題4.6の選択肢と全く同じになっていることがわかるだろう．もし左を選べば，(4万円, 0.6 ; 5万円, 0.4)というくじを得，もし右を選べば，(0円, 0.2 ; 4万円, 0.6 ; 10万円, 0.2)というくじを得る．

こうした議論を総合して考えると，われわれには問題4.1で4.6と同じ選択をする理由がある．ここに至るまで使った議論はどれ1つとして論理的必然性がないが，それらすべては非常に説得力がある．つまり，問題4.1は

決定木 4.1 の下位の木として記述されるため，この下位の木では問題 4.1 における選択と同じように選択を行うことは論理的だと言えるだろう（これは，帰結主義が示すものである）．そして，もし自然の手番の前に決定を行うならば，その決定を変える理由はないように思われる（これは動学的一貫性が示唆するものである）．また，決定木 4.1 と 4.2 で違っているのは手番の順序だけである．すなわち，もしあなたが先に選択をするならば，あなたは自然が行った選択に影響を与えることができない．最後に，決定木 4.2 における選択の全体の分布は，問題 4.6 と全く同じである．

次に進もう．問題 4.2 と 4.7 におけるあなたの決定を比べてみよう．ここでも，同じ推論を使えば，両者には関係があることがわかる．

問題 4.2

A：0 円	0.2	B：5 万円	1
10 万円	0.8		

問題 4.7

A：0 円	0.1	B：4 万円	0.5
4 万円	0.5	5 万円	0.5
10 万円	0.4		

以下のように描けば，（ゲームが始まる前に作られた）決定木全体の選択は問題 4.7 の選択と同等である一方，重要となる下位の木の選択は問題 4.2 の選択と全く同じになっている．

■ 決定木 4.3

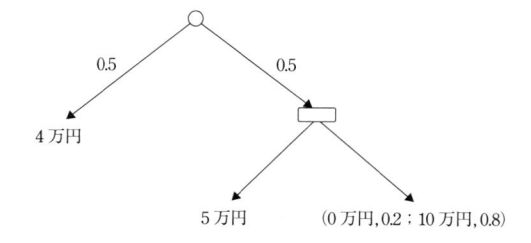

```
             ○
         0.5 / \ 0.5
            /   \
          4万円  □
                / \
               /   \
             5万円  (0万円,0.2；10万円,0.8)
```

次に，問題 4.3 と 4.8 を考えよう．

問題 4.3
 A：20万円 0.5   B：10万円 0.5
   40万円 0.5   50万円 0.5

問題 4.8
 A：20万円 0.2   B：10万円 0.2
   40万円 0.2   50万円 0.2
   60万円 0.6   60万円 0.6

もし，60万円を「取り出す」と，以下のように描くことができる．

■ 決定木 4.4

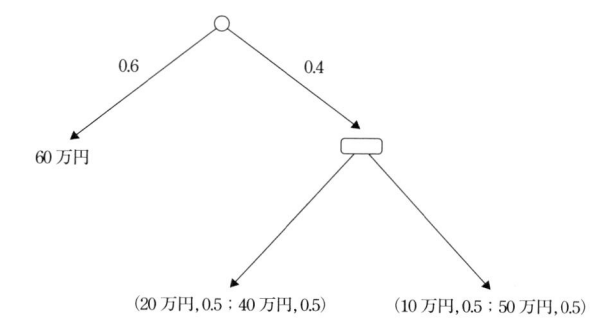

```
                ○
            0.6 / \ 0.4
               /   \
            60万円   □
                   / \
                  /   \
    (20万円,0.5；40万円,0.5)  (10万円,0.5；50万円,0.5)
```

ここでも同じ推論によって，問題 4.3 と 4.8 の選択は同じであることが示唆される．また，問題 4.4 と 4.9，問題 4.5 と 4.10 の構造は同じであるため，これらの問題における選択も同様に考えられる．

問題 4.4

| A：20 万円 | 0.5 | B：10 万円 | 0.4 |
| 40 万円 | 0.5 | 50 万円 | 0.6 |

問題 4.9

A：20 万円	0.2	B：10 万円	0.16
40 万円	0.2	50 万円	0.24
60 万円	0.6	60 万円	0.6

■ 決定木 4.5

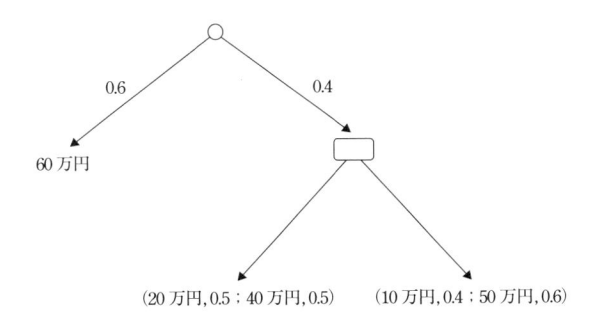

```
              ○
           0.6/  \0.4
           /      \
        60万円    □
                 / \
                /   \
    (20万円,0.5 ; 40万円,0.5)   (10万円,0.4 ; 50万円,0.6)
```

問題 4.5

| A：0 円 | 0.2 | B：30 万円 | 1 |
| 40 万円 | 0.8 | | |

問題 4.10

| A：0 円 | 0.8 | B：0 円 | 0.75 |
| 40 万円 | 0.2 | 30 万円 | 0.25 |

■ 決定木 4.6

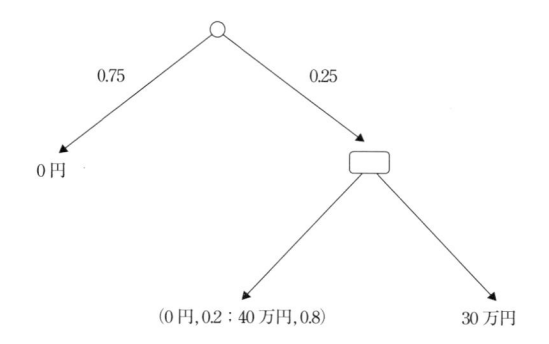

```
         ○
    0.75/ \0.25
      /    \
    0円    □
         /   \
        /     \
(0円,0.2：40万円,0.8)  30万円
```

　あなたは実際，いくつの問題の組で同じ決定をしただろうか？　非常によくある回答は，始めの4つの問題の組では同じ選択をするが，最後の組では異なる選択をするというものだ．以下で，最後の組について議論する．はじめに，基本的原則についてもう少し系統立てて考えよう．くじの組の選択を考えてほしい．それぞれのくじ P は，上記で見てきたように結果と確率のペアである．2つの決定木を考えよう．はじめは，2つのくじ P と Q から単に1つのくじを選ぶというものである．

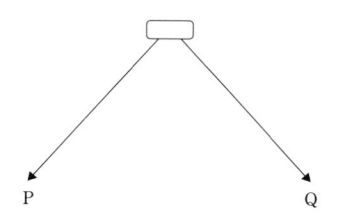

■ 決定木 I

```
       □
      / \
     /   \
    P     Q
```

　2番目の決定木では，自然が先に選択をする．あなたは，確率 $(1-\alpha)$ でくじ R をもらうことができる．この場合，あなたはこれ以上の選択をすることはない．確率 α であなたは P と Q の選択をすることができる．

■ 決定木 II

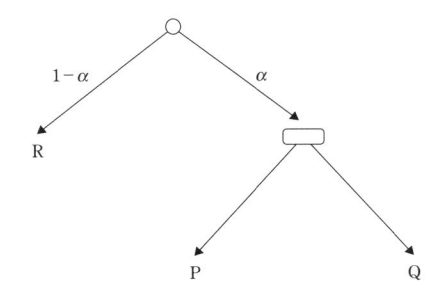

（ジョン・フォン・ノイマンとオスカー・モルゲンシュテルンによって定式化された）**独立性の公理**は，くじP，Q，Rがどんなものでも，決定木IとIIにおけるあなたの選択は同じになることを示唆している．問題4.1 – 4.10の回答は，たいていの人は多くの場合この公理に従う傾向があるが，それはすべての場合ではないということを示している．具体的には，上で言及したように人々は始めの4つの問題ではこの公理に従うが，最後の問題では公理に従わないことが一般に観察される．ここでは，もし人々が実際にいつもこの公理に従うとしたら，それが示唆するものが何であるか確認しよう．

フォン・ノイマンとモルゲンシュテルンの結果

1944年にジョン・フォン・ノイマンとオスカー・モルゲンシュテルンは，ゲーム理論を作り上げた[4]．彼らのプロジェクトの副産物は，以下の結果である．意思決定者はどんなくじの組でも比較ができると想定しよう．また，彼らは推移的に比較を行うと考えよう．つまり，Pは少なくともQよりも良く，Qは少なくともRよりも良いとしたら，Pは少なくともRよりも良いことになる．また，彼らの選好が「連続性」と呼ばれるより技術的な条件を満たすとしよう．その定式化についてはここでは立ち入らない．しかし，多くの人は選好の連続性について詳細に説明されれば，それは妥当な条件であることを理解すると思われる．最後に，最も重要なものとして，意思決定者は上記で述べた独立性の公理を満たすと想定しよう．そうすると，フォ

ン・ノイマンとモルゲンシュテルンが証明したところによれば，意思決定者の行動は効用関数の期待値を最大化しているように見なすことができるのだ．つまり，いかなるくじの組 P, Q についても，意思決定者がより高い期待効用をもたらすくじをつねに好む結果になるような，効用という数の割り当て方が存在する．

例えば，わたしの効用関数が

$u(0 円) = 0$
$u(4 万円) = 0.5$
$u(5 万円) = 0.6$
$u(10 万円) = 1$

であるとし，あなたは問題 4.1 と 4.6 におけるわたしの選択を予想したいと考えよう．問題 4.1 から始めよう．

問題 4.1

A：0 円　　　　0.5　　　　　　B：5 万円　　　　1
　　10 万円　　0.5

選択肢 A の期待効用は，

$0.5 \times u(0 円) + 0.5 \times u(10 万円) = 0.5 \times 0 + 0.5 \times 1 = 0.5$

となる．一方，選択肢 B の期待効用は，

$1 \times u(5 万円) = 1 \times 0.6 = 0.6$

従って，選択肢 B の期待効用は選択肢 A の期待効用よりも高い．もしわたしがフォン・ノイマンとモルゲンシュテルンの公理を満たし，上記の効用関数を持っているならば，わたしは A よりも B を好むだろう．

次に，問題 4.6 を考えよう．

問題 4.6

A：0円	0.2	B：4万円	0.6
4万円	0.6	5万円	0.4
10万円	0.2		

同じ種類の計算によって，選択肢 A は，

$0.2 \times u(0\text{円}) + 0.6 \times u(4\text{万円}) + 0.2 \times u(10\text{万円}) = 0.2 \times 0 + 0.6 \times 0.5 + 0.2 \times 1 = 0.5$

となり，選択肢 B は，

$0.6 \times u(4\text{万円}) + 0.4 \times u(5\text{万円}) = 0.6 \times 0.5 + 0.4 \times 0.6 = 0.54$

となる．従って，選択肢 B の方が高い期待効用をもたらす．上記の計算より，期待効用を最大化する人が独立性の公理を満たす理由についても理解することができるだろう．つまり，2つのくじの共通した部分（上記では，確率0.6で4万円が当たること）が相殺される一方，残りの部分は問題4.1で行った計算に比例している．この結果のより興味深い点は，その逆である．つまり，どのような3つのくじ P, Q, R についても独立性の公理を満たし，上で言及した他の公理も満たす人は，必然的に期待効用を最大化しているのである．

この定理は何を意味しているのだろうか？　記述的には，この定理は，期待効用を最大化する人はこれまで思っていた以上にわれわれの周囲にいることをわからせてくれるだろう．もしわたしが，効用の期待値を最大化することによって選択が予測可能となるような効用関数を持っているトレーダーが市場にどれだけいるかについてあなたに尋ねたとしたら，あなたはおそらく「それほど多くない」と答えるだろう．実際，こうした仕組みを全く考えていないトレーダーはたくさんいる．しかしこの主張は，期待効用最大化はトレーダーの心理プロセスを正確に描写するということを言っているわけではない．むしろこの仕組みは，（トレーダーが既知の確率に直面していると想定する場合）彼らの最終的な選択をうまく描写しているだろうと言っているにすぎない．そしてもし，独立性の公理を考慮して，期待効用を最大化することは，多かれ少なかれこの公理を満たすことと同等であることを思い起こせば（正

確に言えば，この公理と他の公理を共に満たすことが必要だが），より多くのトレーダーは上記のように描写されうると考えられるだろう．ファイナンス分野の多くの研究では，トレーダーが実際に期待効用最大化を行っていると想定し，トレーダーを特徴づける効用関数を実証的に推定しようという重要な試みもこれまで多くなされているため，この結果は重要である[5]．

　この定理には重要な規範的な含意もある．期待効用最大化によって描写されるかどうかわからない他のトレーダーのことは忘れて，あなたにとって何をすることが最も良いことかについて考えよう．われわれは既に，あなたが自分自身の決定について判断すべきであることに合意している．また，独立性の公理はあなたの選択を判断する1つの基準と言えるだろう．いくつかの例を見て独立性の公理を説明した後，わたしはあなたがその公理を満たすような人物でありたいかどうかを尋ねてみよう．あなたは公理に反する選択に満足しているだろうか？　あるいは，公理と整合的な選択にするためにメタレベルの選択を行うだろうか？　もしあなたの回答が，公理を満たしたいというものであれば，その定理は重要で有用なことを教えてくれる．それは，公理を満たす唯一の方法は，あなたがあたかも効用関数の期待値を最大化するかのように行動するということである．また，公理を満たすことを保証する単純なアルゴリズムが存在する．それは，効用関数を選び，その関数において最大の期待値をもたらすような選択肢を常に選ぶことである．さらに言えば，公理を満たすことを保証する他のどんなアルゴリズムもこのアルゴリズムと同値である．

　それゆえ，論理上次の段階はあなた自身の効用関数を見つけることである．その効用関数は，（期待効用最大化の枠組みで用いられた場合）あなたの選好を最も良く記述するものだ．それをする前に，あなたは常に公理を受け入れる必要もなく，常に公理に反する行動を取る必要もないことに簡単に触れておこう．古典的理論の紹介が終わった後，問題4.5と4.10に立ち返り，人々は多くの場合でこの公理を受け入れるものの意識的にそれとは異なる行動を取る場合がある理由について考える．もし，それらがあなたの選好であれば，期待効用という考え方，そしてわれわれが測定しようとしている効用関数はあなたが好むリスク下の意思決定様式の1次近似としてしか機能しないだ

ろう．

効用の測定

あなたはある効用関数の期待値を最大化するように選択を行うと想定しよう．そうすれば，あなたに残されたのは，どの関数が自分に最もよく適合しているかを決めることだけだ．ここではうれしい驚きが用意されている．あなたは，3つの異なる結果をもたらすくじの間の選好を決めさえすれば良い．実際，もし2つの結果をもたらすくじと1つだけの結果をもたらすくじからなるどんなくじの組についても比較することができれば，あなたは自分の効用関数を正確に示すことができることになる．このことは，あなたがこうした単純な状況において自分の選好を知れば，自分の効用関数を理解したことになり，より複雑な状況においてもその関数と整合的な決定をする唯一の方法を見つけられることを意味している．

表4.1に示された例を考えよう．あなたは2つのくじPとQから1つを選ばなければならないとする．

PかQかの選択は非常にわかりにくいと思われるかもしれない．Pはリスクがより小さいように思われる．Pは少なくとも2万円を約束する一方，Qでは賞金が当たらないかもしれない．しかし，10万円が当たる確率はQの方がずっと大きい．あなたはどうすべきだろうか？

■ 表4.1　2つのくじPとQ

円で測った結果 x	Pの下での確率, $P(x)$	Qの下での確率, $Q(x)$
0	0	0.10
2万	0.10	0.20
4万	0.20	0.20
6万	0.40	0.05
8万	0.20	0.15
10万	0.10	0.30

あなたの効用関数を測定あるいは推定するというアイデアは以下のように

行われる．関数は，測定の単位とゼロの位置を除いては一意に決まる．つまり，特定の関数を選択する時には，2つの自由度があるということだ．これは，温度を測定する時の自由度と似ている．華氏から摂氏に温度を変換する時にわれわれは，正の定数を掛けて定数を加える（または引く）ことによって線形変換をしている．効用関数の測定においても，ちょうど同じ自由度がある．見方を変えれば，0の効用をもたらす結果と1の効用をもたらす結果を選ぶことができ，（1は0よりも良いと考えれば）残りは一意に決定される．

最悪の結果を0，最善の結果を1とすることで，問題を単純に考えよう．

$u(0) = 0$
$u(10万) = 1$

では，2万円の効用がどの程度であるかをみつけよう．関数がお金に対して線形であるとは前提しないで，あなたが以下の選択肢のうちのどちらを好むかを尋ねることから始める．

A：0円　　　　0.8　　　　　　B：2万円　　　　1
　　10万円　　 0.2

選択肢Aの期待効用は，

$0.8 \times u(0円) + 0.2 \times u(10万円) = 0.8 \times 0 + 0.2 \times 1 = 0.2$

である一方，選択肢Bの期待効用は，

$1 \times u(2万円) = u(2万円)$

となる．もしAとBとの間が無差別であれば，

$u(2万円) = 0.2$

となっていなければならない．こうなれば幸運にもわれわれの仕事は終わり，上記の意思決定問題においてあなたの選好を表す$u(2万円)$の唯一の価値を見つけることができたことになる．この価値は2万円の結果をもたらす期待効用の計算の際，将来にわたってずっと使えるものである．幸運でない

場合，2つのケースを区別しなければならない．もしあなたがBよりもAを好むならば，

$u(2万円) < 0.2$

となる．一方，AよりもBを好むならば，

$u(2万円) > 0.2$

となる．答えがどのようなものでも，選択肢Aで10万円をもらえる確率をいろいろに変えることによって，選択肢A，B間が無差別になるような確率を見つけることができる．例えば，あなたがAよりもBを好むならば，以下の比較を尋ねるだろう．

A′：0円　　　　　0.7　　　　　　　　B：2万円　　　　1
　　10万円　　　　0.3

これは，$u(2万円)$ が0.3より大きいか小さいかを尋ねている．最終的には

A′：0円　　　　　$1-p$　　　　　　　B：2万円　　　　1
　　10万円　　　　p

が無差別となるような p の値を見つけることができるだろう．これは，$u(2万円) = p$ であることを意味している．

4万円，6万円，8万円という他の結果についてもこのような質問を続ければ，それぞれの効用の値を見つけることができる．各回の質問では，非常に単純な比較のみを行っている．一方は確実な結果であり，もう一方は2つの結果についてのくじである．こうした単純な質問は効用関数を一意に決定づけるのに十分である．もしあなたがこのアイデアに共感するならば，あなたが使おうとしている効用関数を評価する上で非常に力強い道具になるだろう．

危険回避度

問題4.1に戻ろう．あなたは，くじ（A）と確実な結果（B）とを比較した．この場合，確実な結果はたまたまくじの期待値と同じになっている．

$$0.5 \times 0 円 + 0.5 \times 10 万円 = 5 万円$$

これは，あなたがこの2つの選択肢で無差別でなければならないことを意味しているのだろうか？　答えはそうではない．期待値は数字として表された確率変数全体の分布を単一の数字によって要約する1つの方法にすぎない．確率変数についての情報をもたらすものには，中央値や最頻値など他の値もある．さらに言えば，確率変数のばらつき，また，くじの場合にその危険度を計測しようとする際には，確率変数の標準偏差を計算することもできる．実際，選択肢Aは正の標準偏差を持つくじである一方，選択肢Bはゼロの標準偏差を持つ．こう考えると，最も高い期待値を持つ確率変数を選ばなければならないと主張する確率理論はない．確率変数が独立であるような同じ条件の下での意思決定問題に繰り返し直面した場合には，大数の法則のために，期待値が非常に大きな意味を持つことがわかるだろう．この場合，たくさんの確率変数の平均は，非常に高い確率でその期待値に近づく．しかし，上記のような1回限りの意思決定問題では，それほど多くの意味を持ちえない．

確率変数の期待値とは対照的に，期待効用はより多くの意味を持つ．上記で議論したように，フォン・ノイマン＝モルゲンシュテルンの定理は，あなたはある効用関数の期待値を最大化するかのように振る舞うという非常に緩やかな想定をしている．この定理は，あなたがどの関数を選ぶべきかを示しているわけではなく，単にあなたの好みを表す関数が存在することを言っているにすぎない．もしあなたの効用関数がお金に対して線形であれば，つまり，あるパラメータ $a > 0$ と b について

$$u(x 円) = a \times x + b$$

であれば，

$u(x\text{円}) = x$

であると想定することもできる（なぜならフォン・ノイマン＝モルゲンシュテルン効用関数は線形変換に対して不変であるため，単に $a=1$ および $b=0$ と想定することができる）．この場合，期待効用を最大化する人は，**期待値を最大化する人でもある**．つまり，彼はより高い期待値をもたらすくじを選ぶことになる．しかし，多くの意思決定者はこのように振る舞わない．特に，もしあなたが問題4.1でAよりもBを好むならば，あなたのフォン・ノイマン＝モルゲンシュテルン効用関数（あなたがそれを持っているとして）は線形ではありえない．

（Aのような）くじそのものよりも（Bのような）くじの期待値を常に好む意思決定者は，**危険回避的**であると言われる．もし意思決定者がフォン・ノイマン＝モルゲンシュテルン関数 u の期待値を最大化しているならば，危険回避的であることは，効用関数が凹であることと同義となる．これは，関数のグラフが常にその弦よりも常に上に位置することを意味している．より具体的には，ある金額 x, y を取り，グラフ上の2つの点 $(x, u(x))$, $(y, u(y))$ を結ぶ線分を考えよう．もし x と y の間で関数のグラフが2つを結ぶ線分よりも（強く）上にあれば，その関数は（強く）凹である（図4.1を参照のこと）．

関数 u が凹であることがなぜ危険回避的であることと関係しているのかを見るために，問題4.1のような単純なケースを考えよう．あなたのもっている財産の水準が W だとして，わたしがあなたに公正なコインを使った1万円の賭けを提案したとしよう．つまり，確率50%であなたは1万円獲得し，財産は $W+1$ 万となる．また，確率50%で1万円失い，財産は $W-1$ 万となる．あなたの賭けの結果は以下の分布を持つ確率変数 X として考えることができる．

$$X = \begin{Bmatrix} +1\text{万} & 0.50 \\ -1\text{万} & 0.50 \end{Bmatrix}$$

もし賭けに参加したら，あなたは $W+X$ の財産を持つことになる．つまり，確率変数は，

■ 図4.1 凹関数

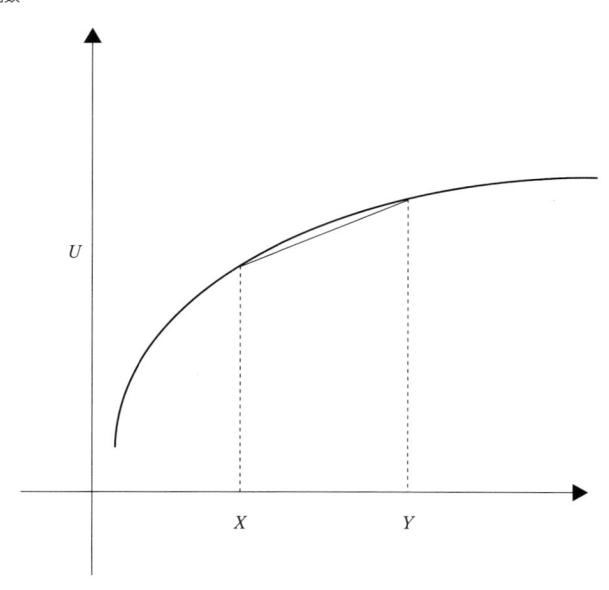

$$W+X = \begin{Bmatrix} W+1\text{万} & 0.50 \\ W-1\text{万} & 0.50 \end{Bmatrix}$$

となる．

もしあなたが賭けに参加しなければ，財産は確実に W のままである．関数 $u(x)$ の期待値を最大化すると想定すれば，あなたの決定はどのようなものになるだろうか？

図4.2に示された図を考えよう．もしあなたが賭けに参加しなければ，あなたは W を確実に保有したままであり，効用は確率1で $u(W)$ である．このことは，期待効用は $u(W)$ であることを意味している．

あなたが賭けに参加したら，あなたはリスクのある変数 $W+X$ を得る．この変数は $W+1$ 万または $X-1$ 万のいずれかを等しい確率で取る．それゆえ，あなたにとって，この財産からの効用は50%で，$u(W+1\text{万})$ であり，50%で $u(W-1\text{万})$ となる．つまり，期待効用は，

$$E[u(W+X)] = 0.5 \times u(W+1\text{万}) + 0.5 \times u(W-1\text{万})$$

■ 図 4.2 効用関数 u が凹であることは危険回避的であることを意味する

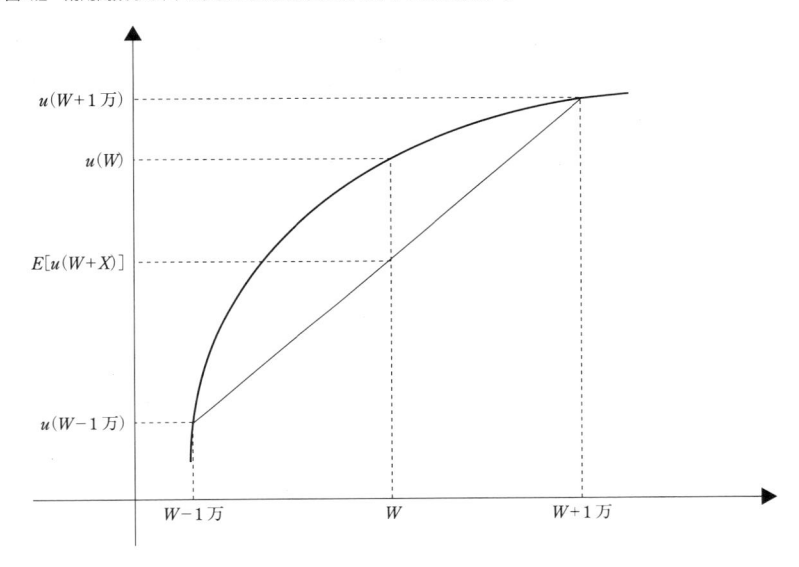

となる．これは，縦軸の $u(W+1万)$ と $u(W-1万)$ の中点である．この点は，弦の W の点に一致する．つまり，$(W, E[u(W+X)])$ は $(W-1万, u(W-1万))$ と $(W+1万, u(W+1万))$ を結ぶ線分のちょうど中点となっている．グラフが示すように，もし関数 u が凹であれば，$u(W)$ の値は $E[u(W+X)]$ の上に位置する．つまり，$W+X$ の期待値の効用はその確率変数の効用の期待値よりも高くなっている．もし賭けの確率が 50%-50% でない場合でも，あるいは利得と損失が等しくない場合でも，これが真となる理由について想像できるだろう．グラフで見れば，線分は賭けの期待効用を表している（つまり，賭けに勝った時と負けた時の 2 つの極端な値の線形結合になっている）一方，関数のグラフは期待値の効用を表している．実際このことは，2 つの値のみを取る確率変数だけでなく，あらゆる確率変数について真である．つまり，すべての確率変数について効用の期待値が期待値の効用よりも**低い時かつその時に限り**，関数 u は凹である（退化した場合には等号がなりたつ可能性もある．その場合は，リスクは関係しない）[6]．

　人が**危険愛好的**（または**危険追求的**）な行動を取りうることも想像できるだ

ろう．これは，意思決定者が確率変数をその（確実な）期待値よりも好むことを意味している．期待効用を最大化する人にとっては，この行動は効用関数が**凸型**であることと同義である．この関数は，その弦よりも常に下に位置している（図4.3を参照のこと）．

経済学やファイナンスでは，一般に危険回避性が想定されている．実際，われわれが保険を契約する時，われわれは危険回避的だろう．つまり，保険料は期待損失額よりも高くなっている．どうやったらそれがわかるだろうか？　保険会社は単一の顧客に保険を販売するわけではない．保険会社は，多かれ少なかれ独立し，おそらく同じようなリスクに直面している多くの顧客に保険を販売している．すなわち，保険会社はおおまかに言って独立で同一の分布をする多くの確率変数に直面している．従って保険会社は，大数の法則に基づいて平均損失を非常に高い正確さ（そして非常に高い確率）で計算している．もし保険会社が期待損失額よりも低く保険料を設定したら，その会社はお金を失うことになるだろう．それゆえ，少なくとも多くの場合，保険会社は期待損失額よりも高く保険料を設定すると想定することができる．

■ 図 4.3　凸関数

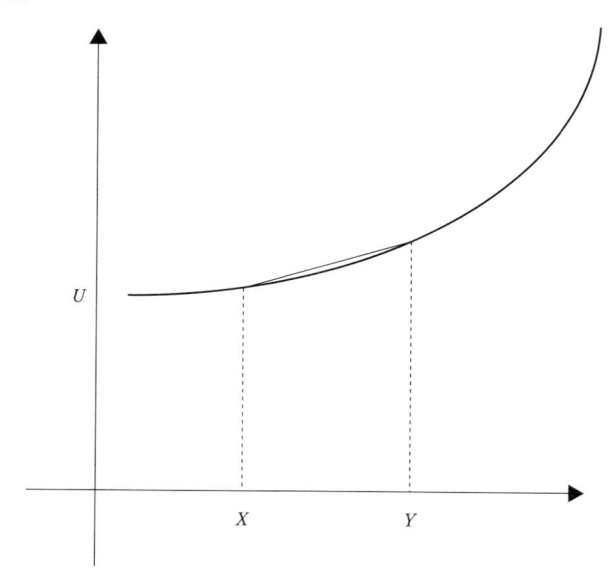

なぜ，個人としてはそれでも保険を契約するのだろうか？　それは，単一の確率変数に直面した場合，われわれにとって期待値はそれほど多くの意味を持たないからである．もし危険回避的であれば，リスクの負担を取り除くために，われわれは進んで保険の契約をするだろう．しかし，この説明では保険会社の顧客が危険回避的であるということが確かに想定されている．危険愛好的な顧客は期待損失額よりも高価な保険料を支払って保険を契約しないだろう．この論理によれば，少なくともこの問題では，保険を買う人は皆，危険回避的に行動するということになる．

カジノでのギャンブルは典型的な逆の例として挙げられる．わたしがカジノでギャンブルをする時には，ある額のお金を持ってカジノに入っていく．そして，いくらかの金額を支払ってゲームに参加する．そのゲームは，参加料を支払う代わりに不確実な賞金を獲得するというものだ．もし，期待利得がプレーの費用よりも高ければ，非常に割がいい．その場合，あなたはわたしがゲームに投資すると考えるだろう．不確実な賭けにお金を投じるが，それは高い利益をもたらす確率が十分高く，結果として正の期待値をもたらすからである．しかし，カジノが正の期待利得を持つギャンブルを提供することは全くありえない．その理由は，再び大数の法則にある．もしカジノがそのようなギャンブルを提供したら，多くの独立の顧客に対しての同一のギャンブルとなるため，カジノはお金を失ってしまうだろう．実際，カジノのゲームでは確率が厳密に定義されており，計算すればそれは負の期待値を持っていることがわかる（既に指摘したが，ブラックジャックは例外である．もしどのカードが引かれたかについて数えて，覚えていることができれば，正の期待値を得ることができる）．

明らかに，同じ論理は州営宝くじにも当てはまる．期待収益は参加の費用よりも低いことが証明できるだろう．実際，州は大数の法則のために資金を集めることができる．ちょうど危険回避的な人が保険を契約するのと同じように，危険愛好的な人だけが州営宝くじを買うように思われるだろう．しかし，（例えば，家を失う危険のために）保険を買うと同時に宝くじを買う人はどのように考えればいいのだろうか？　彼らは危険回避的なのだろうか？それとも危険愛好的なのだろうか？

そのような行動は，(すべての領域で) 凸でも (すべての領域で) 凹でもない関数の期待効用を最大化することによって説明されうる．つまり，利得が小さい場合には凹になって利得が大きい場合には凸になっていれば，こうした行動は説明できるだろう (図4.4を参照のこと)．

図4.4の関数の下では，ある富の水準 W から始まってくじ (またはカジノ) で約束された当たる可能性のある賞金に沿って上を見ると，危険愛好的に行動し，確実な期待値よりも賭けを好むことになる．しかし，財産を失うなど可能性のある損失に沿って下を見ると，危険回避的に行動し，保険を購入することになる．

この説明には少々問題がある．なぜならこれは，保険と宝くじを同時に購入する**すべて**の個人が効用関数の屈曲点付近にいなければならないことを意味しているからだ．もしそのような個人がたくさんのお金を得たら，彼らはこの関数の凸の部分にいることになり，保険を買うのをやめるだろう．しかし，われわれは金持ちが自分の資産に保険をかけ，貧しい人が金持ちよりも宝くじを買う傾向があることを確かに目にしている．実際には，屈曲点が富の水準と共に「動く」と考えた方が実際により理にかなっているように思われる．しかしこのことは，われわれは富の実質的な水準ではなく，富の変化，

■ 図4.4 部分的に凹で部分的に凸な関数のグラフ

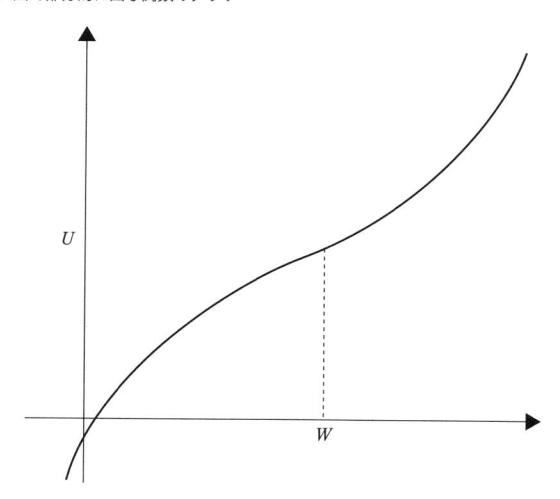

つまり既に持っている富と比較した富に定義される効用関数を持っていることを意味している．こうした考えは，この後すぐに議論するプロスペクト理論の重要な貢献につながるものだ．しかし，ギャンブル行動を金銭的利得を伴った期待効用理論の枠組みに当てはめるべきなのかどうかは明らかでない．ギャンブラーにとっての利得の大部分はギャンブルをすることに対する興奮，くじの結果を待つのに費やす時間，獲得した賞金を何に使うかを空想すること，幸運の女神にお祈りすることであると考えた方がより理にかなっていると思われる．こうした非金銭的利得はどれも上記のくじの「結果」では捉えられていない．また，効用関数の曲率によってそれらを理解すべきかどうかも明白ではない．

　経済学およびファイナンス理論は経済主体や投資家などを特徴づける効用関数の関数形を特定しようとし続けている．危険回避度の計測には，絶対的な基準や現在の富に対する相対的な基準などいくつかの手法がある．絶対的危険回避度一定，相対的危険回避度一定を生み出す関数形は理論的および実証的研究において最も広く使用されてきた．しかし，これらを説明することは本書の範囲を超えている．

プロスペクト理論

　独立性の公理に戻ろう．あなたは，この公理と関係のある5つの選択の組があったことを覚えているだろう．この公理に従えば，あなたは問題4.1と4.6，問題4.2と4.7，あるいはその他の問題で，それぞれ同じ回答をしていなければならない．始めの4つの問題ではこの公理に従うが，最後の問題ではそれに従わない結果となるのが非常に一般的であることを見てきた．最後の問題とは，以下のようなものであった．

問題 4.5

A：0円　　　　0.2　　　　B：30万円　　　1
　　40万円　　0.8

問題 4.10

| A：0円 | 0.8 | B：0円 | 0.75 |
| 40万円 | 0.2 | 30万円 | 0.25 |

　多くの人は問題 4.5 で B を選ぶが，問題 4.10 で A を選ぶ．さらに，独立性の公理がこの文脈で説明された場合，多くの人はその論理を理解するものの，この例では公理に従いたくないと主張する．その理由を尋ねられると，彼らはしばしば問題 4.5 では，選択肢 B を選べば確実な賞金が得られるからであると言う．

　この例はカーネマンとトヴェルスキーによって提案されたものであるが[7]，それは（1950年代に遡って）モーリス・アレが生み出した例に基づいている[8]．彼らは，この例は「確実性効果」を示すものだと主張した．つまり，それは確実性が生み出す「追加ボーナス」のようなものである．

　同じ種類の別の例を考えよう．今回の例には確実に賞金が得られるような選択肢はない．

問題 4.11

| A：0円 | 0.2 | B：0円 | 0.6 |
| 1億円 | 0.8 | 2億円 | 0.4 |

問題 4.12

| A：0円 | 0.9992 | B：0円 | 0.9996 |
| 1億円 | 0.0008 | 2億円 | 0.0004 |

　典型的な選好のパターンでは，問題 4.11 では B よりも A を好むが，問題 4.12 では A よりも B を好むというものである．またもやこれは独立性の公理に反している．問題 4.12 のくじで賞金を獲得できる確率は，問題 4.11 のくじで賞金を獲得できる確率を 1000 で割っているだけであることが確認できるだろう．確率の比（A で 1 億円を獲得できる確率と B で 2 億円獲得できる確率の比）は 2 つの問題で同じである．独立性の公理はこれらの問題の間で同じ選

択をすることを示唆していた．実際に，問題 4.11 において 0.001 の確率で問題 4.11 のくじが当たり，0.999 の確率で賞金ゼロとなるようなくじを「混ぜる」と，問題 4.12 のそれぞれのくじと同じものになる．しかし，問題 4.11 では，人々はしばしば「そうだ，僕が億万長者になる確率は 40％よりも 80％の方がいい．たとえ，40％の確率でより多くのお金をもらえるとしてもだ」と言う．対照的に，問題 4.12 で賞金を獲得できる確率は非常に小さいため，人々はそれを無視しがちだ．カーネマンとトヴェルスキーは，この現象を「共通比率効果」と呼んだ．実際，問題 4.5 と 4.10 の異なる選択も共通比率効果で説明することができる．

　カーネマンとトヴェルスキーは，その名がタイトルに付けられた有名な論文で，リスク下の意思決定についての期待効用理論に代わる理論として「プロスペクト理論」[9]を提唱した．この理論の1つの特徴は，人々は提示された確率に対して非線形に反応すると主張している点である．その主張によれば，意思決定者は，自分が直面している確率を歪んだ形で認識しているかのように振る舞う．つまり，彼らの実際の行動における利得に暗黙的に割り当

■ 図4.5　確率が歪んだ関数の典型的なグラフ

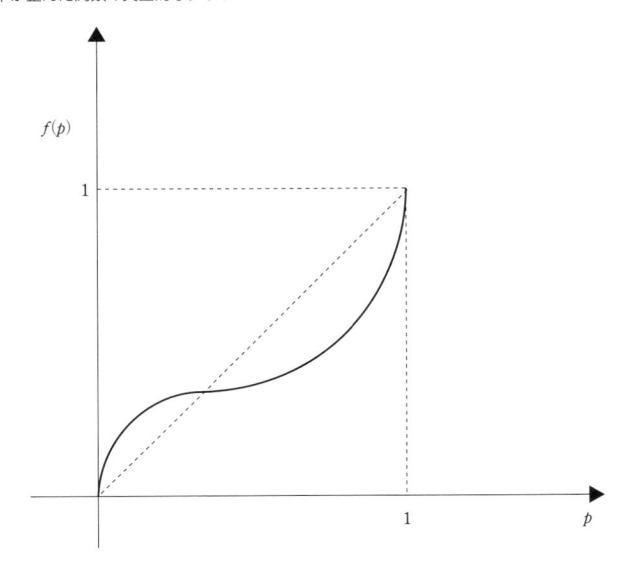

第 4 章　｜　リスク下の意思決定

てられた**決定の重み付け**は，確率に対して線形ではない．具体的には，意思決定者は図4.5のような関数 f を持っていると想像しよう．この関数は狭義の増加関数であり，$p=0$ で0を取り，$p=1$ で1を取る．その値は，小さい確率に対しては45°線の上に位置し，大きい確率に対してはその下に位置していると考えられる．こうして意思決定プロセスにおいては，小さい確率は大きく感じられ，非常に大きい確率（1に近い確率）は実際よりも小さいように扱われる．

$i=1,\cdots,n$ について p_i すべての合計が1となるような確率 p_i で x_i 円の賞金が獲得できるかもしれない賭け（prospect）があると想定しよう（賭けについてはこの後すぐに説明する）．フォン・ノイマン＝モルゲンシュテルンの期待効用理論では，意思決定者は適切に選ばれた関数 u について

$$p_1 u(x_1) + p_2 u(x_2) + \cdots + p_n u(x_n)$$

を最大化すると考えられている．対照的に，プロスペクト理論[10,11]の1つのバージョンでは，意思決定者は

$$f(p_1)u(x_1) + f(p_2)u(x_2) + \cdots + f(p_n)u(x_n)$$

の最大値を取ると考えられている．上記で言及した独立性の公理に反する例はこの理論を使って説明できることがわかるだろう．

しかし，プロスペクト理論にはもう1つ別の重要な要素がある．それは，人々が利得と損失を異なるように扱うと主張している点である．こうした区別を付けるために，プロスペクト理論では，意思決定者は金額を比較するにあたって，ある**参照点**を持っていると想定される．参照点よりも高い金額は利得として，参照点よりも低い金額は損失として認識される．カーネマンとトヴェルスキーは，人々は利得と損失に対して異なった反応を取ると主張した．とりわけ，人々は損失を回避しようとする．この**損失回避性**は，人々が少ない金額よりも多い金額を好むという明白な事実以上のことを言っている．損失回避性は，ある金額が参照点に対して損失だと認識されたら，人は利得と認識された場合の同じ額よりも重大な結果ととらえることを示唆している．プロスペクト理論では，人々は富の**絶対的な水準**ではなくその**変化**に反応す

ると考えている点が重要である．カーネマンとトヴェルスキーは，リスク下の行動を支配する関数として**価値関数**という用語を使った．効用から**価値**へという用語の変更は，関数が期待効用理論とは違った形で解釈されることを想起させる．価値関数は，金額の総額を表すために依然として実数上で定義されるが，その数値は富の絶対水準ではなく参照点からの変化を表している．

　カーネマンとトヴェルスキーが唱えた参照点と**利得と損失の非対称性**というアイデア，および絶対的水準ではなく変化に反応するという考え方は，心理学における別の現象と関係している．（1947年にハリー・ヘルソンが発表した）順応水準理論[12]は，われわれの知覚の多くは与えられた刺激の水準に順応するとしている．目の瞳孔は光の水準に合わせて拡大したり縮小したりするし，われわれは匂いや背景の騒音に慣れたりもする．こうした現象の背後にある論理は，われわれの心は新しい情報をもたらす周囲の変化に反応し，意味のある新しいデータをもたらさない不変の刺激を無視しがちであるということである．しかしこのことは，われわれが何から何まで順応するということを意味しているわけではない．実際，わたしが自分の手を火にかざすとしたら，「なるほど，確かに火だ．わたしはそこに火があることを既に知っていた」とは言わないだろう．むしろ，火に手をかざした時に手が熱くなって痛みを感じるほどになれば，手を引っ込めるだろう．一般に，明白で差し迫っている危険があれば，何らかの行動が必要であるために順応は起こらないだろう．しかし，たとえば夜が近づき暗くなれば，わたしはそれを変えることはできないし，暗闇そのものには差し迫った危険はない．従って，瞳孔を大きくすることで少ない光の水準に合わせることができれば，それは理にかなっている．より一般的に言えば，深刻な危険がある場合を除けば，われわれをとりまく刺激の絶対的水準に反応するのではなく，その相対的変化に反応することは合理的である．

　1955年にハーバート・サイモンは，**限定合理性**の理論を提案した．彼は，人々は最適化を行っておらず，むしろ**満足化**[13]を行っていると主張した．その意味するところは次の通りである．人々は心の中に自分のパフォーマンスについてのある**要求水準**を持って問題に取り組む．自分のパフォーマンスがその水準以上である限り，彼らは満足してどんなことでもそれをやり続ける．

自分のパフォーマンスがその水準を下回っていることに気づけば，彼らは行動に出る．彼らは他に何ができるかを見つけようとし，他の選択肢を使って試行錯誤したりする．特にサイモンは，経営者のモデル化を行っていた．経営者は，しばしば情報がほとんどないにもかかわらず，非常に多くの決定をしなければならない．彼らは各々のそしてすべての問題を詳細に分析することは恐らくできないため，物事がそれほど大きな問題でなければ，それらを変えない．しかし，彼らは問題が噴出した際には，それらを確実に解決する．

カーネマンとトヴェルスキーの参照点は，新しいアイデアであり，サイモンの要求水準やヘルソンの順応水準とは異なっている．しかし，こうした考え方は，心理学におけるいくつかの理論が，人間は絶対的水準に反応するわけではないこと，特に利得の尺度におけるある点が特別な役割を演じているであろうことについて一致していることを意味している．

本書の初めにあった問題 2.2 と 2.13 を思い出した読者もいるかもしれない．そこでも利得と損失の非対称性という特徴があった．これらの問題では，同じ賞金額（10万円，15万円，20万円）が一方では（10万円に対する）利得として提示されたが，他方では，（20万円に対する）損失として提示され，2つの問題で異なる行動が取られるのが典型的な結果であった．これらは，フレーミング効果の一例である一方，カーネマンとトヴェルスキーによって実証された利得と損失の非対称性，とりわけ損失回避性に影響されている．一般に，カーネマンとトヴェルスキーは，よく見られる危険回避的な現象は，損失の領域ではなく，利得の領域で典型的に見られると主張している．実際，損失の領域では人々はしばしば危険愛好的になることが観察されており，この領域での彼らの価値関数は凹ではなく凸となる傾向がある．この現象に対する彼らの説明は，人々はリスクを楽しんでいるわけではなく，多くのものを失うことを嫌う．そこで人々は，確実な（中程度の）損失を避けるために，より大きな損失を被るかもしれない賭けに出るのだろうというものだ．確実に5万円を失うことよりも10万円を失う（あるいは何も失わない）50%–50%の賭けを好むのは，こうした行動の例である．

なぜわれわれはそれほど損失回避的なのだろうか？　可能な説明はたくさんある．一般にわれわれは自分が努力して獲得できる結果の水準がどの程度

なのかを知らないが，過去に既に手にしている水準ならば獲得可能であるように思う．それゆえ，獲得可能な結果をみすみす逃すことがないようにするのは良い考えだと言えるだろう．また，自分が持っていたものを失うことは，社会的環境の中で面目を失うことも意味するかもしれない．周囲の他人はわれわれが落ち目であると考え，われわれの競争相手とより良いつきあいをするかもしれない．従って，われわれが何かを失うのを嫌うことは理解できるし，結果が次第に悪くなるという経験をしたり，自分が愚かな決定をしたと感じたりすることにとりわけ大きな痛みを感じるのももっともなことである．

　これは合理的なことだろうか？　ここでもその答えは主観的である．そして，賦存効果の場合のように，その答えは恐らく応用する場面に依存するだろう．次の3つのシナリオを考えてみよう．

シナリオ1：わたしは政治家である．わたしはあるプロジェクトを推進しており，そのプロジェクトにはこれまでに5000万円投資してきた．しかし，それはそもそも良くない構想だった．わたしのアドバイザーは，プロジェクトは中止すべき時に来ているかもしれないと言った．プロジェクトにあと5000万円投資すれば，成功してこれまでの投資で生じた損失額を相殺できるかもしれない．そうすれば，これまでの投資を正当化できるだろう．しかし，同じ確率でより大きな失敗，つまり計1億円を失う可能性もある．わたしはどうすべきだろうか？

シナリオ2：わたしは既婚者だ．わたしは家の財産運用を任されており，友人のビジネスに50万円の投資をしてきた．しかし，そのビジネスの状態は思わしくない．友人は，さらなる投資がないと，これまでの投資がすべて回収できなくなると告げてきた．わたしはあと50万円投資することができる．投資した場合，50%の確率で経営が改善されて初期投資が回収できるようになるが，50%の確率で2回目の投資額も失う．わたしは更なる投資をして賭けに出るべきだろうか？　それとも損切りをすべきだろうか？

シナリオ3：シナリオ2と同じだが，今回「わたし」は独身者だとしよう．

シナリオ１から始めよう．政治家として有権者の前に行き，「あの5000万円を覚えていますか？　ええと，これは良くないアイデアでした．われわれはその資金を失ってしまいました．しかし，もう一度わたしに投票してください．そうすれば，次はもっと良い決断をします」と言うのは全く感心できない．むしろ「確かに，これは大きく重要なプロジェクトです．複雑な状況になっていますが，最後までやり抜かなければなりません」と言った方がより良い言い方に聞こえる．２番目の言い方は最低でもいくらかは人の心を引きつけるが，最初の言い方は政治的な自殺のように思われる．

　実際，政治家にとっての利得は，彼らが使った金額ではなく，政治家で居続けられる確率である．失敗や損害を出してしまえば，この確率は劇的に減少するだろう．それゆえ，政治家がそのような告白を避け，損失回避的になるのは完全に合理的であると言えるだろう．

　次にシナリオ２を考えよう．ここでわたしが扱っているのは自分の資金である．しかしわたしには妻がいる．彼女は，わたしのことを賢いと思うかもしれないし，そう思わないかもしれない．もしわたしが損失を認めたら，わたしは面目を失い，妻は他の決断においてもわたしの判断を信用しなくなるだろう．わたしは夫の立場を失うということはないだろうが，わたしのケースと政治家のケースでは類似点がある．それは，われわれには，後になってからわれわれが行ったことを確認する「有権者」という観衆がいる点だ．

　最後にシナリオ３を考えよう．ここでは，わたしは１人きりであり，ごまかす相手もいない．わたしは「確かにわたしは失敗を認めないために投資を続けることができる．しかし，これは賢い決定ではないことはわかっている．わたしは誰を欺こうとしているのだろう？　そんなことよりも損失を切った方が賢いかもしれない」と言うことができる．

　多くの人は，損失回避は政治家にとっては完全に合理的であると判断するだろう．しかし，損失回避は（シナリオ３の）人にとっては合理的でないだろう．シナリオ２はその混合的なケースである．損失回避が合理的であると思う人もいるだろうし，合理的でないと思う人もいるだろう．ここでも，損失回避はあなたが拒絶するような現象であろうと，合理的であるとしてあなたが積極的に受け入れるものであろうと，一般化した答えを出す必要はない．

損失回避はある場面ではあなたにとって合理的であるが，他の場面ではそうではないということが十分考えられるからだ．

練習問題

1． あなたは，確実に7万円もらうことと，80％の確率で10万円もらう（そうでなければ何ももらえない）ことが無差別であるとしよう．また，確実に3万円もらうことと，60％の確率で7万円（今度は10万円ではない！）もらうこと（そうでなければ何ももらえない）が無差別であるとしよう．2/3の確率で10万円が当たるくじAと，50％-50％の確率で3万円と7万円が当たるくじBを考える．もしあなたがフォン・ノイマン＝モルゲンシュテルンの理論に従っているとすれば，あなたは

a． BよりもAを好む
b． AよりもBを好む
c． AとBは無差別である
d． この情報からは判断できない

2． メアリはフォン・ノイマン＝モルゲンシュテルンの公理が好きであり，彼女はこの公理に従って意思決定をしたいと思っている．慎重に検討した結果，彼女は以下が無差別であると判断した．

確実に4万円もらうことと，50％の確率で10万円もらうこと（そうでなければ何ももらえない．）

確実に6万円もらうことと，80％の確率で10万円もらうこと（そうでなければ何ももらえない．）

メアリには，（0円，4万円，6万円，10万円）が等しい確率（25％）で当たるくじが4万円の費用で提示されている．彼女は賭けに応じるべきだろうか？　それとも賭けをせずに4万円をとっておくべきだろうか？

3． 州営宝くじは，1枚100円で売られている．この宝くじは確率1/2,400,000で1億円が当たるが，当たらなければ何ももらえない．

a． 1枚の宝くじを売ることから州が得られる期待収益はいくらだろうか？

b． 収益を高めようとするために，州は賞金を2億円に上げて，当選確率を 1/4,800,000 に下げた．統計の専門家によると，期待賞金額は全く同じなので，収益を高めることにはならないと言った．あなたはどう思うだろうか？

4． カーネマンとトヴェルスキーの価値関数は，損失の領域で凸であり，人は損失が出た場合には危険愛好的に行動するとしばしば指摘される．このことをふまえると，人々が実際に（保険料が期待損害額を上回るような）保険を契約することは，どのように解釈することができるだろうか．

原注

1. ヤコブはエサウが受けるはずの長子としての祝福を父から不正に受けていた．彼らが再会した時，エサウは強力な軍隊を率いていた．しかし，このエピソードはハッピーエンドで終わっている．
2. Bernoulli, D. (1738) Exposition of a new theory on the measurement of risk. *Econometrica*, 22 (1954), 23–26.
3. リスクと不確実性という用語のこの区別については，Knight, F. H. (1921) *Risk, Uncertainty, and Profit*. Houghton Mifflin によって提案された．
4. von Neumann, J. and Morgenstern, O. (1944) *Theory of Games and Economic Behavior*. Princeton University Press.
5. 例えば，Mehra, R. and Prescott, E. C. (1985) The equity premium: a puzzle. *Journal of Monetary Economics*, 15, 145–161. を参照のこと．
6. これはジェンセンの不等式として知られている．
7. Kahneman, D. and Tversky, A. (1979) Prospect theory: an analysis of decision under risk. *Econometrica*, 47, 263–291.
8. Allais, M. (1953) Le comportement de l'homme rationnel devant le risque: critique des postulats et axioms de l'Ecole Americaine. *Econometrica*, 21, 503–546
9. Kahneman and Tversky (1979)．注7を参照のこと．
10. このバージョンはカーネマンとトヴェルスキーの原論文では発表されなかったし，後にその理論を適応させた論文でも発表されていない．この式はエドワーズ（注11参照）が提案したものである．詳細を述べることは，本書の範囲を超えている．
11. Edwards, W. (1954) The theory of decision making. *Psychological Bulletin*, 51, 380–417.
12. Helson, H. (1947) Adaptation-level as frame of reference for prediction of psychophysical data. *American Journal of Psychology*, 60, 1–29.
13. Simon, H. A. (1955) A behavioral model of rational choice. *Quarterly Journal of Economics*, 69, 99–118.

第5章 不確実性下の意思決定

はじめに

　これまでの章では，確率が明示的に与えられている場合，あるいはそれが知られていると仮定できる場合が扱われてきた．いよいよ確率が明示的に与えられていないか，存在する統計的データからは推論できないような問題に移ることにしよう．こうした問題には，われわれの生活の中のより重要な問題の多くが含まれることに注意してほしい．翌月に株式市場が暴落する確率は，明示的に書き下すことはできないし，存在するデータから推論することもできない．同様に，これから2年の間に中東で戦争が勃発するかということもまた，われわれがその確率を知らないという意味で不確実であるような事象の例である．同じことがまた，職業や配偶者の選択といった，多くの個人的意思決定についても成り立つ．あなたが結婚する時には，誰もあなたが離婚する確率がいくらであるかを教えてくれないし，その確率を計算するのに一般的な統計を参照してもそれほど役に立たない．また，あなたが新しいビジネスや新しい職業人生を始める際にそれが成功する確率を考える時にも，同様の不確実性が存在する．

　本章で記述し，批判的に検討する考え方の1つは，確率が与えられていなくても，不確実性について推論するにあたって，確率論という数学的理論が利用可能であるというものである．この考え方は，どんな意味でも「本当のもの」である必要はないが，われわれの信念を反映しており，より良い意

思決定に利用されるような確率関数が利用可能というものである．こうした考え方は既に第2章において，**主観的確率**を利用することによって確率合成の誤謬を避けることができることについて述べた際に紹介している（リンダを銀行の出納係であるとみなすよりも，銀行の出納係であると同時にフェミニスト運動の活動家とみなしやすいという例を思い出してほしい）．

確率論の発明においてもっとも重要な人物としばしば考えられているブレーズ・パスカルが，主観的確率を用いた最初の人物でもあったというのは興味深い歴史的事実である．その有名な賭けにおいて，パスカルは神への信仰の問題に対して非常に近代的なアプローチを採用している．彼以前や以後の人々が試みたように，神が存在することを証明しようとする代わりに，パスカルは神の存在に関する形而上学的問題を避け，個々人の意思決定問題について議論したのである．つまり，神を信じることを選ぶのか，そうではないのかという問題である．神を信じることを肯定するパスカルの主要な根拠は，死後の利得は無限大であるが，この世での快楽から得る利得は有限であるという仮定に依存している．それゆえ，神が存在する確率がどれほど小さくても，神を信じたほうが得なのであるとパスカルは論じるのである．明らかに，「神が存在する確率」は主観的確率，つまり，不確実性を数量化する1つの方法として述べられたものである．さらに言えば，パスカルの議論は期待利得最大化の一種でもあった[1]．すなわち，パスカルは期待効用最大化の考え方を示唆した最初の人物であり，かつ，彼はそれを主観的確率の文脈で使用したのであった．

以下の問題は，ややありふれた事柄を扱っている．しかし，それらは同じ問題に導くことになる．つまり，いつどのような形で，われわれは，不確実性に直面した時に，自分たちの信念を数量化し，より良い意思決定をするために，確率論という道具を用いることができるのかという問題である．

問題

以下の10題の問題において，あなたはいくつかの「賭け」を選ぶように尋ねられる．特定の事象が生じると，賭けは特定の結果を生み出す．いくつかの事象は現実的に起こる不確実な出来事を表しているが，中にはコイン投

げやルーレットのようなランダムな仕組みに従って生み出される出来事もある．

問題 5.1 – 5.10 においては，将来においてのみ知られる可能性のある 2 つの事象が生じたならば，同じ賞金が得られることが約束されている．そうした問題では，あなたが A を選んでも B を選んでも，同じタイミングでその利得が得られるのだと想像してほしい．

▶ 問題 5.1

1 万円をもらうとしたら，次のどちらの場合を好むか？

A：2 月 1 日に雪が降った時にもらう

B：ルーレットの出目が 3 になった時にもらう

▶ 問題 5.2

1 万円をもらうとしたら，次のどちらの場合を好むか？

A：あなたのとなりに座っている学生がこの授業で A の成績を取った時にもらう

B：公平なコインを 2 回続けて投げて，どちらも表が出た時にもらう

▶ 問題 5.3

1 万円をもらうとしたら，次のどちらの場合を好むか？

A：あなたが次に乗る予定の飛行機が 1 時間以上遅れる時にもらう

B：ルーレットの出目が 0 – 5 の範囲になる時にもらう

▶ 問題 5.4

1 万円をもらうとしたら，次のどちらの場合を好むか？

A：ダウジョーンズ工業株価平均（DJIA）が，年末に少なくとも現在の値以上である時にもらう

B：公平なコインを投げて表が出た時にもらう

▶ **問題 5.5**
1 万円をもらうとしたら，次のどちらの場合を好むか？
A：アメリカ合衆国の次期大統領が民主党から出た時にもらう
B：公平なコインを 1 回投げて表が出た時にもらう

▶ **問題 5.6**
1 万円をもらうとしたら，次のどちらの場合を好むか？
A：2 月 1 日に雪が降らなかった時にもらう
B：ルーレットの出目が 24 以外である時にもらう

▶ **問題 5.7**
1 万円をもらうとしたら，次のどちらの場合を好むか？
A：あなたのとなりに座っている学生がこの授業で A より悪い成績を取った時にもらう
B：ルーレットの出目が 24 より小さい時にもらう

▶ **問題 5.8**
1 万円をもらうとしたら，次のどちらの場合を好むか？
A：あなたが次に乗る予定の飛行機が時間通りに到着する時にもらう
B：公平なコインを 2 回続けて投げて，少なくとも一度は表が出た時にもらう

▶ **問題 5.9**
1 万円をもらうとしたら，次のどちらの場合を好むか？
A：ダウジョーンズ工業株価平均 (DJIA) が，年末に現在の値を下回る時にもらう
B：公平なコインを 1 回投げて表が出た時にもらう

▶ **問題 5.10**
1 万円をもらうとしたら，次のどちらの場合を好むか？

A：アメリカ合衆国の次期大統領が共和党から出た時にもらう
B：公平なコインを1回投げて表が出た時にもらう

▶ 問題 5.11
今日と明日との間でのダウジョーンズ工業株価平均（DJIA）の変化率（％）に基づいて，2つの資産が提示されている．この変化率を Δ とする．あなたは以下のどちらの資産を得ることを好むか？

A：$1\% < \Delta$ ならば 10 万円
　　$0 < \Delta \leq 1\%$ ならば 20 万円
　　$-0.5\% < \Delta \leq 0$ ならば -10 万円
　　$\Delta \leq -0.5\%$ ならば 0 円

B：$0.8\% < \Delta$ ならば -10 万円
　　$-0.1 < \Delta \leq 0.8\%$ ならば 10 万円
　　$-0.7 < \Delta \leq -0.1\%$ ならば 5 万円
　　$\Delta \leq -0.7\%$ ならば 2 万円

▶ 問題 5.12
「レッツ・メイク・ア・ディール」（訳註：モンティ・ホールという名の司会者が出演していたアメリカの人気TV番組）というテレビ番組でのゲームについて，次のようなバージョンを考えてみよう．A, B, Cという印のついた3つのドアがあり，そのうち1つのドアの後ろに賞品（車）が隠されている．残り2つのドアの後ろには賞品は隠されていない（ヤギが入れられている）．過去にこのゲームがプレーされた様子を見た経験から，車がA, B, Cそれぞれのドアの後ろに隠されている確率は等しいことが疑問の余地なく仮定できるとする．

あなたはどれか1つのドアを指定するように促される．あなたが選んだドアを開ける前に，どこに車が隠されているか知っている司会者（モンティ・ホール氏）が，ドアを1つ開ける．彼は，(i) あなたが指定したドア以外で，(ii) 車が隠されていないドアを開けなければならない（ドアは3つあるので，必ずこのような選択が可能である）．それからあなたが選択する番である．あ

なたがはじめに指定したドアを開けるか（「固持」），まだ司会者が開けた方ではない，閉じられているもう 1 つの方のドアを開けるか（「変更」），そのどちらかを選べる．あなたは，最終的に開けると決めたドアの背後にある賞品を得ることができるので，あなたの目標は車を得る確率を最大化することである．あなたはどうすべきだろうか？

a．はじめに選んだドアを固持すべきである
b．別のドアに変更すべきである
c．どちらでもかまわない

▶ 問題 5.13

以下の対話にコメントしなさい．

マーティン：問題はいま，価格を切り下げるべきかどうかだ．
ベロニカ：そうすれば，たぶんより大きな市場シェアを得るでしょうけど，顧客 1 人当たりの利益は低くなるわ．典型的なトレードオフね．
マーティン：ああ．だが，それは競争相手次第さ．俺はあいつらが価格を切り下げるつもりなのかそうでないのか，わかっちゃいないんだ．
ベロニカ：そんなことを気にするべきだとは思わないわ．もし競争相手が価格を切り下げるなら，あなたも同じく価格を切り下げるべきだし，もし相手が価格を切り下げないなら，価格を切り下げることで，市場最安値を付けたあなたが競争に勝てるんだから．
マーティン：なんでそうなる？ その推論によれば，価格をゼロにする羽目になるじゃないか．
ベロニカ：そうね，利益はゼロではないかもしれないけど，ゼロに近いものになるわね．良くあることよ．これって「囚人のジレンマ」と関係あることなの．どちらも価格を切り下げないなら両社にとって利益になるけど，個々の企業にとっては価格を切り下げることが合理的なんだから．
マーティン：う〜ん．
ベロニカ：大事なのは，競争相手が何をしようと，あなたは価格を切り下げるべきだってことよ．相手が何をするつもりなのかを気にかける必要はない

の．だから，いますぐ価格を切り下げたほうがいいわ．

▶ 問題 5.14

あなたの前に2つの壺があり，それぞれに100個のボールが入っている．壺Aには赤のボールと黒のボールがそれぞれ50個ずつ入っている．壺Bには100個のボールが入っていて，それは赤か黒のボールであるが，赤のボールと黒のボールがそれぞれ何個ずつ入っているかは知らされない．

あなたは壺を選び（AかB），それからどちらかのボールの色（赤か黒）を選択するように尋ねられる．あなたが自分の選択を宣言すると，あなたが選んだ方の壺からボールが1つランダムに引かれる．引かれたボールがあなたの選んだ色であった場合，あなたは1万円を得る．そうでない場合は何も得られない．

それゆえ，4つの可能な選択があることになる．

AR — 壺Aから赤のボールを引くことに賭ける
AB — 壺Aから黒のボールを引くことに賭ける
BR — 壺Bから赤のボールを引くことに賭ける
BB — 壺Bから黒のボールを引くことに賭ける

以下に示す4通りの賭けのペアを比較した場合，あなたが好むものは左右どちらだろうか？　それぞれ答えてほしい．

a．AR ＿ AB
b．BR ＿ BB
c．AR ＿ BR
d．AB ＿ BB

▶ 問題 5.15

90個のボールが入った壺が1つある．それぞれのボールは，赤，青，黄のどれかである．壺には赤のボールがちょうど30個入っていると告げられる．すなわち，残り60個のボールは青か黄であるが，そのうち何個が青で，何個が黄かは知らされない．

その壺の中からボールが1つランダムに引かれる．あなたは以下の4通りの賭けのペアを比較して，それぞれについてどちらの方を選ぶか尋ねられる．あなたが選んだ方の賭けに記された事象が生じた場合には10万円が得られるが，そうでない場合には何も得られないとする．

a．「引いたボールが赤であることに賭ける」対「引いたボールが青であることに賭ける」
b．「引いたボールが赤であることに賭ける」対「引いたボールが黄であることに賭ける」
c．「引いたボールが赤でないことに賭ける」対「引いたボールが青でないことに賭ける」
d．「引いたボールが赤でないことに賭ける」対「引いたボールが黄でないことに賭ける」

▶ 問題 5.16

これから手術を受けるところだと想定しよう．そこで，手術が成功する確率を医師に尋ねたとする．どのようにしたら，医師は客観的な答えを提供することができるだろうか？

▶ 問題 5.17

戦争が生じる確率に依存して価値が決まるある投資に興味を持っているとしよう．そこで，国際関係の専門家に，翌年に中東で戦争が生じる確率がいくらであるかを尋ねたとする．どのようにしたら，その専門家は客観的な答えを提供することができるだろうか？

主観的確率

前章では，リスク下での意思決定，つまり，問題の記述において，確率が与えられているような判断について取り上げた．確率が**与えられている**状況としては，カジノ・ゲーム，宝くじ，それに心理学実験といった偶然が結果

を左右するゲームが考えられる．ルーレットのように，その確率が偶然機構によって生み出されていない多くの状況が他にもあるが，それらの状況でも，多かれ少なかれ，確率は知られていて，「客観的に」与えられていると仮定することができるだろう．例えば，保険の問題を取り扱う時には，統計データを見て，保険の対象になるさまざまな事象が経験的にどれほどの頻度で起こっているのかを知ることができる．こうした経験的な頻度はしばしば，そうした事象が将来において再び生じる確率であるとみなされる．もし過去に生じた事象が，われわれの将来に待ち受けている同じ事象と同様に，i.i.d.（同一で独立の分布）であると仮定可能であり，また，もしそうした事象がたくさんあるなら，事象の確率を定義するには十分であるように思われるので，経験的な頻度は客観的な確率を定義するために用いることができるだろう．

　しかしながら，われわれの人生における多くの重要な意思決定は，同じような仕方で繰り返されるような事象には依存しておらず，i.i.d.の事象であるという仮定は成り立たない．次週の株式市場の動きを考える際には，それが先週と同じ分布に従っていると仮定することはできないのである．世界中のさまざまな事柄は変化しており，どの2つの週も同じものではない．さらに言えば，株式市場が先週，ある特定の仕方で終末を迎えたという事実自体が，次の週の値動きに対するわれわれの予想を変化させる情報の一部になる．したがって，引き続きおこる事象は，統計的に独立でないばかりか，因果的にさえ独立ではないのである．例えば，中東で戦争が発生する可能性を考える時，確率を定義するために，単純に過去の統計に頼ることはできない．過去の2つの戦争が同一ではない上に，ある特定の戦争の勃発が将来において戦争が勃発する確率を変化させるからである．

　こうした面倒な事柄は，戦争と平和，株式市場の急騰と暴落といった「大きな」事象に限られたものではない．個人の職業選択や，結婚するかどうかの決定もまた，全く同じように繰り返されることがなく，しばしば引き続き生じる事象の間に因果的独立性さえないという意味で，「大きな」事象なのである．したがって，メアリが法律家としての仕事を見つけることに成功する確率を算定するように尋ねられ，そのための研究をはじめたところだとい

う場合や，ジョンがこれから2年の間に引っ越しのため自分の家を売りたくなる確率はいくらか考えている場合，単純に過去のデータをながめて，経験頻度を求め，それを確率として用いることはできない．

「はじめに」で触れたように，パスカルは既に確率論という道具を用いて，客観的な確率が存在しない不確実性の状況についての直観と論理とを分離していた．その考えは，たとえ事象に割り振る確率が客観的に，あるいは科学的に推定されないとしても，不確実性を数量化することによって課される規則そのものが有用であるかもしれないというものだった．科学的・客観的査定を引き出すための情報がほとんど十分に手に入らないので，あなたが手にする確率は主観的なものに限られる．しかし，確率論という道具を**主観的確率**に用いれば，あなたの信念は内的には整合的なものであることが保証される．人があなたの査定を実際のデータと比較すると，あなたの査定は正しくないかもしれないが，少なくともあなた自身は自分の信念の間で矛盾するような愚かな結果にはならないはずである．

この考えが気に入ったあなたが，さまざまな事象に対するあなた自身の主観的確率を査定しようとする，つまり，あなたの信念，直観，予感といったものを数字に置き換えようとするとしてみよう．あなたはそれをどのようにして行うだろうか？ 1つの可能性は，確率が与えられていない事象の確率と，確率が与えられている事象の確率とを比較することである．また，状況を具体的にするためにしばしば，蓋然性の問題を意思決定の問題に関連付けることが示唆される．つまり，「どちらの事象がよりもっともらしいと思われるか？」と問うよりも，「どちらの事象の方にあなたは賭けたいと思うか？」という問いをしばしば尋ねるのである．これがどのような結果になるのか，さっそく問題5.1–5.10を見てみることにしよう．

問題5.1から始めよう．

問題 5.1

1万円をもらうとしたら，次のどちらの場合を好むか？
A：2月1日に雪が降った時にもらう
B：ルーレットの出目が3になった時にもらう

Bの確率は客観的にわかっている．それは 1/37 である（あるいは，ルーレットのタイプによっては 1/38 である）．Aの確率はわからない．しかし，もしあなたが，ルーレットの出目が 3 になった時よりも，2月1日に雪が降る時に1万円をもらうことを好むなら，2月1日に雪が降る確率は 1/37 より高いと，あなたは恐らく考えているのである．正確に言うと，これがあなたの主観的確率の定義になるのである．たとえあなたがそれとは違う他の信念を述べようとも，大事なことはあなたが実際に下す決定なのである．それゆえ，あなたがあたかも 2月1日に雪が降る確率は 1/37 より高いかのように意思決定を行うことがわかったなら，ここでの目的にとっては十分なのである．

　明らかに，もしあなたがAよりBに賭けることを好むなら，2月1日に雪が降ることに関するあなたの主観的確率（あるいは，それだと定義されるもの）は，1/37 より小さいと結論することになるだろう．また，もしあなたがどちらの選択の間でも無差別であるのなら，2月1日に雪が降ることに関するあなたの主観的確率の正確な値は 1/37 だとわかるのである．一般的手法としては，客観的に数量化可能な事象（ここではB）を，Aと無差別になるまで他の客観的に数量化可能な事象に置き換えていく．こうして，あなたのAに対する主観的確率を「見積もる」あるいは，測定するのである．

　この手順は確実に，リスク下での効用の見積もりについて思い出させるものであろう．そこでも，客観的に与えられている確率を，主観的な度合を見積もったり，測定したりする方法として用いた．違いは，前章では効用を数値化しようとしたが，この章では主観的確率を数値化しているところにある．しかし，その手順は類似している．また，別の類似性としては，この手順が成功するためには，あなたの選好がある程度の内的整合性をもっていなければならないということである．そうすれば，単純な質問に対するあなたの解答は矛盾したものにならず，より複雑な状況におけるあなたの意思決定に対しても妥当なものとなるからである．

　では，次に，主観的確率を測定する際に，どのようなタイプの内的整合性が関係しているのかを見てみよう．問題 5.1 に対するあなたの解答を，問題 5.6 の解答と比べてみてほしい．

問題 5.6

1万円をもらうとしたら，次のどちらの場合を好むか？
A：2月1日に雪が降らなかった時にもらう
B：ルーレットの出目が 24 以外である時にもらう

ここでの質問は，2月1日に雪が降るという結果は，ルーレットの出目が 24 以外であることに比べて，生じやすいのかどうかということである．しかし，後者の確率はわかっている．それは 36/37 である．したがって，あなたの信念が主観的確率として表現されるためには，あなたが出す答えにはある種の制約が課されることになる．例えば，問題 5.1 と 5.6 の両方であなたが A を選ぶなら，あなたの信念を表現するのに確率を用いることはできないだろう．実際，問題 5.1 で A を選ぶということは，あなたの視点においては，

$\text{Prob}(2月1日に雪が降る) > \text{Prob}(ルーレットの出目が 3 である) = 1/37$

であることを意味し，またこのことは

$\text{Prob}(2月1日に雪が降らない) = 1 - \text{Prob}(2月1日に雪が降る) < 36/37$

であることも意味する．ところが，問題 5.6 で A を選ぶということは

$\text{Prob}(2月1日に雪が降らない) > \text{Prob}(ルーレットの出目が 24 以外である) = 36/37$

であることを意味するからである（あなたの選好は無差別を含まない厳密なものであるとここでは仮定していることに注意してほしい．もしあなたが両方の賭けの間で無差別ならば，あなたは肩をすくめて，無作為にどちらかを選ぶことになるので，こうした矛盾は発生しない）．

ここで，あなたは実際に両方の問題で A を選んだかどうかを考えてほしい．あるいは，両方の問題で B を選んだかどうかを考えてほしい．なお，両方で B を選んだ場合，不等号が逆になるだけで，両方の問題で A を選んだ場合と正確に同じ確率が導かれることになる．もしそうではなく，例えば，

問題 5.1 では A を選択し，問題 5.6 では B を選択した（あるいはその逆の選択をした）とすると，2 月 1 日に雪が降ることに関するあなたの主観的確率を査定する試みを続けることができる．しかしながら，もしあなたの選択が主観的確率の考えと非整合的であるなら，あなたは，主観的確率と整合的な意思決定をしたいのかどうかに関するメタ的な決定をしなければならない．われわれが議論する他のどの問題においても，特定の行動様式が合理的であるかどうかを決めるのはあなた自身である．もし主観的確率と整合的な意思決定をしたいという問いに対するあなたの答えが否定的であるなら，こうしたタイプの行動を避ける助けとなるような形式的なモデルが提案可能である．しかし，まずはじめに，あなたは，理論家たちが注目しているようなモデルであるかどうかではなく，本当にこのモデルが自分自身の意思決定に用いたいと思うものであることを納得して使うべきなのである．

わたしは，しばらくはこの問題に対する判断を保留することをお勧めする．わたし自身の研究生活の多くはこの問題に費やされてきており，規範的な観点からは，この部分が古典的意思決定理論においてもっとも説得力のない部分なのである．まずは，さらにもう少し例を見て，それからこの問題を議論しなおすことにしよう．

以下の 2 つの問題に対するあなたの解答を比較してみてほしい．

問題 5.2

1 万円をもらうとしたら，次のどちらの場合を好むか？
A：あなたのとなりに座っている学生がこの授業で A の成績を取った時にもらう
B：公平なコインを 2 回続けて投げて，どちらも表が出た時にもらう

問題 5.7

1 万円をもらうとしたら，次のどちらの場合を好むか？
A：あなたのとなりに座っている学生がこの授業で A より悪い成績を取った時にもらう
B：ルーレットの出目が 24 より小さい時にもらう

問題 5.2 は基本的に次の比較をするように尋ねている．

Prob(となりの学生が授業で A の成績を取る) と Prob(2 回続けて表が出る) = 25%

一方，問題 5.7 は次の比較をするように尋ねている．

Prob(となりの学生が授業で A の成績を取らない) と Prob(ルーレットの出目<24) = 24/37

これは，以下を比較することと同じことである．

Prob(となりの学生が授業で A の成績を取る) と Prob(ルーレットの出目≥24) = 13/37 ≅ 35%

主観的確率と不整合的な解答のパターンは，問題 5.2 で B を選び，問題 5.7 で B を選ぶことであろう．このことを見るために，問題 5.2 において B を選ぶことが以下を意味することを確認しよう．

Prob(となりの学生が授業で A の成績を取る)<Prob(2 回続けて表が出る) = 25%

一方，問題 5.7 で B を選ぶことは次を意味する．

Prob(となりの学生が授業で A の成績を取らない)<Prob(ルーレットの出目<24) = 24/37 ≅ 65%

あるいは，

Prob(となりの学生が授業で A の成績を取る)>1−65% = 35%

しかしながら，他の 3 つの解答の組み合わせは主観的確率と整合的である．つまり，もしあなたが問題 5.2 で B を選び，問題 5.7 で A を選ぶなら，このことは

Prob(となりの学生が授業で A の成績を取る)<25%

と両立するし，もしあなたが問題 5.2 で A を選び，問題 5.7 で B を選ぶなら，あなたは恐らく

Prob（となりの学生が授業で A の成績を取る）＞35％

と信じているのである．重要なことは，問題 5.1 と 5.6 の例とは反対に，あなたは問題 5.2 で A を選ぶと同時に，問題 5.7 でも A を選ぶことができ，このことは，あなたの主観的確率が

25％＜Prob（となりの学生が授業で A の成績を取る）＜35％

という条件を満たしていることを意味するのである．このようにして査定を続けると，われわれの意思決定を導く主観的確率が存在するなら，それを見つけることができるだろう．

次に，以下の 2 組の問いを考えよう．

問題 5.3

1 万円をもらうとしたら，次のどちらの場合を好むか？
A：あなたが次に乗る予定の飛行機が 1 時間以上遅れる時にもらう
B：ルーレットの出目が 0-5 の範囲になる時にもらう

問題 5.8

1 万円をもらうとしたら，次のどちらの場合を好むか？
A：あなたが次に乗る予定の飛行機が時間通りに到着する時にもらう
B：公平なコインを 2 回続けて投げて，少なくとも一度は表が出た時にもらう

ここで再び，それぞれの問題において，選択肢 B には良く定義された客観的確率を与えることができるが，選択肢 A は客観的確率を与えることのできない事象になっている．この 2 組の問題は，これまでの問題とは 2 つの点で異なっている．第 1 に，2 つの問題の選択肢 A における事象は全く別個のものだが，互いに補完的なものではない．つまり，あなたが次に乗る予

定の飛行機が1時間以上遅れるなら，明らかにそれは時間通りに到着しないことになるが，そのどちらでもない場合がありうる．

　この例における2つ目の新しい特徴は，あなたが問題5.3における選択肢Aを好むかもしれないという点にある．それは，あなたが次に乗る予定の飛行機が1時間以上遅れることが非常にありそうだと考えるからではなく，この場合，例えば，もし飛行機が遅れると，別の航空会社が運航する接続便に乗り遅れて，航空券を交換するために余分な料金を支払わなければならないためであるかもしれない．もしこれが問題5.3においてあなたが選択肢Aを選ぶ理由であるなら，その選択ではあなたの信念についてそれほど多くを知ることはできないことになる．

　これは自明な問題ではない．事実，そうした考え方はこれまでの例の場合にも当てはまりうる．もし問題5.1に戻って，誰かがAをBより好むことを観察したとする．それは，彼らが本当に，2月1日に雪が降ることが，ルーレットの出目が3であることよりも起こりやすいと信じているからかもしれないし，あるいは，恐らくは，雪が降ると，新しいコートを買わなければならないために，その場合にお金をもらえることを好むのかもしれない．また，恐らくは，彼らはカジノを毛嫌いしており，それゆえAを選ぶのかもしれない．こうした選好を尋ねる質問を行うその目的は，「起こりやすい」や「もっともらしい」といった考えを具体化するためである．しかし，もしそうすることによって，問題となっている事象と相互作用する結果，新しいバイアスを導入することになるなら，むしろゆがんだ結果を得ることになってしまう[2]．

　そこでこの機会に問題の性質を明快にしてみよう．これらの問題において，あなたが選択肢の間で選択するように尋ねられる時，あなたは暗黙的に，問題文中で約束されている結果が変化しないものであり，また，問題の状況に関連した事象の結果によって，より望ましいものやあまり望ましくないものに変わらないと想像するように求められている．しばしば，こうしたことを想像することは容易だろう．しかし，そうした想像をすることが困難であるような，医学的判断や生と死に関する問題といったものを含む状況も存在する．例えば，生命保険の内容を決めるために，自分が今後死亡する確率を査

定しようとする時，自分が埋葬された時に1万円を得たとしても，どれくらいうれしいかを想像するのは難しい．自分の子供の幸せを十分に考慮すると，わたしは自分が死んだ時にお金をもらうことが，生きている時と同じように喜べるとは思えないのである．

それゆえ，生命や健康に関するさまざまなリスクを含む意思決定の場合には，われわれの主観的確率を引き出すためには，より洗練された手法を用いる必要があるだろう．だが，それ以外のほとんどの問題においては，問題における事象の下での特別な必要を，その特定の事象が生じた時に利得を享受することに関するどんな倫理的・道徳的問題と同様に無視して，さまざまな結果や利得を想像してみることが可能だろう．

さて，問題に立ち返ると，問題5.3においてAを選好するのは，

$$\text{Prob}(飛行機が少なくとも1時間遅延する) > 6/37 \cong 16\%$$

である時（かつ，その時のみ）であることがわかる．ところが，問題5.8でAを選好するのは，

$$\text{Prob}(飛行機が遅延しない) > 75\%$$

である時（かつ，その時のみ）である．この2つの事象は全く別個のものだが，補完的ではないので，ここでの唯一の制約は，問題5.3においてAに割り当てる確率と問題5.8においてAに割り当てる確率を合わせると，それは1を超えないというものだけである．上記の2つの確率の式の右辺を足し合わせると1より小さいので，両方の問題において共にAを選ぶことには何の矛盾もない．例えば，飛行機が全く遅延しない確率は80％だが，もし遅延するとしたら，それは1時間以上になるだろうと信じているかもしれない．その時には，そうした遅延が生じる確率は20％になる．

例えば，もしあなたが，飛行機が遅延する可能性は非常に高いが，その遅れは1時間より少ないと信じているなら，両方の問題で共にBを選ぶこともありうる．事実，飛行機の遅延は1時間以内であるという事象に確率1を割り当てるなら，それは次のことを意味する．

第5章 ｜ 不確実性下の意思決定

Prob(飛行機が少なくとも1時間遅延する), Prob(飛行機が遅延しない) = 0

もちろん，飛行機の遅延が1時間以内であることについてあなたがどれほどの確信を持てるのかは明らかではないが，そうした信念を持つことは主観的確率によって課される規則と整合的なのである．重要なのは，ここで検討しているのは，どれくらいあなたの信念が正当化できるかを尋ねることなしに，あなたの信念が確率的な方法で表現できるかどうかをチェックすることなのである．

次に，以下の2組の問題について考えてみよう．

問題 5.4

1万円をもらうとしたら，次のどちらの場合を好むか？
A：ダウジョーンズ工業株価平均（DJIA）が，年末に少なくとも現在の値以上である時にもらう
B：公平なコインを投げて表が出た時にもらう

問題 5.9

1万円をもらうとしたら，次のどちらの場合を好むか？
A：ダウジョーンズ工業株価平均（DJIA）が，年末に現在の値を下回る時にもらう
B：公平なコインを1回投げて表が出た時にもらう

これは比較的簡単な例である．2つの問題における事象Aは互いに補完的である．もしあなたがそれらに主観的確率を割り当てるなら，それらを足し合わせると1にならないとおかしい．事象Bは同一で，その客観的確率は50%である．同じことがほとんど正確に問題5.5と5.10の場合にも成り立つ．ただし，この2組の問題においては，2つの事象は厳密に言えば補完的ではない．というのは，アメリカ合衆国では，主要政党のどちらにも属さない人物を大統領に選ぶことも可能だからである．

問題 5.5

1万円をもらうとしたら，次のどちらの場合を好むか？
A：アメリカ合衆国の次期大統領が民主党から出た時にもらう
B：公平なコインを1回投げて表が出た時にもらう

問題 5.10

1万円をもらうとしたら，次のどちらの場合を好むか？
A：アメリカ合衆国の次期大統領が共和党から出た時にもらう
B：公平なコインを1回投げて表が出た時にもらう

　問題 5.4 と 5.9 の両方で，あるいは問題 5.5 と 5.10 の両方で，人々は B を好むことがしばしば観察される．そうした選択は，主観的確率による信念の表現とは非整合的である．同じことが，問題 5.4 と 5.9 の両方で（あるいは問題 5.5 と 5.10 の両方で），A を選ぶ場合にも当てはまるだろう．しかしながら，こちらの方はそれほど良く見られる選択のパターンではない．これらの現象については，後に確率に関する困難性について扱う時に議論することにしたい．

　その間，問題 5.11 に向かうことにしよう．問題となっている事象に対して，あなた自身の主観的確率を測定するために，ここで紹介した手法を適用してみてほしい．それから，あなたの効用関数を推定するために，第4章で紹介した手法を適用してみよう．最後に，この問題においてどちらの選択がより高い期待効用をもたらすのかを知るために，こうして導いたあなたにとっての主観的確率と効用関数を用いてほしい．すぐわかるように，ここで考察してきた原理は，より単純な問題における意思決定に基づけば，この比較的複雑な問題について考える上であなたの助けになることだろう．さて，こうして導かれたあなたの結論は，自分で納得できるようなものになっただろうか？

わかっている事実から学習する

次の2つの節では，われわれが何を確率に割り当てているかという問題に取り組まなければならない．典型的には，時には**自然の状態**とか**世界の状態**と呼ばれる可能なシナリオがいくつかあって，そのうちのただ1つだけが現実化するような，ある確率モデルについて考えていく．事象とはそうした状態の集まりのことになる．もし各々の状態に確率を割り当てるなら，ある事象の確率を，それが属する状態が実現する確率を足し合わせることによって計算することができる．特に，すべての状態から構成される「確実な事象」について考える場合には，それが実現する確率は，足し合わせると1になることになる．こうした事柄すべては自然に感じられることで，読者には既になじみのあるものだろう．しかしながら，時には「状態」を定義するにはある種の注意が必要なのである．問題5.12から考えてみよう．

問題 5.12

「レッツ・メイク・ア・ディール」というテレビ番組でのゲームについて，次のようなバージョンを考えてみよう．A, B, Cという印のついた3つのドアがあり，そのうち1つのドアの後ろに賞品（車）が隠されている．残り2つのドアの後ろには賞品は隠されていない（ヤギが入れられている）．過去にこのゲームがプレーされた様子を見た経験から，車がA, B, Cそれぞれのドアの後ろに隠されている確率は等しいことが疑問の余地なく仮定できるとする．

あなたはどれか1つのドアを指定するように促される．あなたが選んだドアを開ける前に，どこに車が隠されているか知っている司会者（モンティ・ホール氏）が，ドアを1つ開ける．彼は，(i) あなたが指定したドア以外で，(ii) 車が隠されていないドアを開けなければならない（ドアは3つあるので，必ずこのような選択が可能である）．それからあなたが選択する番である．あなたがはじめに指定したドアを開けるか（「固持」），まだ司会者が開けた方ではない，閉じられているもう1つの方のドアを開けるか（「変更」），そのどちらかを選べる．あなたは，最終的に開けると決めたドアの背後にある賞品を

得ることができるので，あなたの目標は車を得る確率を最大化することである．あなたはどうすべきだろうか？

まずはじめに，別のドアに変更するという戦略（「変更」）が，始めに指定したドアを開けるという戦略（「固持」）よりも優れていることを納得してほしい．事実，「変更」では車を勝ち取る確率は2/3であることが保証されているが，「固持」ではその確率は1/3でしかない．「変更」は「常に変更」を意味し，モンティ・ホールの選択に依存して異なるドアを指定することになることに注意するならば，確率についていま述べたことは，もっと直観的にわかることだろう．

もっと具体的に考えてみよう．あなたが解答者で，最初にドアAを選んだものとしよう．明らかに，最初の選択がどのドアであっても，同じ分析を当てはめることができる．なぜなら，事前には，3つのドアの背後に車が隠れている可能性は均等であるから，どのドアを最初に選んだにしても，状況は対称的だからである．

「固持」という戦略は，モンティ・ホールの選択に関係なくドアAを開くことを意味する．したがって，車を当てる確率，つまり，幸運にも最初の選択で当たりを引く確率は1/3である．これとは対照的に，「変更」という戦略は，最初に選んだのとは異なるドアを開けることを意味する．もしモンティがBのドアを開いたなら，「変更」という戦略は「ドアCを開ける」ことを意味する．もし彼がCのドアを開いたなら，「変更」という戦略は「ドアBを開ける」ことを意味する．また，大事なのは，最初の選択が間違いであった時は**いつでも**，「変更」という戦略によって勝てるということである．つまり，もし車がドアBかCの背後に隠されているなら，「変更」によってそれを得ることができる．このことが正しいことを以下で確かめてみよう．

車はドアBの背後に隠されているものと仮定しよう．モンティには状況が次のように見えている．

A	B	C
ヤギ	車	ヤギ

あなたがドア A を選んだので，モンティはドア C を開けなければならない．そこで，あなたには状況は次のように見えるはずである．

A	B	C
閉	閉	開

（他の閉じているドアへの）「変更」によって，あなたは車を得ることができる．

また，もし車はドア C の背後に隠されているなら，モンティには状況が次のように見えている．

A	B	C
ヤギ	ヤギ	車

あなたがドア A を選んだので，モンティはドア B を開けなければならない．そこで，あなたには状況は次のように見えるはずである．

A	B	C
閉	開	閉

（他の閉じているドアへの）「変更」によって，この場合もあなたは車を得ることができる．

明らかに，車がドア A の背後に隠されている場合には，「変更」を選んでも車を得ることはできない．この場合こそが「固持」によって勝てる場合である．表 5.1 にそれぞれの状況での結果を示してみた．

■ 表 5.1 選択と世界の状態の関係．「1」は車を得たこと，「0」はヤギを得たことを意味する．

		世界の状態（背後に車が隠されているドア）		
	確率	1/3	1/3	1/3
	ドア	A	B	C
行動	固持	1	0	0
	変更	0	1	1

この機会に，ここで 1 分間ほど立ち止まって，この表を見てみよう．実

際，これは本書で初めて目にする意思決定マトリックスなのである．こうしたマトリックスでは，われわれ自身が選択できる事柄とそうでない事柄は分離されている．典型的には，マトリックスの行には選択可能な事柄，つまり，われわれの意思決定を特定化する**行為**や**戦略**，**行動計画**といったものに割り当てる．重要なのは，各々のそうした行動は，可能なすべての起こりうる事態の各々について何をすべきかを告げるものでなければならないということである．したがって，「変更」という行動（あるいは「戦略」）は，われわれが追加的な情報を得た時に何をすべきかを告げるものなのである．戦略の選択は，事前に，われわれが情報を得る前に行うことが可能であり，その戦略とは，後に得ることになるはずのあらゆる可能な情報それぞれの下で，何をすべきかを特定化するものなのである．

　意思決定マトリックスの列には，自然の状態，あるいは世界の状態が割り当てられる．それらは，意思決定状況において，われわれの選ぶ戦略に依存しない自然［偶然］が選ぶ戦略として考えることができる．一般に，状態とは，無作為な事象が生じるか生じないか，他の主体がどんな選択を行ったかなど，あらゆる不確実な事柄を特定化するもののことである．（意思決定者による）行の選択と，（自然や他の主体による）列の選択は，因果的に独立であるものだと概念的に把握しておくことが重要である．

　最後に，マトリックス内の各要素は結果を表している．つまり，意思決定者が選んだ選択（行）と，自然が選んだ選択（列）の組み合わせの結果，いったい何が生じるのかを表している．しばしば，意思決定の結果は効用という形でまとめられる．この場合は，車を得る確率がその結果であると仮定されている．世界の状態にわたる確率を得れば，それらを用いてそれぞれの行動に対応する期待効用を計算できる．この問題では，3つの状態に対する確率が，それぞれ1/3であると与えられている．すなわち，「固持」の期待利得は1/3であるが，「変更」の期待利得は2/3であることが容易に確かめられる．

　仮にあなたがこの分析に同意するとしても，それでもあなたは困惑しているかもしれない．あなたはドアAを指定した．そこで，モンティ・ホールはドアBを開けたとしよう．あなたはドアC（に変更すること）かドアA（の

ままでいる）かの選択に直面している．なぜドアCの背後に車が隠されている可能性はドアAよりも高いのだろうか？　いったいどうやって，ドアBの確率がドアCに「移って」しまったのだろう？　こうした疑問は実にわれわれを困惑させるものだ．そこで，この問題を2段階で理解してみよう．はじめに，なぜドアCの背後に車が隠されている可能性はドアAよりも高いのかを，直観的に考えてみることにしよう．第2に，単純なベイズ的更新のどこに間違いがあるのかを理解しなければならない．そして，このことがこの例から学ぶべき主要な教訓となるだろう．

　なぜドアCの方が正解である可能性が高いのかを理解するために，閉じたままであるドアのうち，変更可能な「他の」ドアはドアBであるはずがないことを思い出す必要がある．この「他の」ドアとはBかCかのいずれかであったはずだ．Cという特定のドアに車が隠されている事前確率は，ドアAの場合と同じである．しかし，いまやわれわれはドアCがある種の選択プロセスで生き残ったことを知っている．事前には，実際には確率変数である「他の」ドアについて考えなければならなかった．しかし，確率変数の実現値が求まると，「他の」ドアはドアBでありえたにもかかわらず，ドアCであったことがわかったのである．

　このゲームのルールは，モンティ・ホールが，間違った選択の1つを取り除くことによって，あなたの手助けをするというものであったことを指摘しておくのが有益だろう．彼は，実際に車が隠されている方のドアを開けることは許されていないのである．このことは，彼がドアを開けた後，あなたには3つではなくて，2つの選択肢しか残されていないことを意味する．つまり，あなたがミスを起こす可能性が減ったのである．このことは，彼が1つのドアを開けたために，初めの段階に比べて，あなたの状態が良くなったことを意味する．しかし，これだけでは十分ではない．なぜなら，間違った選択が1つ消去されたが，残ったドアの両方ともが，よりいっそう正解に近づいたとあなたは信じるだろうからである．では，なぜ「他の」ドアの1つだけが，その背後に車を隠している可能性が高いと言えるのだろうか？

　その理由は，モンティ・ホールはあなたが最初に選んだドアAを開くことができないからである．あなたがまだ閉じてあるドアAとCとを比較す

る時,なぜドアAが閉じたままであるかをあなたは知っているのである.つまり,ゲームのルールに従えば,モンティ・ホールはドアAを開けることができなかったのである.それとは対照的に,ドアCは閉じられたままなので,より厳しい試練を通過しなければならなかったのである.それはあたかも,あなたが選んだドアよりも他のドアの方が閉じたままでいるのが難しかったようなものである.別の言い方をすれば,これら2つのドアAとCが閉じられたままであったという事実は,ドアAについては何の追加的情報ももたらさないが,ドアCについては何らかの追加的情報をもたらしているのである.

完全に納得してもらうために,1000個のドアがあり,モンティはそのうち998個を開かなければならないが,あなたが選んだドアは開いてはいけなかったものとしよう.あなたがドア378を指定するとする.モンティは歩き回って,998個のドアを開ける.彼がその作業を終えると,998匹のヤギと2つの閉じられたままのドアを目にする.それはドア378と752である.車はどちらのドアの背後に隠れているとあなたは考えるだろうか? それはドア378だろうか? このドアについては,あなたが指定して以来,閉じられたままであったことだけがわかっている.ドア752についてはどうか? それは他の999個のドアの中からモンティによって選び出されたドアなのである.さて,正解はどちらだろう?

こうした議論は,うまくいけばその結論をわずかに直観的に理解させてくれる.しかし,AとCどちらのドアを選んでも,その2つの戦略で成功するのは同じ確率であるという推論のどこに間違いがあるのかという疑問は残されたままである.以下のような他の推論が間違いであると理解できるまで,われわれはきっと今晩良く眠ることができないだろう.

各ドアに車が隠されていることの事前確率は1/3であった.

A	B	C
1/3	1/3	1/3

ここで,モンティはドアBを開け,ヤギが入っているのを確認したと仮定する.われわれは「Bが正解ではない」ことを学び,事象は{A, C}であ

る状態になったのである．この事象に基づいて標準的な方法で事前確率をベイズ更新すると，ドアAが正解である確率は

$$P(A|\{A, C\}) = \frac{P(A \cap \{A, C\})}{P(\{A, C\})}$$
$$= \frac{P(A)}{P(\{A, C\})} = (1/3)/(2/3) = 1/2$$

となる．また，ドアCが正解である確率も同様に計算できる．言い換えれば，標準的な方法で事前の信念を事後の信念に更新すると，ドアAの背後に車が隠れている確率も，ドアCの背後に車が隠れている確率も，それぞれ50％−50％であることがわかる．それゆえ，最初に選んだドアを変更する理由はない．この推論のどこに間違いがあるのだろうか？　また，先ほどまでの分析でドアを変更したほうが有利であるという結論と，ここでの結論はどのようにしたら両立するのだろうか？

　その答えは，ここでの計算は，不正確なモデルに基づく完璧に正しい分析だったということだ．問題は計算過程にあるのではない．問題はモデルの設定にあるのである．ここでわれわれが用いたモデルには3つの世界の状態がある．つまり，車がドアA, B, Cのいずれかの背後にあるという状態である．この定式化では，問題の中心はどのドアの背後に車が隠されているかなのであるという暗黙の仮定がなされている．この仮定は，この問題を考える場合には誤った仮定になってしまう．時おり，われわれが**いかにして情報を得るか**，あるいは，われわれが**実際に情報の一部分を受け取ったという事実それ自体**が，それ自体として有益な情報となることがある．ここで，モンティ・ホールが情報の一部を提供したという事実，つまり，車はドアBの背後にはないという情報は，実際に車がドアBの背後にはないというだけでなく，それ以上のことを伝えているのである．

　一般的に，われわれは受け取った情報だけでなく，それを受け取ったという事実そのものにも敏感になるべきであるということを，この例から学ぶべきなのである．われわれは，受け取れたかもしれない情報が何であり，知りえた他のことではなく，実際に知らされたことをわれわれが知っているとい

うことが何を意味するのかを自問すべきなのである[3]．これらすべてのことをベイジアン統計学の分析によってとらえるために，まずはじめに，取り扱う状態空間を，受け取った情報やそれをどのようにして獲得したか，また，誰がその情報をもたらす選択をしえたのか，などを記述するのに十分なくらい豊かなものにしておく必要がある．

　モンティ・ホールの問題の正しい分析は，どのドアに車が隠されているかと同時に，どのドアをモンティが開けるのかをも考慮するものになるだろう．あなたが最初にドアAを選んだと仮定すると，問題を正しく記述するのは3つではなく9つの状態が必要になるだろう（表5.2）．表5.2は意思決定マトリックスではない．この表の各セルには世界の状態，つまり，意思決定マトリックスにおける列の部分が書かれているのである．しかし，車は3つのドアのどの背後にも隠されている可能性があり，また，モンティ・ホールは（可能性としては）3つのドアのどれでも開けることだろうから，9つの状態空間が存在する．表5.2に描かれたマトリックスは，それぞれの状態が実現する確率をわれわれが査定するのを助けてくれるので，さっそく計算を始めてみよう．

■ 表5.2　車が隠されているドアと，モンティが開けるドアの関係．フェーズ1．

		モンティが開けるドア			
		A	B	C	合計
車が隠されているドア	A				1/3
	B				1/3
	C				1/3
	合計				1

　与えられた行における（まだ記されていない）確率を足し合わせると，表の右端には車がドアA/B/Cのそれぞれの背後に隠されている確率が得られる．その確率はそれぞれ1/3であることがわかっている．先ほどの（間違った）分析における単一の世界の状態は，ここでは1つの行全体に対応することを確認してほしい．実際，こちらの定式化における各行の確率の総和が1/3であるということは，既に間違いであるとして廃棄された3状態モデルに

おける各々の世界の状態が実現する確率が 1/3 であることを反映しているのである.

モンティは(あなたが指定した)ドア A を開けることができないことはわかっている.このことは,第 1 列のすべての状態の確率が 0 であることを意味する.同様に,モンティは車が隠されているドアを開けることも許されていない.このことは,対角線上にある世界の状態(ドア A の背後に車がある時にドア A を開けることや,ドア B の背後に車がある時にドア B を開けること,など)もまた確率ゼロになるということを意味する.これら 2 つの事実を総合すると,表 5.3 にあるような表になる.

■ 表 5.3 車が隠されているドアと,モンティが開けるドアの関係,フェーズ 2.

		モンティが開けるドア			合計
		A	B	C	
車が隠されているドア	A	0			1/3
	B	0	0		1/3
	C	0		0	1/3
	合計	0			1

この表の第 1 列の総(「周辺」)確率は,各要素がゼロなので,ゼロであることを確認してほしい.実際,このことは,モンティ・ホールはドア A を開かないだろうというわれわれの信念を反映している.次に,これまで埋めてきた表の要素の値から,残り 2 つの行の値をただ一通りの仕方で埋めることができる.もし車がドア B の背後にあるなら,これは確率 1/3 で生じるが,(この行において)最初の 2 つの列にはどんな確率も付与することはできないので,その確率 1/3 すべてを第 3 列に割り当てなければならない.同様の考察によって,(車がドア C の背後のあるという事象に対応する)第 3 行のすべての確率は,第 2 列に割り当てなければならないことになる(表 5.4).

■ 表 5.4　車が隠されているドアと，モンティが開けるドアの関係．フェーズ 3．

		モンティが開けるドア			合計
		A	B	C	
車が隠されているドア	A	0			1/3
	B	0	0	1/3	1/3
	C	0	1/3	0	1/3
	合計	0			1

　それぞれの行で（それぞれ1/3である）確率を勝手に分割できなかったという事実は，ゲームのルールによって，あなたが最初に選んだドアが不正解である場合には，モンティ・ホールには開けるべきドアを選択する余地がなかったという事実を反映している．これとは対照的に，あなたが最初に選んだドアAがたまたま正解であったなら，モンティはドアBとCのどちらを開けるかを選択できる．この場合，彼がどのような基準で選ぶのかは明らかではない．そこで，初めに単純化のために次のような仮定を置こう．もし車が実際にドアAの背後に隠されているなら，モンティはドアBかCをランダムに選ぶものとする．このことは，表の一番上の行に割り当てられている確率の総計1/3がBとCに対応する列に均等に分割されるということを意味する．その結果，それぞれの列には確率1/6が割り当てられる．これらの値を埋めると，各列の総（周辺）確率を求めることができる（表5.5）．

■ 表 5.5　車が隠されているドアと，モンティが開けるドアの関係．フェーズ 4．

		モンティが開けるドア			合計
		A	B	C	
車が隠されているドア	A	0	1/6	1/6	1/3
	B	0	0	1/3	1/3
	C	0	1/3	0	1/3
	合計	0	1/2	1/2	1

　今度は，われわれが情報を得る仕方が，それ自体において，またそれ自体に関して，情報上有益であるかどうかを見ていくことにしよう．あなたが知っているのは，車がドアBの背後にはないということだけだと仮定する．

第 5 章　｜　不確実性下の意思決定

ゲームのルールに従えば,あなたは自分でこの情報を得ることはできなかった.車がドアBの背後にはないということを知る唯一の方法は,それをモンティ・ホールから聞くことだけであった.しかし,問題を明確にするために,仮説的に,あなたが自分でこの情報を得たのだと仮定しよう.例えば,このゲーム・ショーに参加する前夜,曾々祖父があなたの夢に現れて,「わが曾々孫よ,ドアBは正解じゃないぞ」とささやいたと仮定しよう.あなたは迷信深い方ではないが,曾々祖父たちは敬意を払われていたので,あなたは彼を信じることにした.重要なのは,その情報は,(モンティ・ホールによって情報が提供されるのとは反対に)この想定の下では,ゲームとは独立に得られたという事実そのものである.この場合,状況は表の最初と最後の行のどちらかであるという条件の下で,確率に関して単純なベイズ的更新を行うことが正当化される.すると,ドアAとCが正解である事後確率は50％-50％となるだろう(表5.6).

■ 表5.6 車が隠されているドアと,モンティが開けるドアの関係.フェーズ5.

		モンティが開けるドア			合計
		A	B	C	
車が隠されているドア	A	0	1/6	1/6	1/3
	B	0	0	1/3	1/3
	C	0	1/3	0	1/3
	合計	0	1/2	1/2	1

しかしながら,これは実際に起こっている出来事ではない.あなたがドアBは正解ではないということを知ったのは無関係の情報源からではなく,あなたが知っていることはただそれだけではないのである.あなたは,**モンティ・ホールがドアBを開けた**ということも知っているのである.そこで,表の真ん中の列の状況であるものとして,他の2つの列を排除しなければならないのである(表5.7).

■ 表5.7　車が隠されているドアと，モンティが開けるドアの関係．フェーズ6．

		モンティが開けるドア			合計
		A	B	C	
車が隠されているドア	A	0	1/6	1/6	1/3
	B	0	0	1/3	1/3
	C	0	1/3	0	1/3
	合計	0	1/2	1/2	1

真ん中の列では，実際に（車がドアBの背後に隠されていることに対応する）2行目に確率ゼロが割り当てられている．このことは，モンティ・ホールがドアBを開けた時，あなたは実際に車がドアBの背後に隠されていることを知ったことを意味する．しかし，このことは，他の行の条件付き確率をも変えてしまう．実際，第1行目の条件付き確率は，

$P(車がドア Aの背後にある｜モンティがドア Bを開ける) = (1/6)/(1/2) = 1/3$

であるが，第3行目は

$P(車がドア Cの背後にある｜モンティがドア Bを開ける) = (1/3)/(1/2) = 2/3$

となっている．また，この分析によれば，ドアCの背後に車が隠されている確率が2/3なので，あなたは実際に開けるドアを変更すべきなのである．明らかに，もしモンティ・ホールがドアCを開けた場合には，今度はドアBに変更すべきなのである．

この分析は，もしあなたの最初の選択がたまたま正解である場合には，モンティはドアBかCをランダムに選ぶという仮定に基づいていた．しかし，もし彼が2つのドアを等しい確率で選ばないとしたらどうなるだろうか？あるいは，彼が何か別の基準でドアを選んでいるとしたら？　モンティの選択基準を知っていようといまいと，それが完全にランダムであろうと部分的にランダムであろうと，その選択に関するあなたの信念は，0から1/3の範囲を取るパラメータαによって表現される．それは，どれだけの確率が真ん中の列に割り当てられ，どれだけが第3列に割り当てられるかを表すものである（表5.8）．

■ 表 5.8　車が隠されているドアと，モンティが開けるドアの関係．フェーズ 7．

		モンティが開けるドア			合計
		A	B	C	
車が隠されているドア	A	0	α	$1/3-\alpha$	1/3
	B	0	0	1/3	1/3
	C	0	1/3	0	1/3
	合計	0	$1/3+\alpha$	$2/3-\alpha$	1

いまや，(ドア C が開かれている場合) ドア B の背後に，あるいは，(ドア B が開かれている場合) ドア C の背後に車が隠されている条件付き確率は，モンティ・ホールが選択をする場合において，あなたが彼の選択についてどのような仮定をするかに依存している．例えば，もし彼ができるかぎりいつもドア B を開くとしたら，表 5.9 のような表が得られる．

■ 表 5.9　車が隠されているドアと，モンティが開けるドアの関係．フェーズ 8．

		モンティが開けるドア			合計
		A	B	C	
車が隠されているドア	A	0	1/3	0	1/3
	B	0	0	1/3	1/3
	C	0	1/3	0	1/3
	合計	0	2/3	1/3	1

この場合，もしモンティ・ホールがドア B を開くなら，あなたが選択を変更する理由は何もない．つまり，ドア A と C が正解である条件付き確率は 50％ - 50％ だからである．しかし，もしドア C が開かれたなら，条件付き確率はその全部がドア B に割り当てられることになる．この場合，あなたには選択を変更する動機があるだけでなく，それによって車を勝ち取ることになることを確信できるのである．もともとの計算では，「変更」戦略が確率 2/3 で有利であることは，この場合にも同様に正しいことに注意してほしい．

$P(正解) = P(ドア B が開かれる) \times P(正解 \mid ドア B が開かれる) + P(ドア C$

が開かれる$) \times P($正解 $|$ ドア C が開かれる$) = (2/3) \times (1/2) + (1/3) \times 1 = 2/3$

実際，このことはどんな α の値に対しても成り立っている．

この分析によって，あなたが最初に選んだドアをモンティ・ホールは開くことができないことがいかに重要であるかを知ることもできる．もし彼があなたの最初に選んだドアを開けることができたなら，背後に車が隠れていない2つのドアのどちらかをランダムに選ぶと仮定すると，表5.10のような表を得ることになるだろうが，この表に従えば，実際，あなたには選んだドアを変更すべき理由はない．つまり，どの列に対応する状況であろうとも，選ぶべき2つのドアに対応する行の条件付き確率は50% – 50%なのである．

■ 表5.10 車が隠されているドアと，モンティが開けるドアの関係．フェーズ9．

		モンティが開けるドア			合計
		A	B	C	
車が隠されているドア	A	0	1/6	1/6	1/3
	B	1/6	0	1/6	1/3
	C	1/6	1/6	0	1/3
	合計	1/3	1/3	1/3	1

ここまでの説明はやや長すぎたようだ．この例から学んだ主要な教訓に焦点を絞ってまとめてみよう．

- 解くべき問題に対して正しいモデルを用いることがとてつもなく重要である．もしあなたが不適切なモデルによって分析を始めると，間違った問題に対する数学的に正しい解を得ることになってしまう．
- 典型的には，もしあなたが不適切なモデルを用いる場合，数学的分析はあなたに問題の正解に対して何のヒントも与えないだろう．ただ1つの警告サインは，その結論をあなた自身の直観や常識と対比した時に生じるだろう．不幸にも，ここで論じたような問題においては，直観は間違いようのないものとはいえない．それゆえ，モデル形成において暗黙的になされている隠れた仮定に気を付けるべきである．われわれはしばしばモデルに

従って考えてしまうので，こうした暗黙の仮定を検出することは難しいかもしれない．そのような場合，われわれは単にそうした仮定を当然のように思ってしまうからである．

- 不確実性に関する状態空間モデルに特に関係することでは，もしあなたがモデルにある状態を含めなかったとしたら，あるいは，不確実性に関するいくつかの重要な源泉を無視して状態をあまりにせまく定義してしまったら，ベイズ的更新は決してこうしたことに問題があることを指摘することはできない．ベイズ的更新は決してゼロの値をプラスにはできない．事前に確率ゼロの状態は事後的も確率ゼロなのである．同様に，分析に含まれていない状態が，ベイズ的更新によって飛び出してくるということも決してないのである．

- あなたが情報を知る仕方は，それ自体で，またそれ自身について，参考になる情報をもたらすかもしれない．時には，あなたが何かについて知っている，あるいは知らないという事実そのものが，何か新しいことを伝えてくれるものである．特に，人々が情報を共有したり，しなかったりする動機について分析する必要がある．例えば，もしあなたの車のバッテリーが5年間保証を受けているとしたら，6年目の冬には気を付けたほうが良い．もし製造者がその保証を喜んで与えようとするなら，あなたはこのことを「このバッテリーは少なくとも5年間は良く機能する可能性が最も高い」と言っているのだと解釈することができる．このことは，そのバッテリーがほんの5年間だけちゃんと機能するとは言っていない．それは，「少なくとも5年間は良く機能する」と言っているのである．しかし，製造者の動機を知れば，あなたは，このバッテリーが5年以上はもたないかもしれないことを推論できるだろう．言い換えれば，もしバッテリーが例えば6年間は良く機能する可能性が最も高いのだとすれば，製造業者は喜んで，より長い保証期間を付けることで，このことを知らせようとするだろう．彼らがそうしなかったという事実から，バッテリーが6年間はもつというのは恐らく誇張であると推論できる．代わりになしえた別の主張ではなく，特定の主張がなされたという条件の下では，実際になされた言明を超える何らかの事柄をあなたは知ることができるのである．

因果関係

問題 5.13 における対話は因果関係に関するものである．ベロニカは，非常にもっともらしく，競争者が何をしようと関係なく，彼女たちの会社は価格を切り下げるべきだと主張している．ゲーム理論の言葉でいえば，価格を切り下げることは**支配戦略**であるように見える．この分析の問題点は，この状況を，プレーヤーたちの選択が互いに独立な，1回限りのゲームであると仮定しているところにある．そうした状況では，対話の中で言及されているように，囚人のジレンマであると考えることにむしろ説得力がある．しかし，現実世界では，価格競争は1回限りのゲームではない．企業が，ある特定の日に価格を切り下げると，翌日目が覚めた時，競争相手もまた価格を切り下げていることに気づくということがあるかもしれない．また，その時には，その企業は相手の行動に対して対応策を取ることができ，競争者もまたそうすることができる．この状況は，1回限りのゲームではなくて，繰り返しゲームとしてモデル化するのが適切であろう．そうしたゲームでは，プレーヤーの戦略選択は，ある固定された手，例えば，価格をある固定レベルに設定することなどに限定する必要はない．戦略は，環境に対しても応答できる．特に，競争相手は彼らの戦略を，(今日の)こちらの企業の決定に基づいて (明日) 価格を切り下げるか否かを決定するような関数として選んでいるかもしれないのである．

それゆえ，繰り返しゲーム戦略は，あらゆる可能な応答，あるいは，過去の履歴から将来の手を決めるあらゆる可能な関数を認めているため，非常に複雑な対象になる．繰り返しゲームの完全な分析は，やる気をなくさせるほど複雑なものであるかのように見えるかもしれない．それ以上に，そうした分析においては，他のプレーヤーに関して非常に多くの戦略がありえて，その各々が世界の状態になり，これらすべての状態にどのようにして確率を割り当てれば良いのか，あなたは途方に暮れてしまうかもしれない．

しかし，プレーヤー間の相互作用の要点をつかむために，繰り返しゲーム全体を完全に分析する必要はない．あなたの行動に**依存して**競争相手が価格切り下げを行うか否かを決める，そのことに関係した世界の状態を考えてお

くだけで十分である．そうした最も単純なモデルでは，あなたは2期間を考えるだけで良く，その場合，2つではなくて（競争相手の4つの戦略に対応する）4つの異なる世界の状態が存在することになる．そこでは，あなたの選択の各々に対して，競争相手は価格を切り下げるか否かによって応答することになる．この4つの状態は表5.11に示されている．

■ 表5.11　競争相手の応答

		価格を切り下げる	価格を切り下げない
競争相手の応答	A	価格を切り下げる	価格を切り下げる
	B	価格を切り下げる	価格を切り下げない
	C	価格を切り下げない	価格を切り下げる
	D	価格を切り下げない	価格を切り下げない

表5.11は意思決定マトリックスではない．これは，意思決定マトリックスに挿入される世界の状態を定義するのに役立つマトリックスである．この作業を行うと，表5.11の各行は，あなたの価格切り下げか否かの決定に応じて競争相手がそのどちらかの選択を行うかを決める関数として考えられる．その各行は1つの世界の状態を表しているので，それは意思決定マトリックスの1つの列になる．意思決定マトリックスは表5.12のようになるだろう．

■ 表5.12　競争相手の戦略

		競争相手の戦略			
		A	B	C	D
あなたの戦略	価格を切り下げる	L, L	L, L	L, H	L, H
	価格を切り下げない	H, L	H, H	H, L	H, H

意思決定の結果として，L/Hという文字の組を導入しているが，それぞれは「低価格」「高価格」に対応している．各セルの左側の文字があなたの戦略，右側の文字が競争相手の戦略を表している．第1行はあなたが価格切り下げを選んだことを表しており，あなたの価格はLになるが，第2行は価格切り下げを選ばなかったことを意味するので，あなたの価格はHに

なる．第1列では，競争相手は，あなたがどちらの戦略を選ぼうとも，常に価格切り下げを選ぶので，その価格はLとなる．第4列では反対に，競争相手は，あなたがどちらの戦略を選ぼうとも，常に価格切り下げは行わないので，その価格はHとなる．しかし，BとCの列では，競争相手の戦略はあなたの戦略に応じて異なる．例えば，Bの列においては，あなたが価格切り下げを行う時にのみ，相手もそうする．したがって，(価格を切り下げた場合) 互いに低価格で終わるか，(価格を切り下げない場合) 互いに高価格で終わるかのどちらかになる．

問題の対話におけるベロニカの分析は，競争相手が彼女の会社の選択に応じて戦略を変えないことを暗黙的に仮定している．これは戦略BとCとを排除することに等しく，(何があろうと価格を切り下げる) 戦略Aと (何があろうと価格を切り下げない) Dのみを残すことになってしまう．そうしたマトリックスでは，価格を切り下げる方が良く，それは支配戦略であるというのは実際正しいかもしれない．

しかし，競争相手が相手の行動に応じて戦略を変える可能性を許している表5.12のマトリックスにおいては，このことはもはや真実ではない．特に，価格戦争が生じれば低価格，そうでなければ高価格という具合に，両企業が同じレベルの価格に終わるという場合については，世界の状態 (競争相手の戦略) Bが存在する．この状態がマトリックスに加えられると，価格切り下げを選ぶことはもはや支配戦略ではなくなる．特に，この状態に無視しえない確率が付与されるなら，価格戦争を始めないほうが賢明であろう (競争相手が価格切り下げを行うのは，相手がそうしない場合のみであるような，状態Cも存在する．しかし，この状態には恐らく低い確率が割り振られるだろう)．

この例から得られる教訓は単純だがきわめて重要なものである．その教訓とは，状態空間を定式化する時，それらの状態にあらゆる可能な因果関係が反映されていることを確かめなければならない，というものである．この前に検討した問題と同様に，状態空間に導入された隠れた仮定は，ベイズ的更新によっては訂正されない．この場合，競争相手の選択があなたの選択とは因果的に独立であるという暗黙の仮定は，いくつかの世界の状態を含めないことによって，うっかりと導入されてしまっている．そのため，その時点か

らは，分析は数学的には完全に正しいかもしれないが，あなたが解くべき問題とは全く無関係のものになっているのである．

因果関係については，統計データを理解するための章（第3章）で短く議論した．そこでは，因果関係を確証することは困難であり，しばしばそのために十分なデータが手に入らないことが確認された．しかし，意思決定問題の分析においては，たとえ小さな主観的確率を割り当てるだけに終わるとしても，潜在的な因果関係に注意しておくことが要求されるのである．

確実性原理（sure thing principle）

主観的確率の測定について議論した際，われわれはいくつかの困難に遭遇した．特に，主観的確率を，積極的に賭けをしたいという意欲によって測定する際には，人々は，例えば，株式相場が下落することやそれが上昇することよりも，公平なコインを投げる方を好んでいた．次期アメリカ大統領が民主党から出ることや共和党から出ることについても，そうであった．これらの問題は，ダニエル・エルズバーグが1961年に公表した論文に記した2つの有名な思考実験を使って明らかにされた[4]．問題5.14と5.15がその2つの問題である．前者は次のような問題であった．

問題 5.14

あなたの前に2つの壺があり，それぞれに100個のボールが入っている．壺Aには赤のボールと黒のボールがそれぞれ50個ずつ入っている．壺Bには100個のボールが入っていて，それは赤か黒のボールであるが，赤のボールと黒のボールがそれぞれ何個ずつ入っているかは知らされない．

あなたは壺を選び（AかB），それからどちらかのボールの色（赤か黒）を選択するように尋ねられる．あなたが自分の選択を宣言すると，あなたが選んだ方の壺からボールが1つランダムに引かれる．引かれたボールがあなたの選んだ色であった場合，あなたは1万円を得る．そうでない場合は何も得られない．

それゆえ，4つの可能な選択があることになる．

AR ― 壺 A から赤のボールを引くことに賭ける
AB ― 壺 A から黒のボールを引くことに賭ける
BR ― 壺 B から赤のボールを引くことに賭ける
BB ― 壺 B から黒のボールを引くことに賭ける

　ほとんどすべての参加者は，AR と AB の間と同様に BR と BB との間でも無差別であるとの回答を示す．実際，提供されている情報は完全に対称的なので，（それぞれの組において）一方の選択を他方より選好する何の理由もない．しかしながら，すべての参加者がこれら4つの選択肢すべての間で無差別であるわけではない．多くの者が中身のわかっている壺（A）に賭けることを，中身のわかっていない壺（B）に賭けることよりも好む．

　明らかに，そうした選好は，人のもつ信念がその人の選択を支配しているであろう主観的確率として表現されうるという考え方と両立させることができない．その論理は，問題 5.1‒5.10 に関する分析と全く同じである．中身のわかっている壺 A では黒と赤のボールを引く確率は 50％‒50％である．この壺からボールを引くことは，公平なコインやルーレットと比較可能な，公平でランダムな仕掛けであると想定可能である．それに対して，壺 B は未知の確率に従った結果を生み出す．もし主観的確率を割り当てるとしたら，赤のボールを引く確率と黒のボールを引く確率を足し合わせると1になるようにしないといけない．その結果として，これらの確率は両方とも 50％以下になることは不可能になる．この例は，問題 5.4 と 5.9 や，問題 5.5 と 5.10 と非常に類似している．重要な違いは，後者においては，（株式相場が上昇あるいは下落するといった）未知の事象について，対称性がなかったという点である．エルズバーグの例では，われわれの知る限り，未知の確率は完全に対称的な事象に関連付けられている．

　この時点で，あなたは，主観的確率は素晴らしい道具だが，それはいつでも利用可能ではないと結論するかもしれない．特に，確率が未知の場合，そうした問題に対するわれわれの態度を単一の数値で要約することは難しいかもしれない．実際，エルズバーグがその実験で発見した現象とは，多くの人々が**不確実性回避的**であるということである．つまり，他の事情が一定で

あるならば，人々は既知の確率を未知の確率より好む，あるいはリスクを不確実性より好むということである[5,6]．リスク回避性の場合と同様に，不確実性回避性は損失が出る局面よりも利益が出る局面においてはるかに良く見られ，また，恐らくリスクに関する文脈で既に述べた損失回避性の場合と同じ効果によって，人々は損失が出る局面では不確実性愛好になるかもしれないという証拠がある[7]．損失が出る局面では人々は不確実性を好むか嫌うかのどちらかであるが，損失と利益の両方が生じる局面では，多くの人々は不確実性中立的には行動しないようである．すなわち，主観的確率という考えはやや制限的すぎるように思われる．しかし，この結論を出す前に，信念を主観的確率で表現するという議論についてもう少し語るべきことがある．

リスク下での期待効用理論の場合には，期待効用最大化に有利となるような厳密な根拠を提供しつつ，フォン・ノイマン＝モルゲンシュテルンの得た結果について簡潔に記述した．不確実性の文脈における主観的期待効用最大化，つまり，主観確率と効用関数を選び，その主観的確率に基づいて効用の期待値を最大化するという考え方に対しても同様の根拠が存在する．これらの結果の記述は本書の範囲を超えるものである[8,9]．しかし，2番目のエルズバーグの実験によって，その重要な公理の1つについては，その骨子を与えることができる．

問題 5.15 について考えてみよう．

問題 5.15

90個のボールが入った壺が1つある．それぞれのボールは，赤，青，黄のどれかである．壺には赤のボールがちょうど30個入っていると告げられる．すなわち，残り60個のボールは青か黄であるが，そのうち何個が青で，何個が黄かは知らされない．

その壺の中からボールが1つランダムに引かれる．あなたは以下の4通りの賭けのペアを比較して，それぞれについてどちらの方を選ぶか尋ねられる．あなたが選んだ方の賭けに記された事象が生じた場合には10万円が得られるが，そうでない場合には何も得られないとする．

a.「引いたボールが赤であることに賭ける」対「引いたボールが青であることに賭ける」
b.「引いたボールが赤であることに賭ける」対「引いたボールが黄であることに賭ける」
c.「引いたボールが赤で**ない**ことに賭ける」対「引いたボールが青でないことに賭ける」
d.「引いたボールが赤で**ない**ことに賭ける」対「引いたボールが黄でないことに賭ける」

では，これらの賭けを，与えられた状態空間の下で考えてみよう．3つの状態を考えることができるだろう．つまり，その確率が1/3である「引いたボールは赤である」という状態と，全体で2/3の確率がどのように分割されているのかわからない「引いたボールは青である」「引いたボールは黄である」という2つの状態である．

問題5.15においては，2組の選択を比較するように尋ねられている．それらのいくつかを一緒にすると，表5.13にあるような意思決定マトリックスが得られるだろう．

■ 表5.13 赤，青，黄色のボール

	赤	青	黄
赤である	10万円	0円	0円
青である	0円	10万円	0円
赤でない	0円	10万円	10万円
青でない	10万円	0円	10万円

多くの人々は青よりも赤を好む選好を示す．典型的な理由は，赤に賭ければ賞金を得る確率は1/3であることがわかっているが，青に賭ければその確率はわからないからというものである．青に賭けて賞金を得る確率は区間 $[0, 2/3]$ の間のどれかである．一方，1/3はこの中点であるが，実際にこれが青に賭けて賞金を勝ち取る確率であるかどうかはわからない．つまり，単純に言って，これが不確実性を回避する直観的理由なのである．

次に，赤でないことに賭ける場合と青でないことに賭ける場合とを比較してみよう．同様の直観によって，青でないことよりも赤でないことを選好することになるだろう．というのは，赤でない方に賭けると 2/3 の確率で賞金を得るが，青でない方に賭けると賞金を得る確率は 1/3 と 1 の間となるからである．

しかし，ここに問題が生じる．もしあなたが赤と青とを比較しているとすると，黄色のボールを引いた場合には，どちらも同じ結果，例えば，賞金 0 となるだろう．すなわち，赤と青を比較している時，あなたは引いたボールが黄である状態を無視しているかもしれないのである．それは，あたかも黄のボールを引くことはないとわかっているかのように仮定可能なようなものである．もし黄のボールを引いたら，赤であろうと青であろうと，その選択は無意味になるので，この 2 つの選択とは違う黄のボールを引くという事象には焦点を当てなくても良いのではないだろうか？

この直観は優れている．しかし，その同じ議論を赤でない場合と青でない場合にも行うことができる．黄のボールを引いた場合には，そのどちらも同じ利得（この場合，10 万円）を得ることになる．すなわち，赤でない場合と青でない場合を比較している時は，黄のボールを引くという事象は無視できる．問題は，表 5.13 のマトリックスで黄の列を無視するなら，「赤」は「青でない」と同一になり，「青」は「赤でない」と同一になることである．つまり，もしこのような推論を行って，青よりも赤を好む場合，赤でないことよりも青でないことを好むことになるのであって，その逆ではないのである．

この議論で用いられている論理は，基本的には，レナード・サヴェッジによって提案された，典型的には**確実性原理**として言及されている公理なのである．大雑把にいえば，ある事象が生じた下での 2 つの選択が同一であるならば，その事象は生じなかったものと仮定して良く，2 つの選択の間の選好は，その事象を取り除いた状態で決定して良いというものである．それは，恐らく，フォン・ノイマン＝モルゲンシュテルンの独立性公理の論理を思い出させるものであるが，モデルはいくぶん異なっていて，両者の関係はそれほど単純ではない．

歴史的には，この節での議論の出発点になったエルズバーグの実験は，サ

ヴェッジの確実性原理を攻撃するために計画されたのであった．記述的には，多くの人々は実際に不確実性回避的であるという十分な証拠がある．規範的な観点からは，確実性原理が常に合理性にとって必要条件と考えられるかという論点について，意思決定理論家の意見は分かれている．

問題5.15において確実性原理に違反する人々は，もう一度選択を見直し，この公理に照らして選択を変えたいかどうかを考えるよう求められる．事実，同様の課題を（2つの壺に関する）問題5.14で行うことができるだろう．その問題においては，明示的に状態空間は特定化されていなかったが，もしそうした場合には，問題5.14における不確実性回避もまた確実性原理の違反になることを指摘でき，その場合にもあなたに選好を見直すように尋ねることができただろう．

確実性原理に違反する人々の中には，その公理を示された後でも，最初の選好に固執する人がいる[10]．問題5.5と5.10をもう一度考えてみると，公平なコインに賭ける方が，次期アメリカ大統領がどちらの党から出るかに賭けるよりも，より満足のいく選択であると感じるだろう．たとえ，そうすることで，わたしがサヴェッジの公理に違反することになるとあなたが教えてくれたとしても，そうである．そうした選好を表現する際，わたしは，サヴェッジの公理に可能な限りの敬意を払っても，全くのところ，次期アメリカ大統領が民主党から出ることに関するわたしの主観的確率を1つの数字に表現する方法はないという困難について指摘することだろう．また，その時，一方で非常に魅力的な公理に違反する選択，他方で恣意的に選ばれた数字で表現された確率の選択が与えられたなら，わたしは前者を選ぶことだろう．わたしが素敵な公理に違反しているのを知ることは，恐らくとてもうれしいと感じるようなことではないが，自分では知らない確率をあたかも知っているかのようにして意思決定を行うこともまた非常に合理的なことであるとは感じないだろう．これは難しい選択である．また，これは，われわれにとって何が合理的であるかという問いを含むあらゆる問題と同様に，意思決定者と目の前の問題双方に依存するような選択なのである．

第5章　｜　不確実性下の意思決定

代替的なモデル

　最近の数十年の間に，主観的期待効用最大化に対する代替理論として利用可能な意思決定モデルに関する多くの理論的関心が起こった．そうしたモデルのうち，比較的説明が容易なものは，「複数の事前確率をもつ」マキシミン・モデルである[11]．この理論の考え方は，ベイズ的モデルによって規定されるような，各事象に対して単一の確率を与える代わりに，意思決定者は確率分布の**集合**を心に描くというものである．この考えは，その精神において，古典的統計学の推論法に近いものである．古典的統計学では，問題が可能な分布の集合として定義され，ベイズ的アプローチとは反対に，これらの分布上に何の数量化もしない．マキシミン・モデルでは，意思決定をするに際して，各々の選択肢は期待効用で見て最悪の場合によって評価されるべきであると主張している．例えば，次期アメリカ大統領は民主党から出るという事象に関するわたしの主観的確率は区間 $[0.4, 0.6]$ のうちのどこかであるとする．次期大統領が民主党から出ることに対する掛け金が1万円であることが示されると，わたしは次の式によってそれを評価する．

$$\text{Min}_{0.4 \leq p \leq 0.6}[p \times u(1万円) + (1-p) \times u(0円)]$$
$$= 0.4 \times u(1万円) + 0.6 \times u(0円)$$

　また，次期大統領が共和党から出ることに対する掛け金が1万円であることが示されると，わたしは次の式によってそれを評価する．

$$\text{Min}_{0.4 \leq p \leq 0.6}[p \times u(0円) + (1-p) \times u(1万円)]$$
$$= 0.4 \times u(1万円) + 0.6 \times u(0円)$$

　したがって，どちらの値も，(表と裏のどちらに賭けようと) 公平なコイン投げに賭ける場合の値よりも厳密に低くなる．この理論に従えば，不確実性回避は意思決定プロセスに内蔵されている．なぜなら，各選択肢は，その選択が最悪の結果を生む場合の確率によって評価されるからである．

　マキシミン期待効用のようなモデルは，ファイナンスや経済学における数多くの現象を説明するために用いられてきた．1つの例として，「自国びい

きバイアス」というものがある．それは，トレーダーが自国の株式を取引することを，外国の株式を取引することより好む傾向があるという現象が観察されることを指している[12]．国内の金融資産と海外の金融資産を比較するというのは，恐らくエルズバーグの2つの壺による実験を思い出させるものだろう．海外資産に比べて，国内資産の方がなじみ深く，その確率分布についてより良く知られているものだ．すなわち，エルズバーグの実験における確率が既知の壺は，国内資産への投資を抽象化したものであり，海外資産は確率が未知の壺に対応するものと考えることができるだろう．実験室実験で観察された被験者の選好は，多くの人々が確率が未知の壺よりも確率が既知の壺に賭けることを好むというものであったが，これは，人々が「既知の」国内資産を取引することを「未知の」外国資産を取引することよりも好むという現実世界の現象と整合的な結果なのである．

客観的確率

　問題 5.16 と 5.17 は，すべての確率が主観的ではないことを思い起こさせることを目的としている．それは以下のような問題であった．

問題 5.16
　これから手術を受けるところだと想定しよう．そこで，手術が成功する確率を医師に尋ねたとする．どのようにしたら，医師は客観的な答えを提供することができるだろうか？

問題 5.17
　戦争が生じる確率に依存して価値が決まるある投資に興味を持っているとしよう．そこで，国際関係の専門家に，翌年に中東で戦争が生じる確率がいくらであるかを尋ねたとする．どのようにしたら，その専門家は客観的な答えを提供することができるだろうか？

　これらの問題は挑戦的なものである．なぜなら，これらは唯一無二の事象

を扱っているからである．例えば，医学的な例においては，どの2人の患者も同一ではない．国際関係の例では，どの2つの対立状況も同一のものではない．すなわち，これらの場合，膨大なデータベースから導かれる経験頻度としての客観的確率という考えは全く適用できない．もしわたしが問題5.16における患者であったなら，わたしは自分の決定を相対頻度に基づいて決めたいとは思わないだろう．なぜなら，他の患者は，年齢，性別，体重などの医学的に関連のある変数においてわたしとは異なるかもしれないからだ．同様に，問題5.17における投資を考える際にも，戦争が生じる確率がまさに過去の戦争の相対頻度に等しいと仮定することは愚かなように思われる．実際，相対頻度はそうした例においてはきちんと定義することさえできないかもしれないのである．というのは，相対頻度を求める際，あらゆる記録された歴史を含めて求めればいいのか，あるいは単に最近の数十年間のデータで十分なのか，わからないからである．また，問題になっている地域のデータに限定していいのか，あるいは類似した事例も含ませるべきなのか，わからないからである．つまり，相対頻度という単純な考えは，これらの問題のどちらについても，確率に関する良い定義を与えてくれないのである．

また，ここで示されたこれらの例は，たとえ単純な経験分布が利用できない時でさえ，時には客観的確率が定義されうることを思い出させてくれる．そうした確率はいかにして統計的に定義されるかは本書の限界を超えている．しかし，どのようなタイプの答えを期待するのか，また，その答えをどのように利用できるかについては，あなたは自分自身で考えるべきである．

医学的な例においては，医療処置に関する膨大なデータベースと，それぞれの患者ごとに治療が成功する確率を推定する洗練された統計的手法が存在する．医師と同様に，統計学者もまた間違いを犯すかもしれず，新しい研究の発表によって，病気の治癒可能性に関する考えが変わることもあるだろう．しかし，彼らが提供する確率的診断は，医師や統計学者の主観的見方に依存していないという意味で，しばしば客観的なものである．

（問題5.17における）戦争の確率の例はそれとは異なっている．こうした事例においても，時には確率的評価がなされるが，それらは，専門家が掲載した客観的確率であるよりは，専門家の主観的確率になる傾向がある．言い換

えれば，もしあなたが戦争の確率について違う専門家に尋ねれば，非常に異なる評価を聞いたとしても，あなたは驚かないだろう．そうした理由で，多くの国際関係の専門家は，自分たちの信念を確率的な方法で数量化することを躊躇するのである．

医学と国際関係というこれら2つの領域の間にある差異とは何だろうか？　これら両方の領域において，互いに非常に異なる多くの観察結果が得られているが，医学の例では，これらの観察結果は，ほとんど部分について因果的には独立なものである．この事実のために，専門家は，観察結果間の不一致を処理し，これらの不一致に関して確率がどう変化するかを評価することにより，洗練された統計的手法の採用が可能になる．しかし，戦争の場合には，大規模な経済危機の場合と同様に，過去の観察結果は多くのパラメータにおいて異なっているだけでなく，それらは目下の問題になっている事例と共に，過去の結果同士もが因果的に関連している．その結果として，多様な因果的説明が存在しえて，それらの諸説に対する主観的な信念を考える余地がたくさん残されることになり，客観的なものとみることができる統計的手法の利用はあきらめなければならないのである．

練習問題

1．以下の2つの問題について考えてみよう．
a．明日雪が降ることを観察することと，コインを続けて2回投げた時，両方とも表であることを観察すること，そのどちらが生じやすいか？
b．明日降水がないことを観察することと，ルーレットの出目が7以外であることを観察すること，そのどちらが生じやすいか？

（a）と（b）に対する解答の組み合わせのうちどれが，主観的確率によって表現されうる信念と整合的なものであるか？

2．以下の2つの問題について考えてみよう．
a．ダウジョーンズ工業株価平均（DJIA）が今後2か月の間に現在の水準よりも上がることと，公平なコインを投げた時に表が出ること，そのど

ちらが生じやすいか？
b．ダウジョーンズ工業株価平均（DJIA）が今後2か月の間に現在の水準よりも下がることと，公平なコインを投げた時に表が出ること，そのどちらが生じやすいか？

(a) と (b) に対する解答の組み合わせのうちどれが，主観的確率によって表現されうる信念と整合的なものであるか？

3．アンは，民主党と共和党のどちらも，来たるべきアメリカ大統領選挙で同じくらい勝利する可能性があると考えている．彼女は，そのどちらかが選挙で勝利することに賭けることの方が，公平なコインを投げた時に表が出ることよりも好んでいる．それでは，このアンについて何が言えるだろうか？
a．彼女はエルズバーグの実験における大多数の参加者と同じように行動する．
b．この情報だけに基づくと，彼女は恐らく外国株所有権よりも現地株所有権を購入することを好む．
c．この情報だけに基づくと，彼女は恐らく現地株所有権よりも外国株所有権を購入することを好む．
d．彼女は自分の信念を記述するのにベイズ的なモデルで満足する．

4．地球の温度が摂氏3度以上上昇する確率を算定することには大きな困難がある．それはなぜか？ また，そのことと，50歳の人が次の10年の間に心臓病を患う確率を算定することの間にはどのような違いあるか？ これらを説明しなさい．

原注
1 ダニエル・ベルヌーイがリスクの文脈において期待効用最大化を示唆していたのに反して，そのことはパスカルの著作には暗黙的に記されているだけである．しかし，パスカルが確率論における期待値という概念の発案者であったことを思い出すなら，彼の文章の中に記されているタイプの計算が期待効用最大化であることは，ほとんど疑

う余地がない．
2. Dreze, J. H. (1961) Les fondements logiques de l'utilite cardinarle et de la probablite subjective. *La Decision*. Colloques Internationaux du CNRS; Karni, E., Schmeidler, D. and Vind, K. (1983) On state dependent preferences and subjective probabilities. *Econometrica*, 51, 1021–1031; Karni, E. (1985) *Decision Making Under Uncertainty: The Case of State Dependent Preferences*. Harvard University Press.
3. モンティ・ホールの例は気晴らし以上のものであり，この一般的な論点に関係しているという事実は，ロジャー・マイヤーソンによってなされたものである．
4. Ellsberg, D. (1961) Risk, ambiguity and the Savage axioms. *Quarterly Journal of Economics*, 75, 643–669．「リスク」に対する「不確実性」という用語はナイトによって用いられた．エルズバーグは「あいまい性」という用語を用いている．「あいまい性回避」と「不確実性回避」は同義語で，どちらも今日用いられている．
5. エルズバーグは実験室実験を実施していない．彼は，その分野の専門家に宛てた質問紙による調査を用いている．しかし，彼の発見はそれ以来，多くの慎重に実施された実験によって再現されている．
6. Knight, F. H. (1921) *Risk, Uncertainty, and Profit*. Houghton Mifflin.
7. Dobbs, I. M. (1991) A Bayesian approach to decision-making under ambiguity. *Economica*, 58, 417–440.
8. フランク・ラムジー，ブルーノ・デ・フィネッティおよびフォン・ノイマンとモルゲンシュテルンによる初期の研究に基づいて，レナード・サヴェッジは，主観的期待効用最大化に対する非常に説得力のある公理的な証明を 1954 年に与えている．
9. Ramsey, F. P. (1931) Truth and probability, in *The Foundation of Mathematics and Other Logical Essays*. Routledge and Kegan Paul, pp.156–198. Kyburg, H. E. Jr & Smokler, H. E. (eds) (1964) *Studies in Subjective Probability*. John Wiley & Sons, Inc., pp.61–92 (2nd edn 1980, Krieger) に再録; de Finetti, B. (1937) La prevision: ses lois logiques, ses sources subjectives. *Annales de l'Institut Henri Poincare*, 7, 1–68; Savage, L. J. (1954) *The Foundations of Statistics*. John Wiley & Sons, Inc. (2nd edn 1972, Dover).
10. Slovic, P. & Tversky, A. (1974) Who accepts Savage's axiom? *Behavioral Science*, 19, 368–373.
11. Gilboa, I. and Schmeidler, D. (1989) Maximin expected utility with a non-unique prior. *Journal of Mathematical Economics*, 18, 141–153.
12. French, K. and Poterba, J. (1991) Investor diversification and international equity markets. *American Economic Review*, 81, 222–226; Epstein, L. G. and Miao, J. (2003) A two-person dynamic equilibrium under ambiguity. *Journal of Economic Dynamics and Control*, 27, 1253–1288.

第6章 幸福度と幸福感

はじめに

　あなたは幸せだろうか？　10年後に幸せになるためには何が必要だろうか？　あなたの周りの人々は幸せだろうか？　彼らの幸福を決定づけるものは何だろうか？　こうした問いについて思い悩むのには，何か理由があるのだろうか？

　このような質問は，本書で議論するべきものではなく，経営学や経済学を専攻する学生の関心を引かないだろうと思う人もいるかもしれない．おそらく，本書の読者はより良い決定をすること，より多くの富を得ること，投資の失敗を少なくすることに関心があり，幸福や人生の意味についての議論には興味がないだろう．しかし近年，記述的および規範的な立場から，こうした問題は相互に関係があるという理解が広まってきている．

　記述的立場としては，われわれは他人の行動を理解したいと願うが，その際に必ずしも彼らの行動を変えたいとは思わない．この目的のためには，人々を動かすものは何なのか，彼らが幸福度として定義するものは何なのかを知ることが重要である．規範的立場としては，われわれ個人は，現在および将来において人生で何を求めているかについて立ち止まって考えてみてもよい．もし，間違った目標を効果的に追求してしまえば，良い決定を行うのは非常に困難になるだろう．

　そこで，本章では幸福度と幸福感についての問題を取り上げることにする．

本章は他の章よりも短い．それは，この領域における科学的な知見が限られており，通常よりもたくさんの疑問符が残されると思われるからである．それでもなお，わたしは本章で取り上げる問題は，考える価値が十分あるものであることを期待している．

問題―グループA

▶ 問題 6.1

メアリはあなたの会社の広報課で働いている．彼女は社内で良い働きをしており，あなたはその働きぶりに満足している．約6か月前，メアリはジェーンという新しい社員を雇った．ジェーンにはもって生まれた才能があることがわかったが，2人は仲良くやっている．

メアリの直属の上司が退職したため，あなたはその役職にふさわしい人物を探している．あなたはメアリがその役職に適しているとは思っていない．それに対して，ジェーンはその役職に最適なように思われる．しかし，ジェーンを昇進させてメアリを彼女の部下にするのはどうも気まずい．ある同僚は，あなたの考え通りに人事を進めるべきだが，問題を解決するには2人の給料を十分引き上げるべきだと助言した．

問題を解決するには，あなたは彼女たちの給料を何パーセント上げればよいと思うだろうか？

▶ 問題 6.2

本書も終わりに近づいてきた．読者からフィードバックをもらうべき時である．以下の質問に答えてほしい．

1．本書の解説は明解だと感じましたか？　はい＿＿＿　いいえ＿＿＿
2．本書のトピックは興味深いと思いましたか？　はい＿＿＿　いいえ＿＿＿
3．図はわかりやすく提示されていましたか？　はい＿＿＿　いいえ＿＿＿
4．0-10点のうち，あなたの本書の総合的な評価は何点ですか？＿＿＿＿＿＿

▶ 問題 6.3

ロバートとジョンは一緒に学校に通っていた．彼らはおおよそ同じ時期に

結婚した．彼らは都会に住み，都会での生活を大いに楽しんでいた．

ロバートと彼の妻には子供がいない．ジョンと彼の妻の間には，結婚して1年後に1人目の子供が生まれた．2年後，2人目の子供が生まれ，今は8か月になっている．結局ジョンは郊外に引っ越して，大きな家を購入するために住宅ローンを組まなければならなかった．ジョンは今，経済的に苦しいと感じている．

ジョンが家にいる間に，ロバートは妻とスキー旅行に出かけている．ジョンは，2人の子供を連れてスキー旅行に行くことなど考えもしない．それにお金を費やすなどとんでもないと思っている．実際，ジョンは夜にぐっすり眠れるだけで十分幸せだ．

あなたは，ロバートがジョンよりも幸せだと思うだろうか？

問題―グループB

▶ **問題 6.4**

メアリはあなたの会社の広報課で働いている．彼女は社内で良い働きをしており，あなたはその働きぶりに満足している．約6か月前，メアリはジェーンという新しい社員を雇った．ジェーンにはもって生まれた才能があることがわかったが，2人は仲良くやっている．

メアリの直属の上司が退職したため，あなたはその役職にふさわしい人物を探している．あなたはメアリがその役職に適しているとは思っていない．それに対して，ジェーンはその役職に最適なように思われる．しかし，ジェーンを昇進させてメアリを彼女の部下にするのはどうも気まずい．ある同僚は，あなたの考え通りに人事を進めるべきだが，問題を解決するには2人の給料を十分引き上げるべきだと助言した．

問題を解決するには，あなたは彼女たちの給料を何パーセント上げればよいと思うだろうか？

▶ **問題 6.5**

本書も終わりに近づいてきた．読者からフィードバックをもらうべき時である．以下の質問に答えてほしい．

1．0-10 点のうち，あなたの本書に対する総合的な評価は何点ですか？
＿＿＿＿＿

2．本書の解説は明解だと感じましたか？　はい＿＿＿　いいえ＿＿＿

3．本書のトピックは興味深いと思いましたか？　はい＿＿＿　いいえ＿＿＿

4．図はわかりやすく提示されていましたか？　はい＿＿＿　いいえ＿＿＿

▶ 問題 6.6

　ロバートとジョンは一緒に学校に通っていた．彼らはおおよそ同じ時期に結婚した．彼らは都会に住み，都会での生活を大いに楽しんでいた．

　ロバートと彼の妻には子供がいない．ジョンと彼の妻の間には，結婚して1年後に1人目の子供が生まれた．2年後，2人目の子供が生まれ，今は8か月になっている．結局ジョンは郊外に引っ越して，大きな家を購入するために住宅ローンを組まなければならなかった．ジョンは今，経済的に苦しいと感じている．

　ジョンが家にいる間に，ロバートは妻とスキー旅行に出かけている．ジョンは，2人の子供を連れてスキー旅行に行くことなど考えもしない．それにお金を費やすなどとんでもないと思っている．実際，ジョンは夜にぐっすり眠れるだけで十分幸せだ．

　あなたは，ロバートがジョンよりも幸せだと思うだろうか？

幸福度

　問題 6.1 と 6.4 は同じ問題である．それは以下のような問題であった．

　メアリはあなたの会社の広報課で働いている．彼女は社内で良い働きをしており，あなたはその働きぶりに満足している．約6か月前，メアリはジェーンという新しい社員を雇った．ジェーンにはもって生まれた才能があることがわかったが，2人は仲良くやっている．

　メアリの直属の上司が退職したため，あなたはその役職にふさわしい人物を探している．あなたはメアリがその役職に適しているとは思っていない．

それに対して，ジェーンはその役職に最適なように思われる．しかし，ジェーンを昇進させてメアリを彼女の部下にするのはどうも気まずい．ある同僚は，あなたの考え通りに人事を進めるべきだが，問題を解決するには2人の給料を十分引き上げるべきだと助言した．

問題を解決するには，あなたは彼女たちの給料を何パーセント上げればよいと思うだろうか？

われわれは，明らかにメアリおよび彼女の人間性について何も知らない．彼女は他人へのねたみなどとは全く無縁かもしれないし，昇進しようという野心もないかもしれない．彼女はジェーンの才能についてのあなたの評価に同意するかもしれないし，ジェーンではなく自分が上司の役職を得ることができるはずとは考えていないかもしれない．しかし，メアリが腹を立てる可能性も十分に考えられる．部下が自分よりも早く昇進することを目の当たりにするのは良い気分ではないし，ごく最近まで自分に仕事の報告していた人に今度は自分が報告しにいくということは，あからさまな屈辱とも言えるだろう．実際あなたは，給料を上げることは問題の解決にはならないと直感的に思ったかもしれない．多くの組織では，ジェーンにこのような仕事を与えるのはタブーとされている．こうした人事は，メアリに本当に会社を辞めてほしいと願っている時にのみ行われるものだ．もしメアリに会社に残って献身的に働いてほしいと望むならば，ジェーンを別の部署の仕事に昇進させるか，メアリに別の仕事を与えるか，あるいはメアリに悪い感情を持たせないような別の処遇をする必要があるかもしれない．

ねたみは，あまり誇らしいと思えるような感情ではない．ねたみは七つの大罪の1つである．その一方，ねたみは非常に人間らしい感情だ（そうでなければ，多くの関心を集めるだけの価値がないかもしれない）．人々は自分の社会的地位に大変敏感であり，このことは他の種にも共通しているように思われる．経済学では，ジェームズ・デューゼンベリーが（1949年に）「相対所得仮説」を提案した．それによれば，人々は所得そのものを最大化するのではなく，所得分布の中で相対的な地位を最大化しようとするのだという[1]．多くの財産を持っていても社会的地位が低いことは，財産が少なくても社会的地位が

高いことよりも悪いことなのかもかもしれない．

　われわれはねたみや他のいまいましい感情をなくすことができるだろうか？　これは簡単な問いではない．われわれは，せめてこうした感情が働かないように，可能ならばそれが表に出ないようにしているのかもしれない．認知行動療法を用いれば，こうした感情を抱かないようにすることができる．あるいは少なくともそうした感情を抱く頻度をより少なくすることができる．しかし，われわれが他人をねたむことをやめ，実際にねたみの感情をなくすことができるかどうかは定かではない．もしそれができたとしても，他の人もみなねたみをなくしたと考えるのは早計だ．

　ねたみや社会的地位は非物質的な**幸福度**を構成する要素のうち，ほんの一例に過ぎない．人々がお金やお金で買うことができるものだけではなく，友情や愛，自己実現や充実感，自由な時間や心の平穏などを大切にしていることは明らかだろう．幸福がお金と同じではないということは，数千年も前から理解されている．この点を重視しない人類の文化はほとんど存在しない．古くは古代哲学や宗教の教えから，最近ではハリウッド映画から，われわれは「お金はすべてではない」，「お金で幸福は買えない」などということを学んでいる．

　ここ数十年，社会科学における研究は，お金と幸福度との関係について明らかにしようとしている．リチャード・イースタリンやエド・ディーナーは個人の自己申告によって幸福度を計測し，それがさまざまな要因によってどう変化するかについて研究した[2]．**主観的幸福度**と呼ばれるこの指標は，所得と有意に相関していることが確認された．しかし，その程度は大きくないことがわかっている（相関係数は約 0.2 である）[3]．イースタリンは，集団間よりも集団内の方が高い相関を示すことを確認している．彼の説明によれば，主観的幸福度は所得に依存しているだけでなく，自分の所得と所得の要求水準との関係にも依存しているという．そして後者は多くの場合，他人との比較によって決定される．集団内では，人々は同じグループ内で比較をする傾向がある．従って，同じような所得の要求水準を持つことになる．これにより，所得と申告した主観的幸福度は比較的高い相関を持つ結果になる．しかし，集団間では，異なる年齢グループの間で比較すると，年齢層が高い人々は所

得が高い傾向にあり，同じように所得が高い人を友人に持っている．それゆえ，彼らの要求水準は若い人のものよりも高い．結果的に，収入は年齢と共に増加するにもかかわらず，申告された幸福度は，年齢と共に上昇しない．

　ある経験をすることによって適応を行う要求水準の考え方は，第4章において（プロスペクト理論の文脈で）触れたハリー・ヘルソンによる「順応水準理論」を思い起こさせるかもしれない[4]．実際，ヘルソンの信奉者たちは，感覚的な認識に焦点を当てる彼の理論を幸福度の問題に応用した．1978年からの有名な研究において，ブリックマン，コーツ，ジャノフ＝ブルマンは，劇的に良い経験および悪い経験をした人々の自己申告による幸福度を比較した．劇的に良い経験をした人は，宝くじに当たった人であり，劇的に悪い経験をした人は，事故によってハンディキャップを負った人である．驚くべきことに，しばらく時間が経つと，自己申告の幸福度は2つのグループ間で同じ程度になるということが確認された[5]．フィリップ・ブリックマンとドナルド・キャンベルは，この考えをさらに押し進め[6]，人々はいずれ新たな環境に適応していくのだから，彼らの物質的な状況を改善しても意味がないと主張した．彼らによれば，人間はまるで「快楽の回し車」の中で走っている小さなネズミのようなものだ．速く走れば走るほど，満足を得るためにはもっと速く走り続けなければならない．ブリックマンとキャンベルは，幸福はこのようにして得られるものではないと主張している．

計測に関わる問題

　多くの人は，ブリックマンとキャンベルの劇的な結果を疑わしいと感じた．特に経済学者は，**顕示選好**の理論的枠組みに従って効用を考えることに慣れている．経済学者はまず人々の選択を観察し，外部の観察者として人々の選択を説明する関数を当てはめる．この理論的枠組みによれば，「より高い効用を得る」ことは単に「選択の機会が与えられた場合にそれを選ぶ」ということを意味している．こう考えると，宝くじの当選者とハンディを負った人の自己申告の幸福度が同じであることを聞いた経済学者は，「わかった．では，宝くじの当選者はハンディを負った人と境遇を交換しようとするだろう

か？」と尋ねるだろう．

　この例はより一般的な問題を提起している．主観的幸福度はいったい何を測っているのかという問題である．われわれは，個人としてであれ社会としてであれ，自分自身と他人に関する意思決定を導くとされる幸福度をどれほど信用することができるだろうか？　こうした疑問は，自己申告の幸福度はさまざまな方法で操作可能であることを示した心理学の研究を考慮すると，より重要な意味を持つ．その例を考えるために，問題 6.2 と 6.5 とを比べてみよう．はじめの問題は，以下のようなものであった．

問題 6.2
　本書も終わりに近づいてきた．読者からフィードバックをもらうべき時である．以下の質問に答えてほしい．
1．本書の解説は明解だと感じましたか？　はい＿＿＿　いいえ＿＿＿
2．本書のトピックは興味深いと思いましたか？　はい＿＿＿　いいえ＿＿＿
3．図はわかりやすく提示されていましたか？　はい＿＿＿　いいえ＿＿＿
4．0–10点のうち，あなたの本書に対する総合的な評価は何点ですか？
　＿＿＿＿＿＿

　一方，2番目の問題 6.5 は同じことを少々異なる順序で聞いている．この問題では，4番目の質問（総合的な評価についての質問）を最初に尋ねている．
　ここでは，問題 6.2 の質問（3）と（4）および問題 6.5 の質問（1）と（4）への回答の相関に焦点を当てたい．つまり，本書の図についての満足感と本書全体の評価との相関である．これらの間に正の相関があるだろうことは当然である．他の条件が同じであれば，図に満足しているほど，全体として本書に満足するだろう．つまり，図の質問に「いいえ」と答えた人よりも「はい」と答えた人の方が平均的な満足度が高くなっているはずである．重要なのは，2つの問題でこの相関が異なっているかもしれない点である．典型的な回答結果は，問題 6.5 よりも問題 6.2 の方で相関が高くなるというものである．

その理由は明らかだろう．問題 6.2 では，本書全体の評価を尋ねられる直前に，図についての話題が提示され，回答者の注意がそこに注がれる．回答者はその問題に焦点を当て，図が良いと思っていても悪いと思っていても，自分の図についての評価が全体の評価に影響を与えることになるだろう．対照的に問題 6.5 では，最初に全体の評価が尋ねられる．もし全体の評価の回答を訂正しないのであれば，先に図に焦点を当てた場合よりも図の品質は全体の評価を決定する際により小さな影響しか与えないだろう．

同様の現象は，人々が自分の幸福度や「全体としての人生の満足度」を答える際に起こる．人生の満足度という概念は非常に曖昧であり，回答者の注意を他の要素ではなく人生のある特定の要素に向けさせることによって，その人の回答を操作することが可能となる[7]．こう考えると，主観的幸福度が意思決定の基礎となる十分頑健な指標であるかどうかについては明らかではないと結論づけられる．

この種の難しさは，ダニエル・カーネマンと彼の同僚たちが幸福度を測定する別の手段を考える動機の一部となった．カーネマンは，人々がある出来事を思い出す方法は彼らがその出来事を経験する方法とは全く違うことがありうることも示した．彼は（i）幸福度は，瞬間的な効用を各時点にわたって足し合わせた合計として計測されるべきであり，（ii）瞬間的効用が最も良く計測されるのは，他人の判断によって客観的に計測される場合である，という見方を広めた．具体的には，カーネマンと彼の同僚たちは 1 日ごとの体験復元法（Day Reconstruction Method, DRM）[8] と呼ばれる方法を提案した．それによれば，各個人は 1 日に体験したことを 1 時間ごとに思い出し，それらの体験を満足度に従って独立に順序づける．その上で，幸福度はこれら満足度のランキングを合計したものとして計測される．

幸せとは何だろうか？

問題 6.3 と 6.6 を考えよう．これらは，以下の通り同じ問題である．

ロバートとジョンは一緒に学校に通っていた．彼らはおおよそ同じ時期に

結婚した．彼らは都会に住み，都会での生活を大いに楽しんでいた．

ロバートと彼の妻の間には子供がいない．ジョンと彼の妻の間には，結婚して1年後に1人目の子供が生まれた．2年後，2人目の子供が生まれ，今は8か月になっている．結局ジョンは，大きな家を購入するために郊外に引っ越して住宅ローンを組まなければならなかった．ジョンは今，経済的に苦しいと感じている．

ジョンが家にいる間に，ロバートは妻とスキー旅行に出かけている．ジョンは，2人の子供を連れてスキー旅行に行くことなど考えもしない．それにお金を費やすなどとんでもないと思っている．実際，ジョンは夜にぐっすり眠れるだけで十分幸せだ．

あなたは，ロバートがジョンよりも幸せだと思うだろうか？

もちろんこれは正しい答えを期待するタイプの質問ではない．どちらがより幸福であるかはわからないし，この質問が何を意味しているかについても明確ですらない．しかし，この問題の重要な点は，われわれの幸福度の指標を尋ねていることである．もしわれわれが主観的幸福度の質問票を使えば，ロバートは自分の人生に非常に満足している一方，ジョンは経済的な問題，睡眠不足，余暇の時間がないことについて不平を言うことがわかるだろう．実際，主観的幸福度の研究では，おおむね子育ての期間中は，子供がいない人は子供がいる人よりも高い幸福度を申告することがわかっている[9]．もしわれわれが体験復元法を用いたら，ジョンは赤ん坊のおむつの取り替えに時間を費やし，泣き叫ぶ赤ん坊と共に眠れない夜を過ごしている一方，ロバートは睡眠，外出，スキー旅行にジョンよりもずっと長い時間をかけていることがわかるだろう．中立的な立場の観察者は確実に「スキー旅行のために休暇を取っている」ことは「泣き叫ぶ赤ん坊を寝かしつけようとしている」ことよりもずっと楽しいことだと順序づけるだろう．結果として，上記の2つの方法とも子供を持つことは愚かな考えであることを示唆するだろう．

しかし，この結論は道理に合わない．はじめに，経済学者の顕示選好の枠組みで考えると，多くの人が世代を越えて自ら進んで子供を持つことを選んでいるとすれば，子供を持つことがそれほど悪い考えであるはずがない．第

2に，子供を持つ親に話を聞いてみると，彼らは子供は幸せの源である，あるいは子供は自分の人生の意味そのものだ，などと言うことがある．この幸福感を測定することは難しいかもしれない．しかし，1日の仕事が終わった後に子供に抱きつかれると，その人の1日の体験が違うものになることは直感的にも理解できるだろう．当然のことながら，このことは幸せになるためには子供を持たなければならないということを意味しているわけではない．さらに言えば，子供を持つことを選んだ人は，おそらく社会の後押しもあるために，自分が幸せであると思い込もうとしている可能性も大いにある．要するに，人々の幸福感にとって大変重要であろういくつかの要因は，現存する幸福度の指標では十分に捉えきれないかもしれないのだ．

では，われわれはどうすればいいだろうか？　われわれの手元には，これまでになされてきた膨大な量の幸福度についての研究がある．その研究を参考にすれば，お金が幸せと同等であると見なしてはならないということを思い返すことができる．（問題 6.1 や 6.4 の従業員のような）他人と付き合う際や自分の人生設計をする際に，こうしたことを知っておくことは重要だ．しかし，科学的知見は，幸福度とは何かという問いに明解な答えを提供するにはほど遠い．まして，幸福感とは何かという問題については言うまでもない．こうした概念を測定しようとする試み自体，質問がきちんと定義されていないことを示唆していると言えるかもしれない．

本書では既に，プロスペクト理論で議論された利得と損失の非対称性に反映されているように，心理学では良い経験と悪い経験を区別していることについて言及した．幸福度の測定では，別の意味で悪い領域と良い領域とが異なっているように思われる．それは，幸福とは何かということは明らかではない一方，不幸とは何かということはより明白であるということだ．われわれは，健康的で自由で裕福であるような人が幸福であるということについて合意することができないかもしれないが，病弱な人，自由が束縛されている人，飢えている人が不幸だということについては合意することができるだろう．

本書を通じて，あなたにとって何が良い決定であるか決めるのはあなた自身であるという見方を強調してきた．当然，この主観的アプローチは幸福度と幸福感に関する問いにも当てはまる．われわれのここでの目的は，解答を

提供するというよりもこうした問いを投げかけることなのである．

練習問題

1. ある従業員は3年間の雇用契約を結ぶ際に，2つの給与体系から1つを選ばなければならなかったとしよう．1つめの給与体系は，1年目に900万円，2年目に1000万円，3年目に1100万円支払われるというものである．2つめの給与体系は，同じ金額が逆の順序で支払われるというものである（1年目に1100万円支払われ，900万円まで減少していく）．その従業員は前者を選んだという．
   a. この選択はなぜ従来の経済理論と矛盾するのだろうか？
   b. あなたはこの選択をどのように説明することができるだろうか？

2. 新たに開発された薬を服用すれば，副作用が一切ないにもかかわらず，長期間でも短期間でも気分が良くなるとしよう．この薬は製造コストが高くない．
   a. あなたは，地球上のすべての人にこの薬を投与することを勧めるだろうか？
   b. あなたのまわりの人がこの薬を服用していない場合，あなた自身はこの薬を服用したいと思うだろうか？

3. 日光を浴びることが少ないと，鬱病を発症しやすい場合があることがわかっている．解決策の1つは，人工的な日光の代用品を使うことである．それにより，鬱病の症状を軽減できることがわかっている．あなたは，そのような代用品を使うことを勧めるだろうか？　問題2に対するあなたの回答とこの問題に対するあなたの回答を比べてみよう．

4. 人々の幸福度は，彼らの要求水準に影響されるとしよう．要求水準は，自分と同等と思われる人々の平均的な仕事ぶりによって決定される．グローバリゼーションは地球上の人々の間に流れる情報を増加させることのみに反映されるとしよう．グローバリゼーションは人々の幸福

度にどのような影響を与えるだろうか？

原注

1. Duesenberry, J. S. (1949) *Income, Saving, and the Theory of Consumer Behavior*. Harvard University Press.
2. Easterlin, R. A. (1973) Does money buy happiness? *The Public Interest*, 30, 3–10; Easterlin, R. A. (1974) Does economic growth improve the human lot? Some empirical evidence, in *Nations and Households in Economic Growth* (eds P. A. David and M.W. Reder). Academic Press, pp. 89–125; Diener, E. (1984) Subjective well-being. *Psychological Bulletin*, 95, 542–575. しかし、Lucas, R. E., Dyrenforth, P. S. and Diener, E. (2008) Four myths about subjective well-being. *Social and Personality Compass*, 2, 2001–2015. も参照のこと。
3. Easterlin (1974) の注2を参照のこと。
4. Helson, H. (1947) Adaptation-level as frame of reference for prediction of psychophysical data. *American Journal of Psychology*, 60, 1–29; Helson, H. (1948) Adaptation-level as a basis for a quantitative theory of frames of reference. *Psyochological Review*, 55, 297–313; Helson, H. (1964) *Adaptation Level Theory: An Experimental and Systematic Approach to Behavior*. Harper and Row.
5. Brickman, P., Coates, D. and Janoff-Bulman, R. (1978) Lottery winners and accident victims: is happiness relative? *Journal of Personality and Social Psychology*, 36, 917–927.
6. Brickman, P. and Campbell, D. T. (1971) Hedonic relativism and planning the good society, in *Adaptation Level Theory: A Symposium* (ed. M. H. Appley). Academic Press, pp. 287–304.
7. Strack, F., Martin, L., and Schwarz, N. (1988) Priming and communication: social determinants of information use in judgments of life satisfaction. *European Journal of Social Psychology*, 18, 429–442; Schwarz, N. and Clore, G. L. (1983) Mood, misattribution, and judgments of well-being: informative and directive functions of affective states. *Journal of Personality and Social Psychology*, 45, 513–523.
8. Kahneman, D., Krueger, A. B., Schkade, D. A., Schwarz, N. and Stone, A. A. (2004) A survey method for characterizing daily life experience: the Day Reconstruction Method, *Science*, 306, 1776–1780.
9. Mcklanahan, S. and Adams, J. (1987) Parenthood and psychological well-being. *Annual Review of Sociology*, 13, 237–257; Umberson, D. and Gove, W. R. (1989) Parenthood and psychological well-being: theory, measurement, and stage in family life course. *Journal of Family Issues*, 10, 440–462.

付録A 最適選択[1]

　最適選択理論の根底には，実現可能性と望ましさの区別がある．ある選択が**実現可能**であるのは，それが意思決定者にとって可能である時，つまり，その人にとって可能な事柄の一つである時のことである．ある結果が**望ましい**のは，意思決定者がそれを実現することを望む時である．典型的には，実現可能性は二者択一的な概念であると考えられるのに対し，望ましさは連続的な概念であると考えられている．つまり，ある選択は，実現可能かそうでないかのどちらかであって，その中間のグレーゾーンは存在しない．それとは対照的に，ある結果は何らかの度合において望ましく，異なる結果同士はその望ましさに従ってランクづけることが可能である．

　われわれは，典型的には，望ましさを**効用関数 u** によって測定する．ある選択の効用が高ければ高いほど，意思決定者にとってその選択を行うことが望ましいものと考えるのである．こうした考え方は奇妙に思えるかもしれない．というのは，多くの人々はその関数とはどんなものであるかを知らないし，ほとんど誰もが，電卓を持ち歩いて効用が最も高い品物を選んだりするところを観察されることはないからである．しかし，意思決定者が**あたかも**最大化を試みるべき効用関数をもっているかのように行動しているとみなすにあたっては，選択に関する非常に緩やかな仮定だけで十分であることが明らかになるのである．選択肢の数が有限であるなら，その仮定は以下のようなものになる．

1. **完備性**：どの2つの選択肢に対しても，意思決定者は一方を他方よりも好むか，あるいは他方を一方よりも好むか，あるいは両者の間で無差別であるかを決めることができる．
2. **推移性**：どの3つの選択肢 a, b, c に対しても，a が b と同じかそれ以上に好ましく，b が c と同じかそれ以上に好ましいなら，a は c と同じかそれ以上に好ましい．

　これらの仮定は，どの2つの選択肢 a と b に対しても，a が b と同じかそれ以上に望ましいのは，$u(a) \geq u(b)$ である時，その時のみであるというような関数 u が存在するという主張と同値であることが明らかになる．言葉で言い直すと，このことは，先ほどの2つの仮定に従って行動する人は誰でも，適切に選択された（その人の趣味を反映した）効用関数について効用を最大化する人なのだと考えうることを意味している．このことは，その思考過程が何かを最大化するものとは程遠いかもしれない人々についても当てはまる．規範的な観点からは，もし人が先ほどの2つの仮定を満足することを望むなら，その人はある効用関数を選び，常に最も高い効用をもたらす選択肢を選ぶことを確実にするように行動するだろうということを意味する．これらの仮定の順守を保証するような他のどんなアルゴリズムも，ある関数の最大化と同一視されることになる．それゆえ，意思決定者はその関数を明示的に特定化することができるだろう．

　確実性下の選択を考える時には，選択と結果の間を区別する必要は全くない．意思決定者は，ある与えられた選択がある特定の結果を導くことを知っているからである．しかしながら，もし不確実性がある状況では，意思決定者はある**行為**を選ぶだろうが，この行為からどの**結果**が生じるか知らないのである．この場合，**自然の状態**あるいは**世界の状態**というものが導入される[2]．意思決定者によるある行為の選択と自然による状態の選択の下で，結果が決定される．こうして，意思決定者は実現可能な行為をもっており，可能な自然の状態に直面し，多かれ少なかれ望ましい結果を経験することになるのである．

　確実性下の最適選択に関する単純な例として，消費者の問題を考えてみよ

う．消費者は所得Iをもっており，市場にはn個の製品が売られているとしよう．製品iは1単位あたりp_iのコストがかかるものとする．消費者はそれぞれの製品をいくら買うか，その数量$x_i \geq 0$を決めることができ，それによって**消費バンドル**$(x_1, x_2, \cdots, x_n)$を選ぶ．実現可能性の制約は，消費バンドルが購入可能であること，つまり，次の**予算制約**を満たすべきであることと言い換えることができる．

$$p_1 x_1 + p_2 x_2 + \cdots + p_n x_n \leq I$$

また，望ましさは効用関数uによって測定される．したがって，各消費バンドル$(x_1, x_2, \cdots, x_n)$に対して，$u(x_1, x_2, \cdots, x_n)$はその望ましさを測る数字になる．関数uの値が高ければ高いほど，その消費バンドルは望ましく，消費者をより満足させるものなのである．

われわれの目的にとっては，このモデルには何が含まれていないかに焦点を当てる方が価値があると思われる．人々の選択は製品の量として与えられている．その構造の一部であるかもしれない製品に関するさまざまな記述は，議論の対象にはなっていない．効用関数は，あるスケールによる望ましさを測定するものである．われわれはこのスケールにおける参照点のような特定の値については触れなかった．さらに，選択は当該の消費者によって問題のある時点において消費されるべき製品の束（バンドル）である．ある特定のバンドルが，消費者の消費履歴や周囲にいる他人の消費に基づいて異なった扱いを受けることは許されていない．すなわち，このモデルが語っていることそれ自体は，消費者は他人が何を持っているかを気にせず，何のねたみも感じず，前期に比べて所得が減少した場合でも何の失望も感じない，といったことを仮定しているのである．

合理的選択に関する一般的なパラダイムではこれらの制約が必要であるわけではないことを強調しておくことは重要である．例えば，消費者が今日消費できるn個の製品の代わりに，今日と明日の消費を反映した$2n$個の製品を扱うモデルを考えることもできる．こうすることで，満足化レベルや失望といった事柄を考慮に入れる効用関数uを特定化することが可能になるだろう．あるいは，消費者の社会的グループにおける平均的消費を示すような

もっと多くの変数を用いることもできるし，また，社会における消費者のランクのような社会的要因をとらえるような効用関数を考えることもできる．実際，そうしたモデルは過去に提案されており[3]，行動経済学の台頭とともにいっそうポピュラーなものになってきた．これらのモデルは，合理的選択の**パラダイム**が非常にフレキシブルなものであることを示している．だが，経済学において支配的な消費者行動に関する特定の**理論**においては，消費者行動に関連する変数は，消費の履歴，他者の経験，感情，それに幸福度を決める要素に含まれるであろう他の要因からは独立なものに制限されているのである．

原注
1 この2つの付録には，本文中の議論を理解するのに必要最小限度の事柄しか含まれていない．これらは定義と事実の集まり以上のものではないので，こうした題材をこれまで見たことのない読者は，標準的な教科書を参照することをお勧めする．
2 これら2つの用語は完全に同義ではないが，われわれの目的にとっては，これらは互いに読み替え可能なものとして扱ってよいものである．
3 Duesenberry, J. S. (1949) *Income, Saving, and the Theory of Consumer Behavior*. Harvard University Press.

付録B 確率論と統計学

基礎的な確率モデルは生じうるすべての事柄のリスト，つまり，**自然の状態**から始まる．状態は $s_1, s_2, \cdots, s_n$ であると仮定する．各々の状態は，意思決定者に関係するすべての事柄に関する完全な特定化になっているものと考えられる．**事象**とは状態の集まり（集合）のことである．したがって，事象とは単純に，生じるか生じない何らかの事柄のことであり，自然言語では，ある命題，つまり，真であるか偽であるようなある主張に対応している．あらゆる状態 s_i に対して，$\{s_i\}$，つまり，その状態のみに対応する事象が存在するが，事象には1つ以上の状態が含まれていることがある．

例えば，いまサイコロを1つ転がすところだと仮定しよう．関連する状態 $\{1, 2, 3, 4, 5, 6\}$ は生じる目の数字に対応している．ある事象は $\{2\}$，つまり，さいころの目が2であることもあるが，「出た目の値が5より小さい」に対応する $\{1, 2, 3, 4\}$ や，「出た目は奇数である」に対応する $\{1, 3, 5\}$ などの場合がありうる．また，確実な事象を S，不可能な事象を ϕ と定義することもできる．

「かつ」「または」「〜でない」のそれぞれを表す論理演算における論理積，論理和，否定に対応するような操作を事象に対しても実行できる．事象に適用するときには，これらの操作を共通集合，和，補集合と呼び，それぞれ記号で $\cap, \cup, \neg$ と記述される．

任意の2つの事象 A, B について，以下の性質が成り立つことを確かめる

ことができる.

$$A \cup S = S \quad A \cap S = A$$
$$A \cup \phi = A \quad A \cap \phi = \phi$$
$$\neg(A \cup B) = \neg A \cap \neg B$$
$$\neg(A \cap B) = \neg A \cup \neg B$$

確率とは,非負の数を事象に割り当てる関数で,事象のもっともらしさを測ろうとするものである.したがって,もしAが事象であるなら,$P(A) \geq 0$はそれがどれくらいの頻度で生じるのか測るものであることを目指しているのである.確実な事象の確率は1,つまり,$P(S) = 1$とするのが慣例である.繰り返し行われる同一の試行において生じたり生じなかったりする事象を考える時,$P(A)$をAに関する**経験相対頻度**,つまり,全体の試行の数に対してAが生じた試行の割合として定義できる.

もしわれわれが確率に関するこの**頻度論者的**解釈を採用するなら,任意の2つの事象A,Bに対して,

$$P(A) + P(B) = P(A \cap B) + P(A \cup B)$$

であることがわかるだろう.すなわち,この条件は確率一般の定義の一部分であると考えられる.これは,以下の(より弱く思える)条件と同値であることを確かめることができる.

$$A \cap B = \phi \text{ であるときには}$$
$$P(A) + P(B) = P(A \cup B)$$

つまり,2つの**互いに素**な事象を考える場合には,両方の事象が同時に生じることは決してないので($A \cap B = \phi$),(どちらか一方が起こる)それらの和の確率はそれぞれの確率の合計に等しくなければならないのである.

したがって,すべての事象Aについて,

$$P(A) + P(\neg A) = 1$$

が成り立つ.なぜなら,Aとその否定($\neg A$)は2つの互いに素な事象であ

り，その和はSで，Sである確率は1だからである．

条件付き確率の考えは，新しい情報を受け取った結果として信念が変化する仕方をとらえようとするものである．もし事象Bが生じたことがわかり，Aがどれくらいの頻度で生じるかを自問するとすると，共通集合A∩Bが生じる時のみAが生じうることが最初にわかる．なぜなら，Bは既に与えられた事実だからである．したがって，この共通集合の確率$P(A∩B)$に基づいて答えを出さなければならない．確実な事象の確率は1であるという慣例があるので，Aの代わりにSを用いると，それは1になることを確かめたい．しかし，$P(S∩B)=P(B)$は1である必然性はない．それで，共通集合の確率を既知の事象の確率で割って，再度標準化する．これによって条件付き確率に関するベイズの定義に到達する．つまり，Bの下でAが生じる条件付き確率は

$$P(A|B) = P(A∩B)/P(B)$$

となる．このことはまた，

$$P(A∩B) = P(B) \times P(A|B)$$

をも意味する．言い換えれば，AとBが同時に生じる確率を求める1つの方法は，はじめにBが生じる確率を考え，それから，Bが既に生じたことを知った上でAが生じる**条件付き**確率を，その確率に掛け合わせればよいのである．

2つの事象が**独立**であるのは，それらが互いに関して何の情報ももたらさない場合である．AがBとは独立であるとは，次のように定義される．

$$P(A|B) = P(A)$$

つまり，Aに関する信念が，Bについて知る前と知った後で同じである場合である．もしAがBとは独立であるなら，BもまたAとは独立であり，（すべての数が正の数であるとすると）

$$P(B|A) = P(B)$$

付録B ｜ 確率論と統計学

であり，また

$$P(A \cap B) = P(A) \times P(B)$$

である．次の事実も利用することにする．それは，事象Aの確率は別の事象Bの有無に従って分けることができるというものである．つまり，

$$P(A) = P(A \cap B) + P(A \cap \neg B)$$

ということである．なぜなら，2つの部分事象（A∩B）と（A∩¬B）は互いに素（同時に生じることはありえない）であり，両方合わせてAの全体を構成するからである．もしいまこれらの共通集合それぞれの確率は，ある事象（はじめにB，次に¬B）が生じたという条件の下での事象Aの確率を，その事象の確率に掛けたものとして書くことができるとする．つまり，

$$P(A) + P(A \cap B) + P(A \cap \neg B)$$
$$= P(B) \times P(A|B) + P(\neg B) \times P(A|\neg B)$$

事象Bと¬Bの確率は足して1になることを思い出してほしい．したがって，もしここで

$$\beta = P(B)$$

および

$$1 - \beta = P(\neg B)$$

と書くと，

$$P(A) = \beta \times P(A|B) + (1 - \beta) \times P(A|\neg B)$$

となる．これは，事象Aの確率は，事象Bが生じたという条件の下でのAの確率と，事象Bが生じなかったという条件の下でのAの確率の重み付き平均であって，それぞれの重みは事象Bと¬Bの確率となっている．このことは，$P(A)$ が常にこれら2つの条件付き確率の中間にあることを意味している．つまり，もし

$$P(A|B) > P(A|\neg B)$$

ならば，

$$P(A|B) > P(A) > P(A|\neg B)$$

であり，逆の場合は逆の関係になる．つまり，もし $P(A|B) < P(A|\neg B)$ ならば，$P(A|B) < P(A) < P(A|\neg B)$ となる．事象 A と B とが独立の場合には，これら両方の不等式は等式になる．

明らかに，こうした関係は事象 A と B について対称的なものだから，$\alpha = P(A)$ に対して，

$$\begin{aligned} P(B) &+ P(B \cap A) + P(B \cap \neg A) \\ &= P(A) \times P(B|A) + P(\neg A) \times P(B|\neg A) \\ &= \alpha \times P(B|A) + (1 - \alpha) \times P(B|\neg A) \end{aligned}$$

と書くこともできる．再び，$P(B)$ は $P(B|A)$ と $P(B|\neg A)$ の中間にある．また，事象 A と B とが独立であるなら，これら 3 つの値は正確に等しくなるだろう．

条件付き確率や独立性は 2 つ以上の事象に対しても定義される．実際，さまざまな事象が生じたという条件の下で確率を考えることができ，例えば，事象 B, C, D が生じた時に事象 A が生じる確率はいくらであるかという問いを発することができる．さまざまな事象が独立であるという時には，それらの事象のどの部分集合について何を知ろうとも，そのことが残りの事象に割り当てる確率を変えることがないことを意味する（このことは，単に任意の 2 つの事象が独立であると言うこと以上のことを要請している）．

確率変数とは，（意思決定変数とは違って）その値がわれわれの自由には決められないような変数のことである．それは状態空間上の関数としてモデル化できる．そのモデルでは，各々の自然の状態がその変数に対して唯一の値を定めるので，あらゆる不確実性は，どの状態が実現したかに関する問いに要約されることになる．例えば，友人とさいころの出目について賭けるものとする．5 か 6 の目が出れば，わたしの勝ちで 100 円を得て，1 か 2 の目が出

れば，わたしの負けで 100 円を失う．3 か 4 が出れば，賭けは引き分けで，お互いに何も得ず，何も失わない．この賭けにおけるわたしの純益は，表 B.1 に示された状態上に定義された確率変数 X と考えることができる．

■ 表 B.1　確率変数 X の状態と値

状態	X の値
s_1	-1
s_2	-1
s_3	0
s_4	0
s_5	$+1$
s_6	$+1$

確率変数は，その**分布**によって特徴づけられる．それは，(i) その確率変数が取りうるすべての値のリストと，(ii) そうした値すべてについて，その値となる確率を特定化するものである．先程の例では，もし各状態が $1/6$ の確率で生じるなら，確率変数 X は，(状態が s_1 か s_2 ならば) 確率 $1/3$ で値 -1 をとり，(状態が s_3 か s_4 ならば) 確率 $1/3$ で値 0 をとり，(状態が s_5 か s_6 ならば) 確率 $1/3$ で値 1 をとる．すなわち，X の分布は表 B.2 に示されたように与えられるのである．

■ 表 B.2　確率変数 X の値とその確率

X の値	その確率
-1	$1/3$
0	$1/3$
$+1$	$1/3$

2 つの確率変数の間の関係に興味がある場合には，その**結合分布**を分析することになるだろう．ちょうど，単一の確率変数に関する分布がその変数のとりうる値がいくらであるかを教えてくれるように，結合分布は，それぞれの変数が取りうる値がいくらであるか，また，それらが**同時に**ある値の組み

合わせを取る確率がいくらであるのかを教えてくれる．例えば，Xが教育年数を測る変数で，10と15という値を取ることができるが，Yは年間所得を1万円単位で測る変数で，400と600という値を取ることができるものとする．すべての行がXの値に対応し，すべての列がYの値に対応するような表を描くことができる．それぞれのセルに書かれた結合分布は，Xが行のある特定の値を取り，**かつ**Yが列のある特定の値を取る確率を与えるものである．したがって，表の中のすべての数を合計すると1になる（表B.3）．

■ 表B.3　確率変数XとYの値

	Yの値	
Xの値	400	600
10	0.4	0.2
15	0.1	0.3

2つの確率変数の結合分布が与えられると，その各々の分布は，単に（Xについては）各行の数字あるいは（Yについては）各列の数字を合計することによって見いだすことができる（表B.4）．この文脈では，Xの分布とYの分布は**周辺**分布と呼ばれる．なぜなら，それらの分布は結合分布を記した表の周辺に見いだすことができるからである．

■ 表B.4　確率変数XとYの分布，フェーズ1

	Yの値		
Xの値	200	250	Xの分布
10	0.4	0.2	0.6
15	0.1	0.3	0.4
Yの分布	0.5	0.5	1

2つの確率変数が独立であるのは，一方の変数についてわかったことが，他方の変数について何の新しい情報ももたらさない時である．既に事象の独立性については定義しているが，それは確率変数についてのものではなかっ

た．しかしながら，このことは困惑させるものだとは思わないでほしい．確率変数の独立性は，事象に関する同じ概念の拡張なのである．ある確率変数によって定義されたどんな事象も，別の確率変数によって定義されるどんな事象とも独立であるということを述べているのである．2つの確率変数は，その結合分布が（表内のどのセルについても）それぞれの周辺分布の積である時，その時のみ独立である．明らかに，先の結合分布はこの条件を満たしていない．同じ周辺分布をもったまま，XとYとを独立にするようなただ1つの結合分布が存在し，それは各セルにおいて該当する周辺分布の積を取ることによって得られる（表B.5）．

■ 表B.5　確率変数XとYの分布，フェーズ2

Xの値	Yの値		Xの分布
	200	250	
10	0.3	0.3	0.6
15	0.2	0.2	0.4
Yの分布	0.5	0.5	1

　ある確率変数の集合が独立であるのは，その部分集合のどれについての知識も，残りの部分について（の条件付き確率に関する）われわれの信念を変えない場合である．独立で同じ分布を持つ確率変数には特に関心が向けられる．それらは，**同一で独立に分布している**，あるいはその頭文字をとってi. i. d. と呼ばれる．

　Xのような数値で表される確率変数には期待値，すなわち，そのとりうる値の重み付け平均をもとめることができる．その場合，各値をとる確率が重みに用いられる．これまでの例では，Xの期待値は次のようになる．

$$E(X) = \mu_X = 1/3 \times (-1) + 1/3 \times (0) + 1/3 \times (+1) = 0$$

　本文で説明したように，期待値は，同じ確率変数に関する多くの独立した反復試行がある場合には非常に意味のある値になる．なぜなら，大数の法則によって，そうした反復があると，確率変数の平均はその期待値に非常に近

づくことが極めて確からしいからである．しかしながら，一回限りの試行しかない状況では，期待値は，確率変数の分布において，与えられた情報を要約しようと試みる１つの数字にしか過ぎず，あなたが利用できる唯一の情報ではないのである．

どの程度，確率変数がその期待値の周りに散らばっているかにもしばしば注意が向けられる．金融資産の文脈では，この散らばりは資産のリスク度合いに関係している．この散らばりに関するもっともよく知られた測度は**分散**と**標準偏差**である．分散は，二乗偏差の期待値として，次のように定義される．

$$\mathrm{Var}(X) = E\left[(X-\mu_X)^2\right]$$

標準偏差 σ_X は分散の平方根である．

正規分布は，期待値 μ と標準偏差 σ というパラメータによって特徴づけられる分布族のことである．この分布族は，その**中心極限定理**のおかげで，統計学においては非常に重要な役割を演じている．その定理は，n 個の i.i.d. 確率変数の平均を観察すると，（いくつかの追加的な緩い条件の下で）この平均は，n が無限大に近づくほど，ますます正規分布に類似した分布を取るようになると主張している．大数の法則は既に，この平均が期待値に近づくことを教えてくれていたが，それはこの平均の分布がどのようなものかまでは教えてくれなかった．中心極限定理のおかげで，もともとの分布の正確な形状を知らなくても，平均が期待値にどれくらい近いかを数量化できるのである．

解答

奇数番号の練習問題の解答は以下の通りである．

第2章

1．飛行機の事故は一般に自動車事故よりも非常に目立つ．利用可能性ヒューリスティックにより，飛行機の事故はわれわれの記憶の中で過剰に印象づけられ，飛行機に乗ることの危険性が実際よりも高く評価されたと考えるべきだろう．他方，それぞれの交通手段で生じた単なる死亡者数は，意味のある統計データとはならない．なぜなら，われわれは自動車あるいは飛行機の移動距離に対する死亡者数を見たいと思っているからである．あるいは，いずれかの交通手段でわれわれが直面する条件付き確率により関連がある他の指標を考えたいと思っているからでもある．

3．1つの理由は，純粋な忘れやすさだろう．はじめに購読料が安い期間が終わったら購読をキャンセルしようと思っていたとしても，その期間が終われば，単にキャンセルするのを忘れてしまうかもしれない．もし，購読をキャンセルしようと思いながらもそれをしなければ，動学的非整合性の一種と言えるだろう．関連する他の明確な理由としては，習慣形成，賦存効果，現状維持バイアスなどがある．雑誌を手にする前には，それをしばらく消費した後ほどには雑誌に高い価値を見いだせないだろう．

5．自分の望まない選択肢を選ぶことから自分の望む選択肢を選ぶことへデフォルトを変更すれば，臓器提供を選ぶ人数は大きな影響を受けるだろう．関連する現象の1つは係留（アンカリング）効果である．ある決定がデフォルトになれば，それがアンカーとして機能する．自分が生活している社会ではデフォルトの選択肢が規範であり，もしその選択肢が選ばれるのが当然だという暗黙の信念を持っていれば，それを選ぶことは合理的でもあるだろう．他の効果は，単なる忘れやすさや無自覚である．多くの人はデフォルトの選択が何であるか確認せずにそれを選んでしまうのである．

第3章

1．正解は（d）である．住宅ローンを払い続けている持ち家所有者全体の何％が最終的に債務不履行になるかについてわからなければこの確率は決めることができない．

3．正解は（d）である．（a）は真である．なぜなら，何らかの推論を行うために比較する必要があるのは，ある事象（新聞記者であること）が別の事象（軽薄であること）を生み出すことは何も知らない状況よりも起こりやすいかどうかであり，50％のベンチマークは関係がない．明らかに（b）は何度も繰り返した重要な点である．主張（c）は正しい．なぜなら $P(A) > P(B)$ ならいつでも $P(A|B) > P(B|A)$ となるからである．

5．正解は（c）である．（a）は誤りである．なぜなら，Bを所与とした時のAの確率は，Aを所与とした時のBの確率と同じではないからである．（b）は誤りである．なぜなら，われわれが導くことができるタイプの推論は，（$P(A|B) > P(A)$ のように）同じ事象の他の確率に対する事象の確率に関係しており，50％などといった特定の数値に対する確率とは関係がないからである．最後に，（c）は真である．なぜなら，あまりその車の人気がなければ全体におけるA型の確率は90％よりも小さいと想定することができるだろう．従って，自動車修理会社でそれを見つける確率は全体における確率よりも高くなる．従って，

$$P(\text{A型} \mid \text{故障している}) = 90\% > P(\text{A型})$$

であるため,

$$P(\text{故障している} \mid \text{A型}) > P(\text{故障している})$$

となる．また,

$$P(\text{故障している} \mid \text{A型}) > P(\text{故障している} \mid \text{他の型})$$

も成り立つ.

7．正解は (a) である．ベイジアン統計学者は実際にサンプルを見る前でさえ未知のパラメータについての推測を行うだろう．しかし，彼らはサンプルを取る（従って (b) は誤りである）．古典的統計学者は，間違っていると信じている信頼区間を計算しない．彼らは，サンプルを取る前に特定の区間についての信念を述べないようにするだろう．そして，未知のパラメータを**所与**として信念を数値化することだけが可能だと言うだろう．従って，(c) は誤りである．最後に，(d) も誤りである．古典的統計学者は直感に反する答えを探しているわけではない．単に直感を完全に排除しようと試みているのである．

第4章

1．もしあなたの効用関数が $u(10万円) = 1$，$u(0円) = 0$ であるならば,

$$u(7万円) = 0.8 \times u(10万円) + 0.2 \times u(0円) = 0.8$$

となり，また

$$u(3万円) = 0.6 \times u(7万円) + 0.4 \times u(0円) = 0.6 \times 0.8 = 0.48$$

となる.

従って，くじ A の期待効用は,

$$2/3 \times u(10万円) + 1/3 \times u(0円) = 2/3$$

となり，くじBについては

$$0.5 \times u(7万円) + 0.5 \times u(3万円) = 0.5 \times 0.8 + 0.5 \times 0.48 = 0.64$$

となる．

2/3＞0.64であるので，あなたはBよりもAを好むだろう．従って，正解は（a）である．

3．a．期待収益は，100円の収入マイナス期待賞金額である．つまり，

$$1億 \times (1/2,400,000) \cong 41.6$$

であるので，約58.4円となる．

b．統計学の専門家が，1枚あたりのくじの期待収益額が変わらないということを指摘したというのは正しい．しかし，くじの買い手は期待賞金額だけでくじを買うかどうかを決めるわけではないため，新しい販売方法の結果として販売量が変化することもあるだろう．くじの潜在的な買い手が期待効用を最大化しようとしていても，彼らの効用関数が線形でない限り，同じ期待値を持つ2つのくじが彼らにとって同じだけ魅力的である必然性はない（われわれは線形の効用関数の下で期待効用を最大化しているくじの潜在的な買い手のことを無視してもいいだろう．なぜなら，どのみち彼らはくじを買わないだろうからである）．さらに，プロスペクト理論を使えば，より高い賞金額がより多くの買い手を引きつけるが，1/2,400,000と1/4,800,000という2つの確率には大きな違いが感じられないだろうと予想することができる．それゆえ，新しい賞金の構造が実際に多くの買い手を引きつけて収益を高める結果になるとしても，それは驚くべきことではない．

第5章

1．問題（a）は，

$$P(雪が降る) \quad と \quad P(2回連続で表) = 0.25$$

を比べている．

　問題（b）は，

$$P(降水がない) \text{ と } P(7以外) = 36/37$$

を比べている．

　問題（b）から始めよう．もし答えが

$$P(降水がない) > 36/37$$

だったら，

$$P(雪が降る) < 1/37$$

となり，これと整合的な（a）に対する唯一の解答は，雪が降ることは2回連続で表が出ることよりも起こりにくいというものである．

　しかし，もし答えが，降水がないことは7以外の数字が出ることよりも起こりにくいというものであったら，

$$P(降水がない) < 36/37$$

となる．そうすると，われわれが知っているのは，降水の確率が1/37よりも高いということのみになる．すると，（a）に対するどんな答えもこの主張と整合的となる．雪が降る確率は1でもいいし0でもいいが，降水の確率は雨や雹によるものも含まれる．

3．エルズバーグの実験における大多数の参加者は，未知の確率よりも自分が知っている確率に賭けることを好んでいる．また彼らは50%とわかっている確率と，（民主党と共和党の）対称性により50%と判断される確率とが無差別であると表明する．それゆえ，アンの行動は実験における大多数の参加者とは異なり，（a）は誤りである．（b）も誤りである．なぜなら，現地株所有権は既知の確率に似ているからだ．仮に何らかの推論をするならば，アンは現地株所有権よりも外国株所有権を好むと考えることができるだろう．従って，（c）は真である．最後に，ベイズ的なモデルはこうした信念を反映

することができないため，(d) は誤りである．

第6章

1．a．スタンダードな経済理論では，利子率が正であれば，この従業員はより早い時期により多くの金額を得ることによって利益を生み出すことができると考えている．

b．この選択は重なり合った少なくとも2つの現象によって説明できる．1つは，セルフ・コントロールの欠如であり，動学的非一貫性に通じるものである．この従業員は，後でお金を使うために初めにお金を貯めようと計画するかもしれない．しかし，自分がこの計画を実行できるかどうか疑わしいと思っている．それゆえ，会社に自分の選択を制限してもらうことを望んでいる．もう1つは，金銭的報酬は彼女の要求水準を決め，場合によっては彼女の自尊心を決定づけるかも知れないということである．この場合，彼女は，賃金が右肩上がりで，自分の望む水準よりも常に上回っていれば，その逆の場合よりも気分がよいと考えられる．

3．この解決策には何も悪い点がないように思われる．(2) においてあなたは，「人工的幸福感」に対していくつか検討すべき点を挙げたかもしれない．2つの問題で重要なのは，(3において) 不幸な状態を回避することと (2において) 幸福を追求することとはまったく違うということである．

訳者あとがき

　本書は Itzhak Gilboa (2011) *Making Better Decisions: Decision Theory in Practice*, John Wiley & Sons, Inc. の全訳である.

　著者のギルボア教授は言わずと知れた意思決定理論の大家で, デイヴィッド・シュマイドラー教授と共同で発表した, 不確実性下での意思決定モデルであるマキシミン期待効用理論や事例ベース意思決定理論によってその名をつとに知られている.

　その業績は数多くの学術論文の他, 邦訳された『決め方の科学——事例ベース意思決定理論』(浅野貴央他訳, 勁草書房, 2005) によってもうかがい知ることができる. また, 本書と並行して執筆されたより上級の意思決定理論の教科書 *Rational Choice* も現在邦訳が進んでいる.

　こうしたギルボア教授の著作と本書との大きな違いは, 問題とその解答・解説という形式を取りながら, 意思決定理論の基礎理論をなるべく数式を用いない形でわかりやすく解説している点にある. 読者は各章の冒頭に提示された問題について自分で考え, 次に詳しい解説を読むことを通じて, ギルボア教授の授業を疑似体験できるような仕組みになっているのである.

　さて, 本書の主題である意思決定理論であるが, これは, 個人や経営者, 組織が直面している選択問題に対して合理的な判断や選択を導くための研究全般を指している.

　特に経営的意思決定については, サイモンやバーナードの研究, マーチ, コーエン, オルセンによるごみ箱モデルなどが初期のものとしてよく知られ

ているが，本書で取り扱っているのは，フォン・ノイマン＝モルゲンシュテルンやサヴェッジらによって期待効用理論として公理的に体系化された，数理的なモデルとしての意思決定理論である．

これらの意思決定理論では，一般に確率的に変化する環境の下で，意思決定者がいくつかの代替案の中から期待効用が最も高い選択を行うというモデルが検討される．その際，意思決定者は他の意思決定者とは互いに相互作用はしないという前提が置かれる（そのような場合はゲーム理論が扱うことになる）．

例えば，投資家がハイリスク・ハイリターンの投資先か，それともローリスク・ローリターンの投資先のどちらを選ぶべきか，というのは典型的な意思決定理論の問題である．もし両方の投資先の期待収益が等しければ，そのどちらを選ぶかは，意思決定者のリスクに対する態度によって決まる．危険回避的であればローリスク・ローリターンの投資先を選ぶだろうが，危険愛好的ならばハイリスク・ハイリターンの投資先を選ぶだろう．

こうした意思決定を行う際，合理的な判断だと想定される事項を取りまとめたものが期待効用理論の公理と呼ばれるものだが，多くの実験でこれに違反する選択が観察されるようになった．こうした期待効用理論の反例を見つけ出し，理論の修正を行うことも，現代の意思決定理論の重要なトピックである．こうした研究は行動経済学と呼ばれている．

ダニエル・カーネマン教授のノーベル経済学賞受賞以後，行動経済学や行動ファイナンスに関する研究がわが国でも広く知られるようになってきている．これらの研究は多くの解説書でも知ることができるが，本書の第2章や第4章はちょうどこうした研究内容を紹介している．

第2章では，意思決定における数多くの誤りやバイアスが，フォン・ノイマン＝モルゲンシュテルンが生み出した期待効用理論からの系統的な逸脱として理解されることを説明している．第4章ではこうした期待効用理論からの逸脱をふまえ，それに代わる理論としてプロスペクト理論が紹介されている．

意思決定理論では，問題の状況で生じうる事象に関してその確率分布が知られているか，知られていないかの区別が決定的に重要である．フランク・ナイトに従って，確率分布が知られている場合をリスク，知られていない場

合を不確実と呼ぶことが通例であるが，第5章ではこのうち不確実な状況の下での意思決定について触れられている．こうした状況では，発見者の名を取ってエルズバーグのパラドックスと呼ばれる不確実性（あいまい性）回避という現象が生じる．これもまた期待効用理論では説明できない現象なのであるが，この第5章では，この現象を説明するためにギルボア教授が編み出したマキシミン期待効用理論が解説されている点が，類書に見られない独創的な点でもある．

そればかりではない．第3章では統計的推測に関する古典的統計学とベイジアン統計学に関するかなり精緻で深い解説がなされている．おそらく，この部分が本書でもっとも難解な個所であるかもしれない．わが国では，数理統計学の教科書は数多く出版されており，計算技術に関しては参考書に事欠かないが，統計的推測によって得られる知識とは何であるかといった，その本質的な側面にまで踏み込んだ解説書に関してはわずかな書物しか見当たらない．その意味で大変貴重な話題を提供している章でもある．

最後の第6章では幸福とは何かについて，意思決定理論には何が言えて，何が言えないのかが述べられている．この章においてもそうであるが，ギルボア教授は真の科学者らしく，わからないことはわからないとはっきりと認める点で実に誠実で潔い方であることがわかる．

また，読者が行う意思決定が良いものであったか悪いものであったかを決めるのは読者自身であるという姿勢が，本書全体を通じて繰り返し述べられていることも重要な特徴である．ギルボア教授によれば，たとえ期待効用理論に違反した行動を行おうとも，あるいは互いに論理的に整合的ではない決定をしようとも，読者が自分の下した決定に満足しているなら，それは良い決定なのである．

行動経済学や行動ファイナンスの概説書では，意思決定における誤りやバイアスを述べる時，それは理性に対して感情の方が勝っているからだと説明されたり，間違いとわかっていても止められない人間の意志の弱さなどが強調される．そうした意思決定をする人は愚かな存在であるとされているのだ．

だが，本書に示されているギルボア教授の姿勢はこれとは全く違う．正反対である．本書の中の随所で，意思決定における誤りやバイアスを指摘した

後，ギルボア教授はそれがどんな状況であれば合理的とみなせるのかをとことん追求している．わたしたちが過ちを犯すのにはそれなりの理由があることを示そうとしているのである．

行動経済学における主要な理論であるプロスペクト理論は，決して理性を排した理論ではない．理論的に言えば，プロスペクト理論に従う人とは，そこで想定されている価値関数や確率的重み付けの下で期待効用を最大化しているのである．それは高度に理性的な意思決定なのであって，感情に支配された奴隷の意思決定ではありえない．プロスペクト理論を用いて，「人は勘定ではなく感情で動いている」などとは決して言えるわけがないのである．

専門の研究者ならば誰でも理解しているはずのこの平明な真理を，ギルボア教授は本書の中で繰り返し述べている．この意味で，意思決定理論やプロスペクト理論に関する誤解を解く一助になれば，本書を邦訳したこのプロジェクトの使命は全うされたといってもよいだろう．

本書の翻訳は，かつて大学院時代にギルボア教授の指導を受けた松井彰彦氏の推薦に基づき，企画・編集を担当された NTT 出版の柴俊一氏からの依頼によってはじめられた．翻訳の手順としては，はじめ川越が奇数章と付録 A, B を，佐々木が偶数章と解答の翻訳を行い，そうして出来上がった原稿を互いに徹底的に手を入れてできあがったものである．横浜国立大学の武岡則男先生には，原稿に目を通していただき，専門家の立場からいろいろとご教示いただいたことに感謝したい．本文中の貨幣単位は日本の読者にもイメージしやすいように，1 ドル = 100 円として円に換算した．また，原書中にわずかに見られた明白な誤りについては，特に断ることなく訳者の責任で修正しておいた．

願わくは本書が，読者の皆さんが自信を持って自分で満足のいく意思決定ができるようになる助けとなれば，訳者一同にとって深甚の喜びである．

2012 年 5 月

川越敏司・佐々木俊一郎

索引

あ行

アレ，モーリス　132
イースタリン，リチャード　196
医師　64, 67, 89, 103, 148, 185, 186
意思決定　i, ii, 1-5, 8, 9, 11, 15, 18, 20, 21, 29, 31, 33, 34, 36, 41, 51, 58, 100, 105, 106, 139, 141, 149-151, 153, 155, 157, 159, 163, 176, 178, 183, 184, 198, 199, 226-228
　〜の改善　41
　〜のパターン　3
　不確実性下の〜　105, 106, 141
　良い〜　1, 4
　より良い〜　1, 5, 8, 21, 58, 142
　リスク下の〜　105, 120, 133, 148
意思決定マトリックス　163, 167, 176, 181
意思決定理論　i, iii, 1-3, 106, 225, 228
　古典的〜　2, 106, 153
1日ごとの体験復元法（DRM）　199
一連の行動　56
移民　63, 83, 84
因果関係　82, 83, 88-90, 175, 177, 178
　〜と相関関係　88
因果的独立性　149
映画　10, 13, 28-34
エイズの治療法　11, 13, 43
エルズバーグ，ダニエル　178-180, 182, 185, 188, 189, 223, 227
凹　125-127, 130, 136
お金　12, 14, 17-19, 21, 23, 24, 29, 30, 34, 49, 50, 52, 54, 56, 58, 64, 88, 122, 124, 128-130, 133, 156, 157, 193, 194, 196, 200, 201, 224
　〜と幸福度　196
起こりやすさ
　〜を推定する　42
　相対的な〜　38, 39
『オデュッセイア』（ホメーロス）　56

か行

カーネマン，ダニエル　2, 5, 7, 8, 11, 15, 18, 37, 38, 40-42, 47, 74, 78, 79, 132-136, 140, 199, 226

蓋然性　148
下位の事象　40, 44
価格　18, 19, 21, 24, 146, 147, 175-177
確実性　132, 178, 182, 183, 206
　〜下の選択　206
　→不確実性も見よ
確実性原理　178, 182, 183
確実性効果　132
確率　10-17, 21, 32, 38, 39, 40, 42-46, 62, 66-72, 74-76, 78-82, 85, 87, 90-103, 106, 107, 109-112, 116, 119, 121, 123-129, 132-134, 137-140, 141, 142, 145, 146, 148-151, 156-172, 174, 175, 177, 179-188, 210-216, 219, 220, 222, 223, 226
　→客観的確率，主観的確率，条件付き確率，条件なし確率も見よ
確率木　69-71
確率的重み付け　228
確率で決まるノード　70, 110
確率変数　79, 92-97, 103, 124, 125, 127-129, 164, 213-217
　〜の独立性　216
確率モデル　94, 160, 209
確率論　40, 62, 81, 105, 141, 142, 150, 188, 209
賭け　62, 77, 105, 125-127, 129, 130, 134, 136, 137, 139, 142, 147, 148, 150-152, 178-185, 188, 213, 214, 223
カジノ　106, 129, 130, 148, 156
仮説　78, 92, 96, 99, 170
　帰無〜　90, 96
仮説検定　90-92, 95, 96, 98, 103
ガソリンスタンド　18, 19, 21
偏ったサンプル　42, 46, 83, 84, 86
価値　23, 122, 148, 185, 192, 195, 207, 219
　共通〜　85
神の存在　142
観察　2, 8, 9, 51, 78-81, 83, 85, 87, 88, 90, 92-96, 98, 117, 136, 156, 159, 185, 187, 197, 200, 205, 217, 226
完備性　206
記憶　2, 42, 46, 53, 54, 219
帰結主義　34-36, 55, 111, 113
危険愛好　127, 129, 130, 136, 140, 226
危険回避　105, 124, 125, 127, 128-131, 136, 226
危険追求　127

気質効果	27
記述的理論	3, 4
基礎比率の無視	74, 76
期待効用	118-120, 122, 124-128, 130, 146, 147, 159, 163, 184, 221, 222, 226, 228
〜最大化	119, 120, 142, 147, 180, 184, 188, 189
期待効用理論	105, 131, 133-135, 180, 225-227
期待値	79, 85, 92-94, 103, 120, 124, 125, 127-130, 188, 216, 217, 222
〜を最大化	105, 118-121, 125, 126, 146, 147, 180
喫煙	65, 89
規範的理論	3, 4
客観的確率	155, 158, 185, 186
客観的な情報	99
ギャンブラーの錯誤	77-81
ギャンブル	106, 129, 131
キャンベル，ドナルド	197
給料	192, 193, 195
教育年数と年間所得	64, 88, 89
教室内実験	9
競争相手の戦略	176, 177
兄弟姉妹	63, 85
共通価値	85
共通集合	209, 211, 212
共通比率効果	133
区間推定	93
くじ	25, 80, 106, 107, 110, 112, 116-119, 121, 123-125, 129-133, 139, 140, 221, 222
繰り返しゲーム	175
クリスマス・クラブ	56
経験相対頻度	210
経験的な頻度	149
経済学	i, 2, 7, 8, 25, 50, 100, 105, 106, 128, 131, 184, 191, 195, 208
形式的なモデル	20-22, 58, 153
契約	44, 63, 86, 128, 129, 140
係留効果	46-49
ゲーム理論	80, 106, 117, 175, 226
結果	1, 9, 16-18, 21, 26, 30, 31, 33-36, 42, 44-46, 52, 55, 56, 62, 63, 67, 68, 72, 78-80, 81, 86-90, 94, 98, 99, 101, 110, 112, 116-119, 121-125, 129, 131, 134, 136, 137, 139, 142, 148, 150, 152, 156, 157, 162, 163, 169, 176, 179, 180, 182, 184, 185, 187, 196, 197, 200, 205, 206, 211, 222
〜についての分布	21
選択と〜	206
結果と確率のペア	116
結合分布	98, 214-216
決定木	31-36, 50, 109-117
顕示選好	197, 200
現状維持バイアス	23, 25, 26, 29, 219
限定合理性	135
コイン	125, 142-145, 153, 155, 158, 159, 178, 179, 183, 184, 187, 188
行為	161, 206
交通事故	11, 14, 45, 46
行動	2-4, 7-9, 16, 19, 23, 27, 29, 31, 36, 41, 55, 56, 106, 118, 120, 127-131, 133, 135, 136, 140, 153, 162, 163, 175, 177, 180, 188, 191, 205, 206, 223, 227
行動計画	161
行動経済学	1, 5, 6, 8, 208, 226-228
行動ファイナンス	8, 226, 227
行動様式	4, 28, 29, 35, 41, 153
幸福感	191, 201
幸福度	90, 191, 194, 196-202, 208
効用	25, 27, 105, 118, 119, 122, 123, 126, 127, 135, 151, 163, 180, 197, 199, 205, 206
〜の測定	121
→期待効用も見よ	
効用関数	3, 32, 105, 118-124, 131, 159, 180, 205-208, 221, 222
〜が凹である	125, 127
〜が凸である	128
〜の屈曲点	130
フォン・ノイマン＝モルゲンシュテルン〜	125
明確に定義された〜	51
合理的選択	5, 7, 207, 208
コーツ，D	197
古典的意思決定理論	2, 106, 153
古典的選択理論	9
古典的統計学	92-95, 97-100, 184, 227
コンサート	12, 14, 49, 50

さ行

最適選択	205, 206
最適選択理論	205
サイモン，ハーバート	135, 136, 225
サヴェッジ，レナード	182, 183, 189, 226
サンクコスト	28, 29, 31, 34-36, 50, 58
3状態モデル	167
思考実験	178
事後確率	68, 97, 98, 170
自国びいきバイアス	182
事象	21, 32, 38, 39, 40, 41, 44, 45, 58, 68-72, 74, 78, 82, 97, 98, 141, 143, 144, 148-151, 155-160, 163, 165, 166, 168, 179, 180, 182, 184, 185, 209-213, 216, 220, 226
下位の〜	40, 44
事象の独立性	215
事前確率	68, 81, 98, 99, 164-166, 184
自然の手番	33, 109, 110, 113
自然の状態	160, 163, 206, 209, 213
実験	ii, 2, 5, 7-9, 23, 26, 37, 38, 89, 90, 98, 179, 180, 182, 185, 188, 189, 223, 226
教室内〜	9
実験室〜	2, 185, 189
心理学的〜	148
実現可能	205, 206
実験室実験	2, 185, 189
質的な推論	76
支配戦略	175, 177
社会科学	3, 9, 106, 196
社会的地位	195, 196
ジャノフ＝ブルマン，R	197
習慣形成	26, 219
集合	42, 72, 92, 184, 209, 216
→事象も見よ	
囚人のジレンマ	148, 177
周辺分布	98, 215, 216
主観的確率	98, 99, 142, 148, 150-155, 157, 158, 159, 178-180, 183, 184, 186-188
主観的幸福度	196, 198-200
手術	10, 12, 15, 21, 148, 185
順応水準理論	135, 197
条件付き確率	67-75, 81, 91, 98, 110, 171-173, 211-213, 216, 219
〜と条件なし確率	81, 82
条件付き分布	98
条件なし確率	67, 68, 71, 74, 81, 82
勝者の呪い	85
昇進	48, 192, 193, 195
状態空間モデル	174
消費計画	53
消費者	9, 20, 52, 56, 206-208
消費者行動	208
情報	15, 25, 26, 38, 47, 48, 67, 68, 76, 98, 124, 135, 136, 139, 149, 150, 163, 166, 167, 169, 170, 174, 179, 188, 202, 211, 215, 217
関係がない〜	47
客観的な〜	99
追加的（な）〜	68, 163, 165
食品医薬品局（FDA）	66, 98
所得	3, 19, 88, 195, 196, 207
人生の満足度	199
信頼区間	92-96, 103, 221
〜と確率	92
心理学的研究	8
心理学的実験	8
心理学的なバイアス	22, 28, 54
推移性	206
推定	42, 47, 63, 78, 85, 86, 93, 95, 96, 103, 120, 121, 150, 159, 186
推定値	42, 44, 47, 48, 63, 85, 86
推論	1, 20, 21, 29, 39, 61, 67, 77, 79, 90, 105, 111, 113, 115, 141, 146, 165, 166, 174, 182, 184, 220, 223
質的な〜	76
数量的な〜	76
数学的な洗練	22
数量的な推論	76
スキー旅行	193, 194, 200
スチューデントのt	95
正規分布	92, 94, 96, 217
税金	19, 20
セイラー，リチャード	6, 18, 23, 50, 51
世界の状態	3, 160, 162, 163, 166-168, 175-177, 206
セルフ・コントロール	30, 52, 53, 56, 224

戦争	90, 141, 148, 149, 185, 186, 187
選択	1, 5-7, 17, 18, 21, 22, 25, 26, 29-33, 50, 55-57, 70, 80, 83, 90, 100, 109-113, 115-122, 131-133, 141, 145, 147, 151, 153, 156, 159-164, 167, 169, 171, 172, 175-179, 181-184, 197, 205-207, 224-226
〜と確実性	206
〜と結果	206
〜に関する仮定	205, 206
〜に関するバイアス	7-60
実現可能な〜	205
→最適選択，合理的選択も見よ	
選択理論	
古典的〜	9
最適〜	205
セント・ペテルスブルクのパラドックス	105
戦略	48, 49, 161, 163, 165, 175-177
支配〜	175, 177
相関関係	88-90, 196
〜と因果関係	88
定性的な〜	76
変数の間の〜	88
相関係数	38, 88, 196
操作	198, 199, 209
相対所得仮説	195
相対頻度	79, 186, 210
損失回避性	18, 23, 134, 136

た行

第一種の誤り	90, 91, 96, 97
大学生	23
大数の法則（LLN）	79, 80, 124, 128, 129, 216, 217
代替的なモデル	184
大統領（合衆国）	19, 84, 144, 145, 158, 159, 178, 183, 184, 188
第二種の誤り	91, 97, 103
代表性ヒューリスティック	36, 38-40
ダウジョーンズ工業株価平均（DJIA）	143-145, 158, 187, 188
互いに素な事象	210
チケット	
映画の〜	13, 28-31, 33, 34

コンサートの〜	12, 14, 49, 50, 54
中心極限定理	217
散らばり	217
ディーナー，エド	196
出来事	43, 44, 62, 90, 142, 143, 170, 199
デューゼンベリー，ジェームズ	195
点推定	93
同一で独立の分布（i.i.d.）	77, 149, 216
トヴェルスキー，エイモス	2, 5, 7, 11, 15, 18, 37, 38, 40-42, 47, 74, 78, 79, 132-136, 140
動学的非整合性	55, 219
統計学	62, 100, 209, 217, 222
→ベイジアン統計学も見よ	
統計データ	61, 62, 149, 178, 219
統計的推測	78
統計的有意性	90, 92
投資	29, 129, 137, 138, 148, 185, 186, 191
統制された実験	89
独立性の公理	108, 117, 119, 120, 131, 132, 134
凸	128, 130, 136, 140
富	6, 18, 130, 131, 134, 135, 191
取引費用	25, 26

な行

内的整合性	151
ねたみ	195, 196, 207
望ましさ	205, 207
〜の測定	205-208

は行

バイアス	6, 7, 9, 20, 22, 25, 28, 30, 37, 39, 45, 46, 79, 80, 99, 156, 226, 227
〜とギャンブラーの錯誤	79, 80
〜を意識すること	20
気質による〜	28
心理学的な〜	22, 28, 54
選択に関する〜	7-60
判断に関する〜	7-60
自国びいき〜	182
→現状維持バイアス，間違いも見よ	

索引　　233

バケーション 54
パスカル，ブレーズ 142, 150, 188
判断 1, 3, 7, 15, 18, 20, 22, 28, 38, 39, 40, 46, 51, 54, 68, 83, 96, 99, 100, 120, 138, 139, 148, 153, 199, 223, 225, 226
　〜に関するバイアス 7-60
バンドル 207
飛行機 56, 57, 66, 81, 143, 144, 155-158, 219
ヒューリスティック 38, 39, 42, 58
　係留 47
　代表性〜 36, 38-40
　利用可能性〜 41, 42, 44-46, 219
病院 51, 52, 89
病気 10, 12, 15, 19, 46, 62, 67-73, 76, 89, 103, 186
標準偏差 92-96, 124, 217
頻度 42, 72, 79, 149, 150, 186, 196, 210, 211
　→相対頻度も見よ
頻度論者的解釈 210
フォン・ノイマン，ジョン 117, 118, 189
フォン・ノイマン＝モルゲンシュテルン効用関数 125
フォン・ノイマン＝モルゲンシュテルンの定理 124
不確実性 26, 32, 33, 94, 105, 106, 140, 141, 142, 150, 174, 180, 181, 189, 206, 213, 225, 227
不確実性回避 179, 180, 183, 184, 189
複雑性 51
賦存効果 18, 22, 23, 25, 27, 28, 137, 219
2つの壺 147, 178, 183, 185
不偏推定値 85, 86
ブリックマン，フィリップ 197
ブレインストーミング 20, 22
フレーミング効果 15, 16, 18, 20-22, 28, 136
プロスペクト理論 131, 133, 134, 197, 201, 222, 226, 228
分散 93, 217
分布 21, 77, 78, 85, 92-96, 113, 124, 125, 128, 149, 184, 214-217
　確率変数 217
　結果についての〜 21
　結合〜 98, 214-216
　周辺〜 98, 215, 216

　条件付き〜 98
　→正規分布も見よ
平均への回帰 86, 87, 101
ベイジアン統計学 92, 97, 98, 100, 167, 227
ベイズ，トーマス 97, 98, 211
ベイズ的更新 97, 98, 164, 170, 174, 177
ヘルソン，ハリー 135, 136, 197
ベルヌーイ，ダニエル 105, 188
ベルヌーイ，ヤコブ 79
ベン図 37, 72
変数 82, 83, 87, 88, 126, 186, 208, 213-215
　→確率変数も見よ
ホール，モンティ 145, 160, 161, 163-173, 189
保険料 128, 129, 140
補集合 209
ホメーロス 56

ま行

マキシミン・モデル 184
間違い 4, 9, 20, 28, 39, 48, 61, 83, 106, 161, 164, 165, 166, 167, 173, 186, 227
末尾が ing の単語 13, 41
マトリックス 163, 167, 176, 177, 182
　意思決定〜 163, 167, 176, 181
満足化 135, 207
無作為な事象 32, 163
メンタル・アカウンティング 49, 51, 52, 54
モデル 8, 20-22, 41, 50, 58, 94, 102, 153, 166, 173, 174, 176, 182, 184, 188, 207, 208, 213, 223, 226
　確率〜 94, 160, 209
　3状態〜 167
　状態空間〜 174
　代替的な〜 184
　不正確な〜 166
　マキシミン・〜 184
　→形式的なモデルも見よ
モルゲンシュテルン，オスカー 117, 118, 189
問題 i, ii, 1, 2, 4, 5, 8-22, 24-26, 28, 29, 31, 33-36, 38, 39, 41-56, 58, 62-69, 76, 77, 83-90, 92, 93, 95, 96, 99, 100, 105-120, 122, 124, 125, 129-133, 135, 136, 139, 141-160, 164, 166, 167, 170, 173, 174, 175,

177-187, 191-195, 197-202, 206, 207, 222-226
グループAの〜　　　　　　　i, ii, 10, 192
グループBの〜　　　　　　　i, ii, 12, 193

や行

唯一無二の事象　　　　　　　　　　185
有意　　　　　　　　　　　　65, 90, 196
有意水準　　　　　　　　　　91, 92, 97
雪　　　　　143, 144, 150-153, 156, 187, 222, 223
良い意思決定　　　　　　　　　　　1, 4
要求水準　　　　　135, 136, 194, 195, 200, 224
予算制約　　　　　　　　　　　　　207
余事象　　　　　　　　　　　　　21, 45
より良い意思決定　　　　1, 5, 8, 21, 141, 142

ら行

ランク付け　　　　　　11, 13, 36, 38, 38, 40
ランドン, アルフレッド・モスマン　　84
リスク　　10, 12, 15, 16, 25, 44, 66, 89, 90, 99, 105, 106, 120, 121, 126-129, 133, 135, 136, 140, 148, 151, 157, 180, 188, 189, 217, 226
利得と損失の非対称性　　　23, 135, 136, 201
利用可能性ヒューリスティック　41, 42, 44-46,
219
ルーズベルト, フランクリン・デラノ　　84
ルーレット　62, 77-79, 81, 82, 143, 144, 149-156, 179, 187
レストラン　　　　　　　57, 63, 64, 86, 87
「レッツ・メイク・ア・ディール」（テレビ番組）　　　　　　　　　　　　145, 160
連言錯誤　　　　　　　　　　　　38, 40

わ行

和　　　　　　　　　　　　　　209-211
わかっている事実から学習する　　　　162
悪い経験　　　　　　　　　　　197, 201
悪い（偏った）サンプル　　　　　　　83

英語

DJIA（ダウジョーンズ工業株価平均）143-145, 158, 187, 188
DRM（1日ごとの体験復元法）　　　　199
FDA（食品医薬品局）　　　66, 98, 99, 100
i.i.d.（同一で独立の分布）　77, 78, 79, 149, 216
LLN（大数の法則）　　　　　　　　　79

本書をご購入いただいた方のうち,
視覚障害,肢体不自由,読字障害などを理由として必要とされる方に,
本書のテキストデータを提供いたします.ご希望の方は,

1) お名前
2) ご連絡先（ご住所,メールアドレスなど）
3) ご希望されるデータ提供形式（メールへのファイル添付,CD-Rなど）

を明記の上,左下のクーポン券（コピー不可）と
200円切手を貼った返信用封筒（CD-Rなどでの提供を希望される方のみ）を,
下記までお送りください.

※本書内容の複製は点訳・音訳データなど視覚障害の方のための利用に限り認めます.
　内容の改変や流用,転載,その他営利を目的とした利用はお断りします.

宛先 〒041-8655　北海道函館市亀田中野町116-2
公立はこだて未来大学複雑系科学科川越敏司研究室
TEL | 0138-34-6424
FAX | 0138-34-6301
E-mail | kawagoe@fun.ac.jp

意思決定理論入門
データクーポン券

著者紹介	
イツァーク・ギルボア Itzhak Gilboa	1963年テルアビブ生まれ．経済学．意思決定理論の第一人者で，不確実性下の意思決定に関する新しいパラダイム「事例ベース意思決定理論」の提唱者．HEC経営大学院（パリ）経済学・意思決定科学教授，イェール大学コウルズ・ファウンデーション経済研究所フェロー，テルアビブ大学経済学部教授．著書＝『決め方の科学』（デイヴィッド・シュマイドラーと共著，勁草書房），『合理的選択』（みすず書房），『不確実性下の意思決定理論』（勁草書房）他．

訳者紹介	
川越敏司 かわごえ・としじ	1970年和歌山市生まれ．経済学．大阪市立大学大学院経済学研究科前期博士課程修了．博士（経済学）．現在，公立はこだて未来大学教授．著書＝『実験経済学』（東大出版会），『行動ゲーム理論入門』（NTT出版），『はじめてのゲーム理論』（講談社ブルーバックス），『現代経済学のエッセンス』（河出ブックス）他．訳書＝『ゲーム理論による社会科学の統合』（共訳，NTT出版），『科学哲学から見た実験経済学』（日本経済評論社）他．
佐々木俊一郎 ささき・しゅんいちろう	1973年仙台市生まれ．実験経済学．慶應義塾大学政策・メディア研究科後期博士課程修了．博士（学術）．現在，近畿大学経済学部准教授．著書＝『実験ミクロ経済学』（共著，東洋経済新報社）．訳書＝『ゲーム理論による社会科学の統合』（共訳，NTT出版），『オークションの人間行動学』（共訳，日経BP社）．

意思決定理論入門

2012年7月5日　初版第1刷発行
2023年5月31日　初版第9刷発行

著者	イツァーク・ギルボア
訳者	川越敏司＋佐々木俊一郎
発行者	東　明彦
発行所	NTT出版株式会社 〒108-0023　東京都港区芝浦3-4-1 グランパークタワー 営業担当　TEL 03(6809)4891 　　　　　　FAX 03(6809)4101 編集担当　TEL 03(6809)3276 https://www.nttpub.co.jp/
ブックデザイン	松田行正＋日向麻梨子
印刷・製本	シナノ印刷株式会社

© KAWAGOE Toshiji and SASAKI Shunichiro 2012
Printed in Japan
ISBN 978-4-7571-2282-6 C0033
乱丁・落丁はお取り替えいたします．
定価はカバーに表示してあります．

NTT出版の本

■ゲーム理論による社会科学の統合

ハーバート・ギンタス 著
成田悠輔＋小川一仁＋川越敏司＋佐々木俊一郎 訳

A5判　定価（本体5,600円＋税）
ISBN 978-4-7571-2240-6

意思決定理論とゲーム理論を中心に，
実験社会科学・進化理論・認知科学の最新研究を
縦横無尽に駆使して，
社会科学の統合をめざす壮大なプロジェクト．
人間と社会の学問的理解に関心があるすべての人の必読書．

■行動ゲーム理論入門

川越敏司 著

A5判　定価（本体2,500円＋税）
ISBN978-4-7571-2258-1

実験経済学や行動経済学の成果をふまえて
ゲーム理論の改良・発展をめざす最新分野，
行動ゲーム理論のわが国初めての本格的入門書．
従来のゲーム理論の暗黙の前提を修正し，
リアルな人間の経済行動の理解をめざす．

■実験経済学への招待

西條辰義 編著

A5判　定価（本体2,800円＋税）
ISBN 978-4-7571-2205-5

近年，経済学の新しい潮流となりつつある実験経済学．
いじわる行動から株式市場のメカニズムまで，
第一線で活躍している経済学者たちが
わかりやすく，丁寧に説明します．
実験を通して人間の行動を考えてみよう！